詩的言語と絵画

ことばはイメージを表現できるか

KONNO Shinji
今野真二

勉誠出版

口絵1……
青木繁
「わだつみのいろこの宮」
1907年・ブリヂストン美術館蔵

口絵2……青木繁「海の幸」1904年・ブリヂストン美術館蔵

口絵3……黒田清輝「智・感・情」1899年・東京国立博物館蔵

口絵4……古賀春江「窓」1927年・福岡県立美術館蔵

口絵5……
古賀春江
「窓外の化粧」
1930年・神奈川県立近代美術館蔵

口絵6……
古賀春江
「素朴な月夜」
1929年・ブリヂストン美術館蔵

はじめに

書物には「書き手」がいて、「テーマ」があり、「テーマ」を述べていく「方法」あるいは「観点」がある。本書を理解していただくために、それらについて、ここで述べ、本書を概観しておきたい。

この本の「書き手」は筆者であるが、筆者は大学の教員である。大学でどのような科目を担当しているかといえば、「日本語学概論」「日本語学演習」「日本語学講義」「日本語学研究」というような科目である。科目名からわかるように、筆者は日本語、特に過去の日本語を分析してきた。「日本語学」が筆者のフィールドということになる。

本書においては、多くの絵画作品を分析素材として採りあげている。絵画作品に関しての専門家といえば、たとえば美術史学の研究者が考えられる。そこには分析の方法があり、分析結果をどのようにとらえるかという思考の「筋道」がある。そうした「方法」や「思考の筋道」は美術史学の研究者に共有されていると思われる。「と思われる」と表現したのは、共有されていることを疑っているのではなく、「共有されている」ということを自身のことばで具体的に説明できないくらい、筆者がそうしたフィールドの「素人」だからだ。

本書の「テーマ」は絵画作品と言語とがどのようにかかわっているか、ということについて考えてみる、ということだ。これは日本語学が正面から扱う「テーマ」ではない。しかし筆者はしばらく前からこのことについて考えてきた。筆者が勤務している清泉女子大学には「文化史学科」という学科があり、そこには美術史学の研究者が在籍している。二〇〇九年十一月七日に清泉女子大学で行なわれた言語教育研究所主催の「フォーラム二〇〇九」においては、「母語としての日本語のひろがり――絵画を言語化する」という題で、文化史学科の高野禎子教授とともに、パネリストとして話をし、会場に来ていただいた方々に「絵画の言語化」をしていただき、討論をした。その時のことをもとにして、「絵画の言語化をめぐって」(清泉女子大学言語教育研究所『言語教育研究』第二号、二〇一〇年)をまとめている。

筆者は「詩的言語」の分析にかねてから興味をもっており、そうした分析を少しずつ行ない、論文のかたちで発表もしている。その過程で、「イメージ」ということをどのように位置づけるか、ということが重要であることに気づいた。「イメージ」という語はよく使われるが、案外と定まらない使われ方をしている。その「イメージ」を定義するためには、絵画作品と言語とのかかわりを考えることが必要だと思うに至った。本書はそのような「背景」をもっている。

そのような「背景」があり、また、筆者は、日本語学をフィールドとしているので、言語をてがかりにして絵画作品について考えるという「方法」を徹底して採った。絵画作品が成立した同時代の人々が当該絵画作品をどのようにとらえたか。その「どのようにとらえたか」は結局は言語によって「表明」されているのだから、その「表明」された言語に密着することで絵画作品と言語とのかかわりを考えていくという「方法」である。それは当然、美術史学の採る「方法」ではないので、お読みになってくださった方の中には、（今はやりのことばでいえば）「違和感」を感じる方もいるかもしれない。しかし、それこそが（というと大袈裟だが）本書の特徴でもある。絵画作品をとりまく言語表現から絵画作品と言語とのかかわりを考えていく、という新しいアプローチを一緒に楽しんでいただければ幸いだ。

本書にはかなりの数の「註」が付けられている。「註」は「本文」から離れたところにまとめてあるので、「一々註を読むのが面倒だな」と思われる方もいるかもしれない。しかし、本書の「註」はただの「註」ではなく（というと変かもしれないが）、いわばコラムにちかい内容をもつ「読んで楽しむ註」である場合もある。なぜそうなっているかといえば、「本文」は「本文」としてわかりやすいことを心がけ、「本文」の流れからすこしそれた話題を「註」として「本文」から切り離したからだ。コラムのような、は言い過ぎかもしれないが、「註」もじっくりと読んでいただければと思う。いくつかの註には「小見出し」を附した。「寄り道」や「道草」によって人生が豊かになることもある。本だって「註」によって豊かになることがあると思いたい。

第三章　竹久夢二・古賀春江
――絵を描き、詩を書く人　161

詩的言語と絵画
——ことばはイメージを表現できるか

序章

絵画と詩的言語とのちかさ

筆者は「詩的言語」の分析にずっと興味をもってきた。筆者は通常使われている「伝達言語」とそれとは異なる「詩的言語」とがある、というモデルを考えている。和歌や詩作品は「詩的言語」にあたるが、現代のキャッチコピーのようなものも「詩的言語」であると考える。「伝達言語」と「詩的言語」とは情報の伝達のしかたが異なる。粗い表現になってしまうことを恐れずにいえば、説明をするのが「伝達言語」で説明をしないのが「詩的言語」ということになる。

「詩がわからない」という表現がある。恩地孝四郎流にいえば、「詩はわかるものではない」ということになりそうであるが、これは詩作品を通常使っている「伝達言語」に置き換えることができない、ということにちかいだろう。つまり説明できないということでもある。「詩的言語」がそもそも説明しようとしていないのだから、それを説明することが難しいのは当然ともいえよう。「詩的言語」、例えば詩作品は、言語化されているのだから、もちろん言語の側にある。それでもわからない。絵画作品は言語の側にはないが、両者は、「(伝達)言語」で説明しにくい、説明できないという共通点をもつ。「絵画作品と言語とのかかわり」を考えることは、「詩的言語」について考えることにつながっていくのではないか、というのが筆者の推測である。

画を描く詩人、詩を書く画家

二〇一五年九月十九日に平塚市美術館で「画家の詩、詩人の絵――絵は詩のごとく、詩は絵のごとく」と題された展覧会が開催された。十一月八日に平塚市美術館での会期を終えた後に、碧南市藤井達吉現代美術館、姫路市立美術館、足利市立美術館、北海道立函館美術館と場所を変えて展覧会が開催されていった。展覧会の「公式図録兼書籍」として、『画家の詩、詩人の絵――絵は詩のごとく、詩は絵のごとく』(二〇一五年、青幻舎)が刊行されている。この図録兼書籍の冒頭に置かれた土方明司「画家の詩、詩人の絵」に「絵は詩のごとく、詩は絵のごとく」は「古代ローマの詩人、ホラティウスの『詩について』の有名な一節「詩は絵のごとく」からと」(五頁上段)ったことが記されているが、土方明司はさらに「この言葉は、十六世紀前後より美術の側から「絵は詩のごとく」と読み換えられ、近世の絵画論に大きな影響を与え」、「以来、詩と絵画は「姉妹芸術」であることが強調され、文学的内容を暗示し、絵画に織り込む「寓意画」が西洋アカデミズムの基本とされ」（同前）たと指摘する。

この展覧会では、明治から大正にかけての人物として、「画家の詩」において小杉未醒（一八八一～一九六四）、青木繁（一八八二～一九一一）、竹久夢二（一八八四～一九三四）、萬鐵五郎（一八八五～一九二七）、藤森静雄（一八九一～一九四三）、恩地孝四郎（一八九一～一九五五）、田中恭吉（一八九二～一九一五）が採りあげられている。古賀春江（一八九五～一九三三）は「大正・昭和戦前期」において採りあげられている。また、「詩人の絵」において、正岡子規（一八六七～一九〇二）、高村光太郎（一八八三～一九五六）、北原白秋（一八八五～一九四五）、木下杢太郎（一八八五～一九四五）、萩原朔太郎（一八八六～一九四二）、佐藤春夫（一八九二～一九六四）、西脇順三郎（一八九四～一九八二）、宮沢賢治（一八九六～一九三三）、佐藤一英《いちえい》（一八九九～一九七九）、稲垣足穂（一九〇〇～一九七七）、岡崎清一郎（一九〇〇～一九八六）、尾形亀之助（一九〇〇～一九四二）、富永太郎（一九〇一～一九二五）が採りあげられている。

本書では、これらの人物のうち、木下杢太郎、北原白秋を第一章で、青木繁を第二章で、竹久夢二、古賀春江を第三章で採りあげ、恩地孝四郎を第四章で採りあげた。これらの人々の絵画作品は比較的実見していて、「素人」なりに筆者に（いくらかでも）馴染みがあるということ、また国内の美術館に作品が所蔵されていて、実見がしやすいということがこれらの人々を選んだ一つの理由である。もう一つの理由はこれらの人々の間にある程度の繋がりが確認できるということだ。そして北原白秋に関していえば、筆者はここしばらくその作品にとりくんできており、そうしたことを『北原白秋——言葉の魔術師』（二〇一七年、岩波新書）にまとめさせてもらった。
福永武彦は「詩人の肖像・年譜」（日本の詩歌14『萩原朔太郎』一九六八年、中央公論社）において、「近代詩の黄金時代」という小題のもとに次のように述べている。

朔太郎の場合に、彼を育てた土地と共に、彼の生きた時代をも無視することは出来ない。我が国の近代詩が最も見事な花々を矢継早《やつぎばや》に咲かせたのは、明治四十二年ごろから大正七年ごろまでの間、すなわち一九〇九年から第一次大戦の終結した一九一八年に至る十年間ではなかったかと、私は考える。（三八七頁）

福永武彦は、この「黄金時代」に出版された詩歌集を具体的にあげているが、それらの詩歌集に、この時期に創刊された雑誌や発表された文学作品、その他のできごとなどをも加えて整理してみる。

年	日付	主なできごと
明治四十二年	一月	雑誌『スバル』創刊（平野万里・吉井勇・石川啄木編集）
	三月十五日	北原白秋詩集『邪宗門』

	六月七日	夏目漱石「それから」新聞連載開始（十月十四日完）
	九月五日	三木露風詩集『廃園』
	十月	雑誌『屋上庭園』創刊（北原白秋・長田秀雄・木下杢太郎）
	十月十五日	第三回文展開催（十一月二十四日まで）
	十二月十五日	竹久夢二『夢二画集春の巻』
明治四十三年	三月一日	夏目漱石「門」新聞連載開始（六月十二日完）
	四月	雑誌『白樺』創刊（武者小路実篤・志賀直哉・有島武郎ら）
	五月	雑誌『三田文学』創刊（永井荷風主宰）
	十月十四日	第四回文展開催（十一月二十三日まで）
	十一月	雑誌『白樺』ロダン特集号
	十二月一日	石川啄木歌集『一握の砂』
明治四十四年	三月二十四日	青木繁没（三十歳）
	四月	雑誌『詩歌』創刊（前田夕暮主宰）
	六月五日	北原白秋詩集『思ひ出』
	十月十一日	白樺主催泰西版画展（二十一日まで）
	十月十四日	第五回文展開催（十一月十九日まで）

明治四十五年	十一月	雑誌『朱欒』創刊（北原白秋主宰）
	二月十六日	白樺主催第四回美術展開催（二十五日まで）：ロダン・ルノワールの作品展示
	四月十三日	石川啄木没（二十七歳）
	六月二十日	石川啄木『悲しき玩具』
		岡田三郎助・藤島武二、本郷洋画研究所設立
	十月十三日	第六回文展開催（十一月十七日まで）
	十月十五日	ヒュウザン会第一回展開催（高村光太郎・岸田劉生ら）
	十二月六日	夏目漱石「行人」新聞連載開始（大正二年十一月十五日完）
大正二年	一月二十五日	北原白秋『桐の花』
	四月二十日	永井荷風訳『珊瑚集』
	六月四日	日本水彩画会第一回展開催（二十九日まで）
	九月二十五日	三木露風詩集『白き手の猟人』
	十月十五日	第七回文展開催（十一月十八日まで）
		斎藤茂吉歌集『赤光』
大正三年	二月	雑誌『未来』創刊（三木露風・山宮允・西条八十ら）
	四月二十日	夏目漱石「心」新聞連載開始（八月十一日まで）

大正四年	四月二十九日	美術劇場第一回公演（秋田雨雀「埋れた春」初演）
	八月	永井荷風「日和下駄」『三田文学』に載る
	十月十五日	第八回文展開催（十一月十八日まで）
	十月二十五日	高村光太郎詩集『道程』
	一月十三日	夏目漱石「硝子戸の中」新聞連載開始（二月二十三日まで）
	三月	雑誌『卓上噴水』創刊（室生犀星・萩原朔太郎・山村暮鳥）
	四月	雑誌『ＡＲＳ』創刊（北原白秋主宰）
	六月三日	夏目漱石「道草」新聞連載開始（九月十四日まで）
	九月	民衆芸術運動の拠点となる雑誌『科学と文芸』創刊（加藤一夫ら）
	十月十三日	第二回二科展開催（二十六日まで）
	十月十四日	第九回文展開催（十一月十四日まで）
	十一月二十八日	小林清親没（六十九歳）
	十一月	芥川龍之介「羅生門」『帝国文学』に載る
	十二月十日	山村暮鳥詩集『聖三稜玻璃』
大正五年	一月一日	福田正夫詩集『農民の言葉』
		佐藤惣之助詩集『正義の兜』

	一月七日	小山正《しょう》太郎《たろう》没（六十歳）
	一月	森鷗外「高瀬舟」『中央公論』に載る
	二月	芥川龍之介「鼻」『新思潮』に載る
	五月二十六日	夏目漱石「明暗」新聞連載開始（十二月十四日中絶）
	六月	雑誌『感情』創刊（室生犀星・萩原朔太郎）
	七月九日	上田敏没（四十三歳）
	十月十二日	第三回二科展開催（二十六日まで）
	十月十四日	第十回文展開催（十一月二十日まで）
	十二月九日	夏目漱石没（五十歳）
大正六年	二月十五日	萩原朔太郎詩集『月に吠える』
	五月	志賀直哉「城の崎にて」『白樺』に載る
	六月十五日	田山花袋『東京の三十年』
	八月二日	三富《みとみ》朽葉《きゅうよう》没（二十九歳）
	九月九日	第四回二科展開催（九月中）
	十月十六日	第十一回文展（十一月二十日まで）
	十月	広津和郎「神経病時代」『中央公論』に載る

大正七年	十二月十日	日夏耿之介詩集『転身の頌』
	一月一日	室生犀星詩集『愛の詩集』
	一月二十日	国画創作協会発会式
	一月	雑誌『民衆』創刊（福田正夫・井上康文ら）
	三月十六日	有島武郎「生れ出づる悩み」新聞連載開始（四月三十日中絶）
	五月二日	芥川龍之介「地獄変」新聞連載開始（五月二十二日完）
	七月	雑誌『赤い鳥』創刊（鈴木三重吉主宰）
	九月十日	室生犀星詩集『抒情小曲集』
	九月九日	第五回二科展開催（九月中）
	十月十四日	第十二回文展開催（十一月二十日まで）
	十一月十五日	山村暮鳥詩集『風は草木にさゝやいた』

先に述べたように、福永武彦は一九一〇年代を「近代詩の黄金時代」と呼んだが、「近代詩」に限定せずに「近代文学」ということもできるかもしれないし、さらに枠をひろげて、「近代」ということもできなくはないかもしれない。福永武彦は「当時の詩壇」が「狭くて緊密」であることを指摘した上で、「『明星』などの影響を受けて詩と短歌との間に垣根がなく、また詩と小説

との間にも（自然主義に属する連中をのぞいて）さしたる垣根がなかった。従って詩人たちも相互に交りを結んで、お互いの長所を偸《ぬす》み合うことが出来たし、同人雑誌によって研鑽《けんさん》し合う便宜もあった」（三八七頁）と述べる。右では「詩と短歌」「詩と小説」についてのみ述べられているが、それに美術、絵画も加えてよい。この時期は「絵とことば」とが隣合わせにあった時期であった。それを「抒情」の時代、「アンティーム（親密）」な時代ととらえてみたい。「アンティーム」については終章でくわしく述べる。

言語化・絵画化

本書においては「絵画作品」と「言語による作品」とを素材として採りあげた。「作品」とはもっぱら「あるまとまりをもっている」ということを意味しており、公表されているかどうかにはかかわらない。「絵画」「絵画作品」という表現を使うが、絵に限っているわけではなく、視覚で認識できるかたちに「アウトプット」されたものをひろくそのように呼ぶことにする。「言語による作品」は「詩作品」「（通常の）文章」いずれをも含む。こちらは言語による「アウトプット」の謂いである。

すでに「アウトプット」という表現を使った。「アウトプット（output）」は通常はコンピュータ等が処理して出力したものをいう。筆者は、日本語学講座第一巻『書かれたことば』（二〇一〇年、清文堂出版）において、次のような図を提示した。

伝えたい内容＝情報 →（言語化）言語 →（音声化）音声言語
　　　　　　　　　　　　　　　　　　　└ 文字言語

何らかの「伝えたい内容＝情報」が脳内にある。その「伝えたい内容＝情報」に言語によってかたちを与えることを「言語化」と呼ぶことにする。「言語化」の実際としては、音声を使い、「音声言語＝はなしことば」として「言語化」することがまずは考えられる。この過程を「音声化」と呼ぶことにする。筆者は現時点では、ごく一般的に、「言語化」はまず、「音声言語＝はなしことば」として行なわれるとみているので、「音声言語」を経由して「文字言語」が成るというモデルを示した。

「伝えたい内容＝情報」という表現が、そもそも「言語化」を前提としているともいえるが、それを「伝えたい何か」あるいは「アウトプットしたい何か」というようにいささか漠然とした表現に置き換えれば、そうしたものを（文字を使わずに）「視覚で認識できるかたち」に「アウトプット」するということが想定できる。「言語化」に対して、これを仮に「絵画化」と呼ぶことにしたい。そう考えれば、「聴覚で認識できるかたち」に「アウトプット」する「音楽化」も想定することができることになるが、本書のテーマを超えるので、ここではそれは話題にしない。

第四章で採りあげる恩地孝四郎は「心の状態に形を与え」(『浮世絵芸術』第三巻第九号、一九三四年所収「写実・象徴・抽象・表出」。引用は『抽象の表情』一九九二年、阿部出版、三四三頁による)るという表現を使っている。この「心の状態」が「伝えたい内容=情報」であり、「伝えたい何か」であり、「アウトプットしたい何か」であると考える。

右では「伝えたい」「アウトプットしたい」という表現を採っているが、これはいわばそういう「欲求」が「発信者」側にある、ということである。「伝えたい」「アウトプットしたい」を「表現したい」と言い換えることもできるであろう。

先に「作品」に関して、「公表されているかどうかにはかかわらない」と述べた。このことをさらに整理しておきたい。「表現したい」という欲求がつねに「観者《かんじゃ》」を想定しているとは限らない。「観者」については十七ページで詳しく述べるが、ここでは「作品」の受け手ぐらいに思っていただければよい。自分以外の者に見せるつもりはまったくないが、日々思ったことを記録しておきたいということはあろう。「他人に見せるつもりのない日記」のようなものである。こうしかし、かたちを与えて残したい、言語化して残したい、という気持ちはあることになる。こういう「表現したい」もある。また、親しい友人と回覧雑誌をつくり、そこに自身の詩作品や絵画作品を載せる、ということになれば、それは「親しい友人」という「観者」がいることを前提に言語化や絵画化が行なわれていることになる。そして「観者」による自身の作品の評価ということまでもが前提になっているかもしれない。その回覧雑誌を少数部数にしても印刷するということとになれば、それは（規模の如何にかかわらず）「公表」であり、いわば「不特定の観者」を想定していることになる。

したがって、まずは、自身の「伝えたい内容＝情報」をどういう形式で、「アウトプット」するか、ということを考えなければならないが、それと同時に、どのような「観者」を想定するか、ということも考えなければならない。というよりも、それは「作り手」が当然意識することとみておく必要がある。印刷出版されている詩集は当然詩集として出版されることを想定してつくられている、とみるのが「筋」で、それが自分が日頃見ている「幻覚」をそのまま書きつけたものだとは（そうみるのが適切だという何らかの情報なしには）考えにくい。

「伝えたい内容＝情報」がどのようなものであるかによって、「言語化」が選ばれたり、「絵画化」が選ばれたりということはあろう。「言語化」できない、「言語化」しにくいような「内容＝情報」の場合に「絵画化」が選ばれるというようなことはもちろんあると考えるが、二つの「アウトプット」がつねに「選択肢」として並んでいるとは限らない。つまり、「内容＝情報」が「アウトプット」の方法を決めてしまうということはあると考えるのがむしろ自然である。

イメージについて

先に「「伝えたい内容＝情報」という表現が、そもそも「言語化」を前提としているともいえる」と述べたのは、「情報」という語は、そう呼ばれているものが、何らかの方法でかたちを与えられる、とみるのが自然に思われるからである。「情報」なのだから、伝達できるかたちになるはずだ、という予想といってもよい。しかし、「言語化」しにくいものもある。美しい風景をみて、（美しいと）感じた、その気持ち＝感情は、「言語化」しにくい。「ウツクシイ」という語を使って、その気持ち＝感情を表明することはできる。しかし、ウグイスが鳴き、桜が繚乱と咲いている春の寺を見た時の気持ち＝感情と、植物園のガラス張りの温室の中のザボンを見た時の気持ち＝感情とは、どちらも美しいと表現できるだろうが、（そして重なり合いがあるかもしれないが、全体としては）異なるはずで、同じ「ウツクシイ」という語によって「言語化」してしまうと、両者の異なりを表現することはできなくなる。(1)

視覚、聴覚、味覚、触覚、嗅覚などでとらえた「感覚」を言語化することはたやすくはない。しかしその一方で、言語化して伝達するしかないともいえよう。「感覚」という語を使ったが、そこには「感情」が伴うことが多いであろうし、「感覚」と「感情」とを截然と分けることも難しいと思われる。この、言語によってかたちを与えにくい「感覚／感情」を狭義の「イメージ」と呼ぶのはどうだろうか。そこまで限定せずに、まだ「言語化」も「絵画化」も行なわれていない、かたちを与えられる前の「伝えたい内容＝情報」を広義の「イメージ」と呼ぶ。「言語化」に絞れば、「言語化」される前を「イメージ」と呼ぶということになる。(2)

発信者・受信者

　ここまではおもに「発信者」側のことを述べてきた。「発信者」とは「絵画作品」の「描《か》き手」、「言語による作品」の「書き手」にあたる。「言語による作品」の場合は「発信者＝書き手」に対して、「受信者」は「読み手」という表現がある。しかし、「絵画作品」の場合は「受信者」を表現する適当な語がみあたらない。展覧会のような場合であれば、「観客」という語があるが、「客」が含まれており、一般的には使いにくい。このことは、「絵画作品」に関して、「受信者」が正面から話題になってこなかったのではないかということを思わせるが、本書では（実際に使われることもあった）「観者」という語を「絵画作品」の「受信者」を表わす語として使うことにする。小型の国語辞書は「かんじゃ（観者）」を見出し項目にしていないので、現在一般的に使われる語ではないと思われるが、便宜的にこの語を使うことにする。

　恩地孝四郎は先に引いた文章の中で、「何を語っているかをきくことは絵画の正しい観賞でない」、「見て感ずるのが絵画の観賞である」（三四四頁）と述べている。そして、音楽を引き合いに出して、「音楽には理解の手形たる文字が無い(3)」と述べ、「一体われわれの理解ということは一々文字に翻訳して、分ったとする。文字に翻訳出来ないものは分った部類に入れないのが常態である」（三四四頁）と述べ、では「「六段」（引用者補：箏曲のひとつ）をきいて、それが何を表わしているか分らないからいけないという人もあるまいし」（三四五頁）と述べる。ここで述べられていることは「受信者＝観者」のことである。言語化できないと「観者」は「絵画作品」が分かったと思いにくい。だから、観者は絵画作品に描かれている「実存物」（三四四頁）に引きずられやすい。リンゴが描かれているとリンゴの絵だと言語化して、分かったと思い込む。こうなると「云い現わし得ないもの」（同前）が描かれている絵画作品は「模糊曖昧物として外道に置かれる。怪奇とされる」（同前）ということになる。

絵画の言語化

先に示したように、恩地孝四郎は「何を語っているかをきくことは絵画の正しい観賞でない」「見て感ずるのが絵画の観賞である」と述べている。ここには「観賞」という語が使われている。西洋美術史学においては研究のために「エクフラシス」ということが必要になる。高橋裕子『西洋美術のことば案内』（二〇〇八年、小学館）は「エクフラシス」を「作品記述」と説明した上で、「対象を言葉でありありと描写することを意味する古代ギリシャの修辞学の概念」、「今日の美術史学においても、作品記述（ディスクリプション）は作品研究の基礎作業として位置づけられている」（一三五頁）と述べている。しかし、「基礎作業」とあることからわかるが、これは「観賞（鑑賞）」ではない。

言語を起点とする

「絵とことば」をテーマにした本は少なくない。日本の、本書が採りあげている一九一〇年代に関しての本も少なからず刊行されている。そうした中で、本書は「言語（情報）」を起点として考える、ということを論述の基本的な方法としている。ある絵画作品を話題にするにあたって、その絵画作品が、展覧会の図録にどのように記述されているか、その絵画作品を実見した人がその作品についてどのような文章を書いているか、つまりその絵画作品がどのように言語化されたか、ということを注視し、それを起点にし、話題にする。これも「絵画と言語」を考えるという枠組みに含めたい。

本書の「方法」を具体的に示してみよう。

例えば、『原色日本の美術』第二十七巻「近代の洋画」（一九七一年、小学館）は、「明治初期から第二次世界大戦にいたる時期の日本近代の洋画を対象」（同書「凡例」）としている。各絵画作品には「作品解説」が附されているが、その「作品解説」について「凡例」は「取り上げた作品それぞれの説明のほか、必ず作家の略歴をも加えるようにした」と述べている。よく知られている黒田清輝「読書」については次のような「作品解説」が附されている。

フランス滞在中の黒田の代表的作品のひとつで、明治二十三年（一八九〇）からグレーに滞在した時に描かれたものである。モデルとなったのは、マリア・ビヨーという少女で、当時黒田は、グレーのこのマリアの家に寄寓《きぐう》して、彼女をモデルとする作品を数多く描いた。ブラインドを通してさしこんで来る明るい光を受けながら、読書する少女の姿というこのモティーフは、印象派好みのものであるが、ここでも黒田は、微妙な光が少女の顔や衣裳に反射するところを、的確に描き出している。黒田は、この作品を、「マンドリンを持てる女」といっしょに、明治二十四年のサロン・デザルティスト・フランセに送り、この「読書」の方が入選した。フランスのサロンに入選した日本人は、黒田以前に、五姓田義松、山本芳翠がいるが、やはり彼のアカデミックな手がたい技法が認められたのであろう。ついで明治二十五年、明治美術会第四回展にフランスから出品されて、日本の洋画界に新しい画風を知らせる最初の作品となった。画面左下に「明治二十四年源清輝写」と漢字で、しかも源《みなもと》という署名がはいっているのは、サロン出品に際して、日本人であることを示すためであったという。

(六十一頁)

傍線・破線は筆者が施した。右の「作品解説」において、絵画作品そのものについての言説は、傍線部のみといってよい。その他は、当該絵画作品をめぐる「情報」といえよう。破線部は、もっぱら作品に何が描かれているかということについて述べており、これはいわばリンゴが描かれている絵画作品において、「リンゴが描かれている」と述べることにちかい。そうであれば、絵画作品そのものについて述べているのは実線部分のみということになる。

二〇一六年には黒田清輝の生誕一五〇年を記念して、「黒田清輝――日本近代絵画の巨匠」と題された展覧会が開催された。『黒田清輝――日本近代絵画の巨匠』（二〇一六年、美術出版社）において、「読書」については次のように記されている。煩を厭わず引用する。末尾の『サンケイ新聞』は、引用の中にそれが引用されていることを示す。

> 一八九一年春に開催されたフランス芸術家協会《ソシエテ・デ・ザルティスト・フランセ》のサロンに「Lecture en été（夏の読書）」のタイトルで出品、初入選を果たした作である。黒田も一八九〇年六月六日付養父宛書簡で報告しているように、当時はフランス芸術家協会と同協会から分離した国民美術協会《ソシエテ・ナショナル・デ・ボザール》による新旧ふたつのサロンが開催されていた。黒田はまず師のコランも出品する「旧の共進会」に入選し、フランス画壇へのデビューを果たしたのである。
>
> 本作品がグレー＝シュル＝ロワンで黒田と恋仲になったマリア・ビヨーをモデルに描き始められたものであることは、盟友の久米桂一郎が「亡友黒田清輝とフランスに居た頃」（『美術新論』二―七、一九二七年七月）の中で回想している。久米によれば、グレーにあるオテル・シュヴィヨンの二階の部屋で描かれ、マリアの赤いブラウスもパリのボン・マルシェで切れ地を探しまわり、とくに仕立てさせたのだという。

黒田が養父母に宛てた書簡によれば、一八九〇年五月から六月にかけて久米および洋画家の河北道介とともにグレーとパリを行き来する中で本作品の制作に入ったらしく、六月十三日付の養父宛書簡で「読書図」に、同月一九日付の養母宛書簡で「うちのなかでおんながほんをよんでをる」絵に着手した旨を報告している。七月以降も黒田はグレーに滞在して制作を続け、またマリアとの関係を深めていった。その後、十二月十二日付の養父宛書簡によれば本作品が師のコランの目に留まりサロン出品を勧められ、翌春のサロンで初入選を果たすことになる。画面左下には「明治二十四年　源清輝写」と日本語でサインが入れられているが、これも作者が日本人であることがすぐにわかるようコランに勧められたものであると、一八九一年三月二七日付の養父宛書簡に記されている。

サロン出品後、本作品は日本へ送られ、一八九二年春の第四回明治美術会展に出品された。その後、本作品は黒田と親交のあった樺山愛輔《かばやまあいすけ》の所蔵となり、その次女の白洲正子《しらすまさこ》の回想では同家の食堂に飾られていたという（『サンケイ新聞』一九七八年九月一日夕刊）。

黒田清輝の書簡やさまざまな資料を駆使し、非常に具体的なことが明らかにされていることにまず驚く。右にはモデルとなった女性と黒田清輝とが「関係を深めていった」とまで記されているし、モデルが着ているブラウスをどうやって仕立てたかまでが記されている。しかし、右には、（サインについての説明はあるものの）絵画作品そのものについての説明がまったくない。よく知られた作品であるので、そういう「説明」は必要ないということなのだろうか。あるいは絵画作品そのものについて説明する必要はない、という考え方に基づくものなのだろうか。このような、絵画作品についての言説も本書ではてがかりとしていきたい。

類義語・連合関係

改めていうまでもないが、「類義語」とはある語の語義と類似した語義、ちかい語義をもっている語のことをいう。「類似した」は語義全体についての謂いであるが、もう少し語義を分けてとらえることができる場合は、二つの語の語義を「重なり合いのある部分」と「異なる部分」とに分けることができることになる。「重なり合いのある部分」は共有されており、「異なる部分」はそれぞれの語を特徴づけていることになる。

また言語学では「連合関係（*rapports associatifs*）」という概念が提示されている。筆者は、複数の語に関して、「「発音と語義双方に共通性がある場合」「語義のみに共通性がある場合」「発音のみに共通性がある場合」を中核とし、それ以外に、何らかの連想によって想起される場合」（拙書『連合関係』二〇一一年、清文堂出版、十四頁）に「連合関係」が成り立っているとみる。「連合関係」にある語同士は、あるまとまりを形成しているとみることができる。「類義語」同士は語義に関してのみ重なり合いを有しているが、「連合関係」にある語同士は、語義以外の重なり合いによって結びついていることもあり、さらにひろい結びつきともいえよう。

こうした「類義語」あるいは「連合関係」というとらえかたを一つの試みとして援用して考えてみるとどうか。本書第一章には「「パンの会」に集う人々」という章題を附した。「パンの会」に集う人々を類義語、あるいは連合関係にある語に擬してみる。そこに集う人々には当然（濃密な、といっておくが）重なり合いがある。しかし、異なる面もある。北原白秋と木下杢太郎とを接近させることによって、それぞれの「異なる面」がわかるということは当然あろう。この場合、白秋は杢太郎を理解するための「補助線」であり、杢太郎は白秋を理解するための「補助線」ということになる。本書では、人と人とのさまざまな繋がりにもできるかぎり着目するようにこころがけた。

註

（1）いろいろな店の料理を食べて、その味についてレポートする、「食レポ」と呼ばれるテレビ番組がある。料理が「まずい」ということは考えられないので、「おいしい」というしかないが、ただ「おいしい」と表現していると、どんな料理もみな「おいしい」と言うだけになってしまう。そうすると「うまい」という語を使ったり、それを絶叫するように言ったりするということで差別化をはかろうとする。場合によっては「うまい」という語を組み替えて「まいう」という特別な語をつくったりもする。しかしそれでも「おいしい」「うまい」「まいう」の三語しかなく、料理の個別的なおいしさを表現することはできない。そこにレポーターの「手腕」が求められていることになるが、結局は「濃厚なのにあっさりしている」とか「まったりした」とか「食材の味を生かした」とか、「紋切り型表現」に陥ることになる。

これは味覚でとらえた感覚を言語化するのが難しいという例にあたる。

(2)「イメージ」について　例えば木股知史『画文共鳴』(二〇〇八年、岩波書店)の帯の背部分には「文学と美術の交流」とある。帯の表部分には「文学がイメージと共鳴しあうことで生み出された新しい美」とある。(帯の表現は書き手とかかわりなく出版社によってつくられることもあるので、ここでは単に帯にそうあるという意味合いである)。この「文学がイメージと共鳴する」という表現が筆者にはわかりにくい。「共鳴」は共に鳴るのだから、そして「共に」と表現する以上、二つの要素はなにほどかの共通点が必要であろう。ここでの「イメージ」とは何の「イメージ」なのだろうか。「文学」は具体的には言語化された文学作品をさしているのであろうが、それが「イメージ」と共鳴するということが理解しにくい。これはキャッチコピーなのだということかもしれない。

『画文共鳴』は全体がI部〜III部に大きく分けられているが、その第II部は「イメージと象徴主義」と題されている。そこではヴェルハーレン「鷺の歌」の上田敏による日本語訳をあげた上で、「詩「鷺の歌」を絵画的イメージに置き換えてみれば、高空を飛ぶ鳥の姿が水面に映じているという情景が思い浮かべられる。この一枚の画像が、さまざまな感情を呼びさますということになる」(一四六頁)と述べられている(傍線は筆者が施した)。傍線部と、同じ(と筆者が判断する、というしかないが)ことを筆者が表現するならば、「詩「鷺の歌」から筆者が受けとったイメージを言語で説明すれば」ということになる。つまり右の言説では、「絵画的イメージ」が結局は言語化されたかたちで示されており、それは改めていうまでもなく「絵画的イメージ」そのものではない。「絵画的イメージ」を示すのであれば、そこに「絵画作品」=図版を示すしかない。さらにいえばこの「絵画的イメージ」もわかりにくい。「鷺の歌」という(言語化された)詩作品をよんだ時に、「読み手」である木股知史がどのような「情景」を思い浮かべたかということであろうか。また「絵画的イメージ」というものがあるとすれば、「絵画的イメージ」ではない、例えば「言語的イメージ」というものもある、というみかたであろうか。そして「この一枚の画像」はおそらく「高空を飛ぶ鳥の姿が水面に映じている」という「画像」なのだろうが、「画像が、さまざまな感情を呼びさます」という表現からは、詩の「読み手」は詩をいったん画像に置き換えて、その、自身が置き換えた画像に反応して「感情」がうまれてくるというプロセスが設定されているように思われる。これは詩作品から直接「感情」はうまれないという判断なのだろうか。「イメージ」は一般的にもよく使われる語である。それはそれとして、「イメージ」にかかわることがらを分析し、論じるにあたっては、(論者なりのものであったとしても)ある程度の「定義」が必要であると考える。しかし、たとえば、高橋裕子『西洋美術のことば案内』(二〇〇八年、小学館)は「西洋美術の基礎用語」の欄においても「イメージ」という語を採りあげていない。自明ということだろうか。定義されずに使われる「イメージ」という語はどのようなことがらを表現しているのか理解しにくいことが少なくない。

(3) バイオリン奏者の近藤薫は『西日本新聞』のコラム「金のオタマジャクシ」㉞(二〇一六年八月五日)において、「題名やニックネームの付いたクラシック曲」を話題にし、ベートーヴェンの交響曲第五番の「運命」について「本人の命名ではないが、曲の本質をつかむ助けになる非常に良い副題だ。ただし、この副題が通じるのは日本だけ。海外ではそのままベートーヴェンの交響曲第5番と呼ばれる。日本人は副題が好きらしい」と述べる。さらに「副題があるとチケットが売れるらしい。「イギリス」(引用者補:ドヴォルザークの交響曲第8番のこと)も、いつもより売れたそうだ。無銘の名刀は売れぬのか、名が付くと安心するのか。自らの判断能力に自信がないと、ちょっとしたトリックに引っ掛かる」と述べている。

第一章　「パンの会」に集う人々

――文学と美術とが隣り合わせだった時代

隅田川はセーヌ川

第一章では「パンの会」について採りあげる。それは、この会が、本書で注目しようとしている時期の雰囲気をよくあらわしていると考えるからだ。

日本近代文学館編『日本近代文学大事典』第四巻（一九七七年、講談社）は「パンの会」について次のように記している。

明治末期の耽美主義的文芸運動。明治四〇年から青年洋画家の石井柏亭、森田恒友、山本鼎らが創刊していた美術文芸雑誌「方寸」に、大学生で詩人の木下杢太郎、北原白秋らが寄稿家として加わり、美術と文学の交流を行って新しい近代文芸を育てようという杢太郎の発議から、四一年一二月パンの会は第一回の談話会を隅田川右岸両国橋に近い矢ノ倉河岸の西洋料理第一やまとで催した。パンの会のパンはギリシア神話のPAN（牧羊神または半獣神）である。同名の芸術家の会は世紀末のベルリンにもあって、同名の機関誌も発行されていたから、東京のパンの会は明治末年の近代芸術がいかに西洋主義に耽溺していたかが伺《ママ》われる。あたかも印象派美術が日本人の心を魅惑しつつあった時代で、パリのセーヌ河畔に起こったカフェ文芸運動の刺激もあり、またヨーロッパの印象派画家たちは江戸芸術の浮世絵または錦絵板画の影響をうけていたから、パンの会にとって隅田川は東京のセーヌ川であり、西洋美術を通しての隅田河畔に漂う江戸の面影は、むしろ異国情調としてパンの会の詩人や画家の心を誘った。両国橋畔にまず会場を求めたのもそのためである。(1)　（四三一頁）

公刊されている『木下杢太郎日記』全五巻（岩波書店）は「太田正雄（筆名木下杢太郎）の日記で現在保存されているもののすべてが収められ」（同書第一巻「後記」）ているが、明治三十四年、杢太郎が独逸学協会学校中学四年であった時から、没年となった昭和二十年までの四十五年間のうち、「関東大震災の際に焼失したと言われている明治四十五年より大正四年までの分を除けば、明治四十年同四十一年の二年分が欠けているほかにさほど長期にわたる欠落は見あたらない」（同前）とのことであるが、欠落がちょうどその時期にあたっており、パンの会の第一回の談話会の時のことを杢太郎の日記から窺うことはできない。

詩雑誌『近代風景』（アルス）の第二巻第一号（一九二七年一月一日発行）は「パンの会の思ひ出」

を総題として編集されているが、そこに杢太郎は「パンの会の回想」という文章を載せている。この号には杢太郎の描いた「パンの会の夜」と題した挿図（図1）が掲げられているが、この挿図は後に杢太郎の詩集『食後の唄』に収められている。

木下杢太郎「パンの会の回想」

何でも明治四十二年頃、石井、山本、倉田などの「方寸」を経営してゐる連中と往き来し、日本にはカフエといふものがなく、随つてカフエ情調といふものがないが、さういふものを一つ興して見ようぢやないかといふのが話のもとであつた。当時我々は印象派に関する画論や、歴史を好んで読み、又一方からは、上田敏氏が活動せられた時代で、その飜訳などからの影響で、巴里の美術家や詩人などの生活を空想し、そのまねをして見たかつたのだつた。

是れと同時に浮世絵などを通じ、江戸趣味がしきりに我々の心を動かした。で畢竟パンの会は、江戸情調的異国情調憧憬の産物であつたのである。

当時カフエらしい家を探すのには難儀した。東京のどこにもそんな家はなかつた。それで僕は或日曜一日東京中を歩いて（尤も下町でなるべくは大河が見えるやうな処といふのが註文であつた。河岸になければ、下町情調の濃厚なところで我慢しようといふのであつた。）とに角両国橋手前に一西洋料理屋を探した。最初の二三回はそこでしたが、その家があまり貧弱で、且つ少しも情趣のない家であつたから、早く倦きてしまつて、その後に探しあてたのは、小伝馬町の三州屋といふ西洋料理屋だつた。ここはきつすゐの下町情調の街区で古風な問屋が軒を並べてゐる処で、其家はまた幾分第一国立銀行時代の建築の面影を伝へてゐる西洋館であつたから、我々は大に気に入つた。おかみさんが江戸つ子で、或る大会の時には葭町の一流の芸者などを呼んでくれて、我々は美術学校に保存してある「長崎遊宴の図」を思ひ出して、喜んだものである。

その後深川の永代橋際の永代亭が、大河の眺めがあるのでしばしば会場になつたのである。また遙か後になつて小網町に鴻の巣が出来「メエゾン、コオノス」と称して異国がつた。わかいと云ふものは好いもので、その頃は皆有頂天になり而もこの少し放逸な会合に、大に文化的意義などを附して得意がつたものである。

次に日記にのつてゐるだけの会合を抜萃して見よう。

明治四十二年（一九〇九）一月九日、土。パンの会があつた。どこか処は忘れた。その夜森博士邸に観潮楼歌会があつて、パンに出席した二三の人がそこに行つた。

夜になつて雪が降つた。

（その月の十三日には上野の精養軒で青揚会が開かれた。上田敏氏が何か演説せられたと見え、予の日記には「上田氏怪気焰」と書いてある。

（予はその月の十八日に、手こずつてゐた南蛮寺門前がやつと出来上つた。それで急いでそれを美濃紙に清書して、夜森博士邸を訪ね博士に之を示すと、それを閲読したあとで博士がはははははと笑れた。）

同年二月十三日、土。パンの会があつた。処は分らぬ。伊上凡骨の処で木板を習つてゐるルンプといふ独逸人を神田の安田旅館に尋ね、それを一緒につれて行つた。

同年三月十三日、土。パンの会。多分両国のこちら側の何とかいふ西洋料理の二階だつたであらう。ルンプも出席した。又珍しいことに荻原守衛も来会した。また遅くなつてから島村盛助も来た。

此夜は遅くなつて皆で万世橋の近くの佐々木旅館といふのに宿泊した。倉田白羊が「京都の浅井忠先生の弟子たちで、先生の法事の帰りで遅くなつたからとめて下さい」と頼んで宿めて貰つた。予は今迄他家に宿泊したことがなかつたからこの一夜不安であつた。

同年三月廿七日、土。パンの会。場処は不明。やはり同じ西洋料理であつたらう。「赤と緑の硝子より公園を見る」といふことが書いてあるから、或は誤かも知れない。石井柏亭の曰く「如何に巴里に於て遊楽するか」（何でも英語の本であつた）を東京で行らう。云々。たし

図1　木下杢太郎「パンの会の夜」1917年、名著復刻詩歌文学館『食後の唄』（1981年、ほるぷ）より引用

かにさういふのがこの頃のパン会の気分であつた。

（この月の五日には観潮楼歌会があつて、佐々木博士、吉井、北原、与謝野、伊藤、古泉、斎藤、平野、上田、諸氏が集つた。この歌会の最も盛んであつた時である。）

（略）

同年（引用者補：明治四十三年）二月廿七日、パン例会。集まるものは高村、石井、小山内、北原、吉井、長田の少人数であつた。

此日屋上庭園の二号が発売禁止になつたといふ知らせを得る。

「パンの会」に集う人々

右の引用は『木下杢太郎全集』第十三巻（一九八二年、岩波書店）による。杢太郎の「パンの会の回想」にみえる人物についてごく簡略に整理しておく。

人物名	生没年	活躍した分野
石井柏亭	一八八二〜一九五八	版画、洋画家。浅井忠の門下生
山本鼎	一八八二〜一九四六	版画、洋画家。浅井忠の門下生。北原白秋の妹家子と結婚する。長男は詩人の山本太郎。村山槐多は従弟にあたる
倉田白羊	一八八一〜一九三八	洋画家。浅井忠の門下生
上田敏	一八七四〜一九一六	文学者、評論家。訳詩集『海潮音』で知られる
森鷗外	一八六二〜一九二二	小説家、評論家で陸軍軍医
伊上凡骨《いがみぼんこつ》	一八七五〜一九三三	木版画彫師。石井柏亭の「東京十二景」（一九一〇年）の下絵を彫っている
荻原守衛	一八七九〜一九一〇	彫刻家
島村盛助《もりすけ》	一八八四〜一九五二	英文学者
浅井忠	一八五六〜一九〇七	洋画家
佐々木信綱	一八七二〜一九六三	歌人、国文学者。歌人の佐佐木幸綱は孫にあたる
吉井勇	一八八六〜一九六〇	歌人
北原白秋	一八八五〜一九四二	詩人、歌人、童謡作家
与謝野寛（鉄幹）	一八七三〜一九三五	歌人。与謝野晶子の夫
伊藤左千夫	一八六四〜一九一三	歌人、小説家。『馬酔木』『アララギ』の中心となって活動した

古泉千樫《ちかし》	一八八六～一九二七	歌人。伊藤左千夫に師事
斎藤茂吉	一八八二～一九五三	歌人、精神科医。伊藤左千夫門下
平野万里《ばんり》	一八八五～一九四七	歌人、詩人
高村光太郎	一八八三～一九五六	詩人、彫刻家
小山内薫	一八八一～一九二八	劇作家、演出家
長田秀雄	一八八五～一九四九	詩人、小説家、劇作家。詩人、小説家の長田幹彦は弟

右の「整理」でわかるように、「パンの会」に集っていた人々は、画家、彫刻家、木版画刷師などの美術系の人々、文学者、小説家、歌人、詩人といった文学系の人々であった。それが「異国情調憧憬の産物」であったとしても、この明治四十年頃から大正二年頃までの「パンの会」の活動には注目したい。「パンの会」に集う人々を改めて注視した時に、文学系の人々の中に、詩人、歌人、小説家を兼ねる人物がいることが目を惹く。また北原白秋のように、詩、歌、いずれにも多くの作品を残している人は多くないとしても、詩、歌両方の作品を残している人は少なくない。

現代においても、そうした人がいないわけではないと考えるが、それが必ずしも多くはないとすれば、この時期の「うず（渦）」は現代よりも一回り、あるいは二回り大きかったことになる。詩については詩の研究者が、歌については歌の研究者が分析することは当然であろうが、そうなると一人の人物が作った詩と歌とを総合的にとらえること、両者のかかわりをとらえることは難しくなる。あるいは詩も歌も作った人物が絵も書いていた場合は、さらに総合的な評価が難しくなる。そこで、杢太郎の「江戸情調的異国情調」という表現を手がかりにして、「パンの会」の活動について整理を試みてみよう。

まずは、明治四十一（一九〇八）年十二月の第一回から、明治末年頃までを「パンの会」の活動期とみた場合、それがどのような時期であったかについて、簡略に出来事の整理をしておきたい。

明治三十八〜四十二年の頃

明治三十八（一九〇五）年九月五日に、アメリカのポーツマスで日露講和条約が締結され「日露戦争」が終結する。新橋停車場前には凱旋門が設けられ、大山満州軍総司令官をはじめとして、各軍の司令部、在京部隊はこの凱旋門をくぐって帰還した。その一方で、講和に反対する国民大会が日比谷公園で開かれ、官憲の弾圧を受けるといった動きもあった。朝日クロニクル『週刊20世紀』の四八号（二〇〇〇年、朝日新聞社）は、明治三十八年を採りあげている号であるが、その記事によれば、明治三十八年度の国家予算は、歳入が三億四三三万円、歳出が二億一〇五二万円で、臨時軍事費が七億円であったという。この莫大な軍事費を支えるために、非常時特別税として地租税、営業税、所得税などが増徴されたという。

図2　和田三造「南風」1906年、東京国立近代美術館蔵

この年の一月に夏目漱石の「吾輩ハ猫デアル」が発表され、与謝野晶子は山川登美子、増田雅子と三人で本郷書院から歌集『恋衣』を刊行する。与謝野晶子は『明星』（一九〇四年九月）に発表した「君死にたまふことなかれ」を再録した。一月に刊行された『太陽』（第十一巻第一号）には大塚楠緒子の「ひとあし踏《ふ》みて夫思《つまおも》ひ／ふたあし国《くに》を思《おも》へども／三足《あし》ふたたび夫《つま》おもふ／女心《をんなごゝろ》に咎《とが》ありや」とうたう「お百度詣」が載せられた。四月には漫画雑誌『東京パック』が創刊される。東京電力会社が設立されるのもこの年の四月のことである。

明治三十九年の二月一日には韓国統監府が開庁し、三月二日には統監となった伊藤博文が着任する。五月頃になると韓国の各地で抗日運動が相次ぐようになる。三月二十日には東京上野公園に帝国図書館（上野図書館）が開館する。十月には第一回の「文部省展覧会」、いわゆる「文展」が開催される。和田三造の「南風」（図2）が一等なしの二等賞を受け、中沢弘光の「夏」と題した海辺を背景にして日傘を差した女性を描いた作品（図3）が三等賞を受賞する。

「日露戦争」の勝利によって、日本も資本主義的な体制に移行し始め、近代社会の形成期に入る。会社の数も増え、医師、教師、サラリーマンなどの都市型の中間層が社会で勢力をもつようになる。江戸期から続く呉服店も、そうした社会の「動き」に対応するようになる。三井呉服店は、座売りを立ち売りに変え、一九〇四年には三越呉服店と店名を変える。一九〇七年に上野で開催された東京勧業博覧会で岡田三郎助《さぶろうすけ》（一八六九～一九三九）の「紫調《むらさきしらべ》」（図4）が一等賞をとるが、モデルは三越理事の高橋義雄の夫人だった。高橋義雄はこの絵を石版刷りの「絵ビラ」（今でいうところのポスター）にして各所に張り出した。明治期の石版印刷を代表するものとされている。昭和三十六（一九六一）年にブリヂストン美術館に収蔵されてからは「婦人像」と名づけられている。岡田三郎助は一八九四年に久米桂一郎を介して黒田清輝と知り合い、一八九六年の白馬会の創立に参加している。翌一八九七年には第一回の文部省留学生としてフランスに留学し、

図3　中沢弘光「夏」1906年、東京国立近代美術館蔵

図4　岡田三郎助「紫調：三越呉服店ポスター」1907年、株式会社三越伊勢丹蔵

図5　『日本少年』第2巻表紙、1907年、実業之日本社

ラファエル・コランに師事し、一九〇二年に帰国して、東京美術学校教授に就任する。一八九七年には小山内薫の妹にあたる八千代と結婚する。

　図5は実業之日本社から発行されていた『日本少年』第二巻第六号（一九〇七年六月一日発行）の表紙である。口絵には東京勧業博覧会の「船辷《ふねすべ》り（ウオーターシュート）」と体育館の運動遊戯の写真が載せられている。「ウオーターシュート」の説明には「これはこの高《たか》いところから、ズーッと船《ふね》をすべらして、向《むか》ふの方《ほー》の水《みづ》の中《なか》へザブンと浮《う》き出《で》るのです」とある。

　明治四十一（一九〇八）年三月二十四日には、森田草平と平塚明（らいてう）が心中未遂の上保護される、いわゆる「煤煙事件」が起こる。五月十四日から、ロンドンで英仏博覧会が開催される。森永洋菓子製作所（森永製菓）は十粒が缶に入った「ポケットキャラメル」（十銭）をこの年に発売したが、和田三造が描いた宣伝用ポスター「森の女神」（図6）が風紀を乱すとして問題となった。

この年の三月から中央停車場（東京駅）の基礎工事が始まり、一九一一年末にはほぼ鉄骨の組み立てが終わった。一九一四年十二月に「東京駅」として開業。一九一〇年五月には高架鉄道（山手線）が新橋から有楽町まで延伸し、五月二十五日には有楽町駅が開業する。ちなみにいえば、山手線全線が開通するのは大正十四（一九二五）年のことになる。

図6　和田三造「森の女神」1908年、森永製菓株式会社蔵

明治四十二（一九〇九）年一月、雑誌『スバル』が創刊される。二月には小山内薫、市川左団次（二世）らが「自由劇場」を創設する。この年の十一月二十七日には、森鷗外が訳したイプセンの『ジョン・ガブリエル・ボルクマン』を有楽座で第一回試演として行なう。

十月二十三日には各方面に案内状を出し、二円の会費で、日比谷公園の松本楼を会場として、パンの会が開かれる。案内状には発起人として北原白秋、太田正雄、石井柏亭、山本鼎、倉田白羊、長田秀雄、小山内薫、小杉未醒、高村光太郎、音楽家の本居長世、新聞記者の安成貞雄の名前が印刷されていた。白秋はこの大会で、後に『屋上庭園』第二号が発売禁止となるきっかけとなる「おかる勘平」を朗読している。

五月には二葉亭四迷がロシアから船で帰国中、ベンガル湾上で、死去する。七月には森鷗外の「キタ・セクスアリス」を載せた『スバル』が発売禁止となる。十月二十六日には伊藤博文がハルビン駅で射殺される。十二月には山手線で電車運転が開始される。この年に、「黄金眼鏡のハイカラは／都の西の目白台／女子大学の女学生／片手にバイロン、ゲーテの詩／口には唱える自然主義／早稲田の稲穂がサーラサラ／魔風恋風そよそよと」という神長瞭月が作詞した歌詞の「ハイカラ節」が流行した。この明治四十二年には田山花袋の『田舎教師』が出版されている。「魔風恋風」は明治三十六年に発表された小杉天外の小説である。

江戸情調的異国情調

「パンの会」の活動を「江戸情調的異国情調」とみて、「江戸情調＝日本文化」、「異国情調＝西洋文化」とみるのは、あまりにもことがらを図式化しているといえようが、「異国情調＝西洋文化」への「憧憬」はもちろんあったとして、しかしそうした「憧憬」と同時に、当時揺曳していたであろう、廃れ、退きつつあった「江戸情調＝日本文化」を惜しむ気持ちもあった、とみておきたい。あるいはそういう「気持ち」、気分を底流にもつ「異国情調」といってもよい。[2]

それは北原白秋が『思ひ出』（一九一一年、東雲堂）の「わが生ひたち」に「私の郷里柳河は水郷である。さうして静かな廃市の一つである。自然の風物は如何にも南国的であるが、既に柳河の街を貫通する数知れぬ溝渠のにほひには日に日に廃れてゆく旧い封建時代の白壁が今なほ懐かしい影を映す」と記したその「気分」に通う。「わが生ひたち」の末尾には「一九一一、晩春、／東京にて」とある。（これを額面通りに受け取れば）「わが生ひたち」は明治四十四（一九一一）年に書かれていることになるが、『思ひ出』に収められた作品は明治四十二（一九〇九）年一月から明治四十四（一九一一）年十二月までの三年間にさまざまな新聞、雑誌に発表されている。『スバル』創刊号には、「邪宗門新派体」七篇が載せられているが、『思ひ出』に収められた作品も『スバル』に載せられている。「パンの会」の活動、白秋の創作活動、雑誌『スバル』とは密接にかかわりながら、「うず（渦）」をかたちづくっていくように思われる。

東京にいる白秋は同じ時に柳河を見ることができない。東京にいる白秋が思い浮かべる柳河は「かつて見た柳河」であり、それは「柳河のイメージ＝郷里のイメージ」としてずっと変わらず白秋の脳裏にあったのではないだろうか。その「かつて見た柳河」が「静かな廃市」であったとすれば、それが終生白秋が持ち続けた柳河のイメージということになる。東京にいる白秋が柳河を思い浮かべる時、それは結局は「都市＝東京」と「地方＝柳河」という構図の中で思い浮かべることになる。日々変貌していく東京は（抽象的にとらえれば）「都市」であるが、その東京の中に

図7　小林清親「元柳橋両国遠景」1879年

も廃れていくところはあるのであって、それを仮に「廃市」と呼べば、東京の中にも「廃市」と「都市」とがあることになる。

永井荷風の「日和下駄」は大正三（一九一四）年八月から翌大正四年六月まで雑誌『三田文学』に掲載され、その十一月十五日に『日和下駄』（籾山書店）として刊行された。『思ひ出』出版の三年後の執筆ということになるが、『日和下駄』の「序」には「茲に／かく起稿の年月を明にしたるは此書板成りて世に出で／ん頃には篇中記する処の市内の風景にして既に変化し／て跡方もなきところ尠からざらん事を思へばなり見ず／や木造の今戸橋既に改りて鉄の釣橋となり江戸川の岸／はせめんとにかためられて再び露草の花を見ず桜田御／門外また芝赤羽根橋向の空地いずれも今や土木の工事／盛に起らんとするにあ

図8　小林清親「江戸橋夕暮富士」1879年

らずや昨日の淵今日の瀬となる／夢の世の形見を伝へて拙きこの小著幸に後の日のかた／り草の種ともならばなれかし」とあり、東京市中が急速に変貌していることがわかる。先の筆者の表現を使うとすれば、永井荷風は東京の中の「廃市」を訪ね歩いていたことになる。荷風の愛惜の情は『日和下駄』のそこここに横溢している。この本には挿絵が十七枚添えられているが、例えば一立斎広重（歌川広重）の「外桜田弁慶堀之図」「霞ヶ関坂上之図」「大川筋中洲之図」、小林清親「元柳橋両国遠景」（図7）、「江戸橋夕暮富士」（図8）が載せられており、「広重や清親」（木下杢太郎「石井柏亭君」）は荷風にも好まれていたことがわかる。

　北原白秋は、第一歌集『桐の花』の冒頭に置いた「桐の花とカステラ」において「短歌は一箇の小さい緑の古宝玉である、古い悲哀時代のセンチメント／の精《エツキス》である。古いけれども棄てがたい、その完成した美くしい形は東洋／人の二千年来の悲哀のさまざまな追憶《おもひで》に依てたとへがたない悲しい光沢／をつけられてゐる。その面には玉虫のやうな光やつつましい杏仁水のや／うな匂乃至一絃琴や古い日本の笛のやうな素朴なLiedのリズムが動《うご》いて／ゐる。なつかしいではないか、若いロセツチが生命の家のよろこびを古／いソンネツトの形式に寄せたやうに私も奔放自由なシムフオニーの新曲／に自己の全感覚を響かすあとから、寥しい一絃の古琴を新らしい悲しい／指さきでこころもちよく爪弾きしたところで少しも差支へはない筈だ。／市井の俗人すらその忙がしい銀行事務の折々には一鉢のシネラリヤの花／になにとはなきデリケエトな目ざしを送ることもあるではないか。私は／そんな風に短歌の匂に親しみたいのである」と述べている。

右には「古宝玉」とあり、「古い悲哀時代」とあり、「東洋人の二千年来」とあり、「古い日本の笛」とある。なぜ繰り返し「古」いという表現を使っているのだろうか。それは、「日本の未来」が見えなくなってきたから、ということではないだろうか。対比的にいえば、「過去」が（懐かしいかどうかはわからないが）はっきりとした「過去」としてみえているということともいえよう。日本が変わってゆくことによって昨日と同じような今日が来て、今日と同じような明日が来る、ということが確信できなくなった時、確信をもって「語る明日」がみえていないことになる。そのような状況下では、意識が「過去」に向かうことは自然なことであろう。

ロセッティをてがかりに

白秋が「東洋人（の二千年来）」と表現した時、当然「西洋人」を意識していたはずである。改めていうまでもなく、「若いロセッチ」はダンテ・ゲイブリエル・ロセッティ（一八二八～一八八二）のことで、明治期には島崎藤村や蒲原有明によって、その詩作品が紹介されたが、ラファエル前派[3]の画家としても活動していた。「生命の家のよろこび」は、一八七一年に刊行された一〇一篇からなるソネット集『生命の家（The House of Life）』のことを指していると思われる。「ロセッチ」に代表されるような「異国情調」を「古宝玉」のような短歌形式に盛り込んだのが『桐の花』の短歌作品といってよいだろう。粗い言い方になることを承知でいえば、「異国情調」を短歌形式に盛りこむような「そういう時期」だった。

明治三十八（一九〇五）年十月十三日に東京の本郷書院から出版された上田敏の訳詩集『海潮音』には「ダンテ・ゲブリエル・ロセッティ」の作品が「小曲」（Sonnet）、「恋の玉座」（Love Enthroned）、「春の貢」（Youth's Spring-tribute）という題名で収められている。これらはいずれもロセッティの『命の家』に収められている作品である。『海潮音』にはダンテ・ゲイブリエル・ロセッティの妹であるクリスティーナ・ロセッティの「花の教」（Consider the Liles of the Field）も収められている。クリスティーナは兄の絵画作品「受胎告知」のモデルになっている。白秋の『桐の花』にはクリスティーナをよみこんだ、次のような作品が収められている。[4]

クリスチナ・ロセチが頭巾《づきん》かぶせまし秋のはじめの母の横顔

遡れば、明治二十四（一八九一）年にすでに森鷗外が『しがらみ草紙』の「鷗外文語」においてロセッティに言及しており、明治二十九年には『文學界』第四十九号がロセッティの特集を行なっている。また明治三十（一八九七）年に刊行された『太陽』第三巻第七号においては、戸川秋骨が「英文学と伊太利文学との関係」においてラファエル前派にふれている。そして明治三十三（一九〇〇）年十月には、文部省の留学生としてロンドンに滞在していた夏目漱石がナショナル・ギャラリー・オブ・ブリティッシュ・アートで「オフィーリア」などのラファエル前派の作品を見ている。『海潮音』が出版されるのは、いわばそれからのことである。

蒲原有明の第二詩集である『独絃哀歌』（一九〇三年、白鳩堂）には、蒲原有明の詩作品二十八篇と、訳詩七篇とが収められているが、後者中にゲイブリエル・ロセッティの「恋のながめ」(*Lovesight*)、「希望」(*The One hope*)、「そのかみ」、クリスティーナ・ロセッティの「海辺の墓」が含まれている。『独絃哀歌』の表紙、挿画は山下幽香が担当している。例えば「希望」は次のように翻訳されている。

あだなる冀願《ねがひ》、あだなる悔とつひに
手をとり死にゆきて皆あだなる時、

忘るる間なき苦痛《いたみ》を何なぐさめ、
忘られがたきをなどか忘れしめむ。
平和《やすき》はなほ合《あ》ひがたきかくれ水か、
精魂《たましひ》さらずば直《たゞ》に緑野《みどりの》のべ、
命《いのち》の甘き泉のしぶきがもと
露浸《つゆし》む華の護符《まもり》を抜《ぬ》きえましや。

嗚呼わが畏《かし》こむ霊《また》《ママ》の、黄金み空
聖経蘂《せいきやうしべ》にひもどく花の間《かひ》に
常世《とこよ》のみめぐみひそみ窺《うかが》ふとき、
嗚呼はたあだし密偈《みつげ》のあらずもがな、
唯かの一つ「希望《のぞみ》」の名だにあらば、
ただその言の葉のみぞ、さば足りなむ。

右は、八行と六行の二連によって全体を構成し、一行を四拍七拍六拍の、いわゆる「四七六調」でかたちづくっている。例えば第一行目は「アダナル・ネガイアダナル・クイトツイニ」、第二行目は「テヲトリ・シニユキテミナ・アダナルトキ」のように「四七六調」に分けることができる。蒲原有明は、このような、全体が十四行から成る詩を数多く作っており、それは「独絃調ソネット」[5]と呼ばれたりもした。改めていうまでもないが、ソネットとは十四行から成る定型詩のことである。ソネットに接し、それを翻訳しようとした時に、ソネットが備えている「形式」をどうやって「翻訳」すればよいかということが最初の課題としてあったと思われる。脚韻を踏むことが(言語として)難しい日本語によってソネットを翻訳する場合、脚韻は措くとしても、それ以外の「形式」をどう日本語に移すか。この時点で、「形式と内容」ということが(それを等閑視しようとはしなかった人には)鮮明に意識されたと考える。そして言語を「内容を盛る器」とみた時には、言語は「形式」側に位置することになる。つまり「形式」の一つとして、どのような言語=日本語を使って、ソネットのような西洋詩を日本語に移すかということがあり、それは翻訳を離れた場合であっても、明治期の詩作に共通の課題であったと考えることができる。

また蒲原有明の没後に刊行された『定本蒲原有明全詩集』(一九五七年、河出書房)に収められた「常世鈔」には「聖燈」以下「鏡」までゲイブリエル・ロセッティの詩の翻訳が二十六篇と、クリスティーナ・ロセッティの「海辺の墓」が収められている。これらの作品の「大部分は、訳者(引用者補:蒲原有明のこと)が晩年に試みた新訳で、某書肆から限定出版される予定の下に数年前校了になつたまま、今日迄日の眼を見る事を得なかつたもの」(同書「後記」)とのことである。

『屋上庭園』をてがかりに

さて、明治四十二（一九〇九）年十月に、北原白秋は木下杢太郎、長田秀雄と雑誌『屋上庭園』をパンの会の機関誌として創刊する。創刊号の「編輯兼発行人」は長田秀雄、「発行所」は屋上庭園発行所と記されている。本書では、近代文芸復刻叢刊『屋上庭園全　附別冊解題』（一九七九年、冬至書房新社）を使用しているが、附録された別冊解題において野田宇太郎は「明治四十一年末から東京下町に若い詩人と画家との文芸サロンとして興つたパンの会は、当時の複雑な社会を背景に新らしい異国情調、都会情調、江戸情調、それに濃厚な絵画性を掻き混ぜて、反逆精神による頽唐の風潮を巻き起した耽美主義の文学運動となつたが、その中心にあつた木下杢太郎、北原白秋、長田秀雄の三人がパンの会の詩人の機関誌として季刊形式で刊行したのが『屋上庭園』であつた」と述べ、『屋上庭園』が「単に近代詩史の貴重な稀少文献と云ふばかりでなく、雑誌そのものが既に美術品である。そこには絵画と文学とのハアモニイがあつて、これを文章だけで紹介するのは殆ど困難だと云つてよい」と述べている。『屋上庭園』は第二号に載せた北原白秋の詩作品「おかる勘平」の一部が風紀壊乱のかどで発売禁止処分となり、結局第二号をもって廃刊となる。第一号にも（第二号にも）発刊の辞のようなものは記されておらず、編輯後記もない。第一号の表紙は、黒田清輝の「野辺」、第二号の表紙はやはり黒田清輝の「サラ・ブルウンの首」が使われている。『屋上庭園』第一号は裏表紙に「屋上庭園目次」を印刷し、その裏側には広告が載せられているが、そこに載せられているのは月刊美術雑誌『方寸』第三巻第七号、月刊文芸雑誌『スバル』第十号の広告で、この三誌が「パンの会」と密接に結びついていたことを窺わせる。

第二号の冒頭には「異国情調」という小題のもとに木下杢太郎の詩作品七篇が置かれているが、蒲原有明の「仙人掌と花火のAPPRECIATION」と題された文章も載せられている。ただし裏表紙に印刷されている「屋上庭園目次」においては「仙人掌と花火の聯想（散文）」とある。この文章は後に「仙人掌と花火の鑑賞」と改題され改作されて『飛雲抄』（一九三八年、書物展望社）に収められている。この文章において、蒲原有明は「仙人掌」についてさまざまに述べた後に、「花火」について次のように述べている（引用は『屋上庭園』による）。

> 殺伐な火薬の文明化され、芸術化された変形が此処にある。それはまた人間の贅沢な誇と歓楽を示すと共に、消えてゆく銀光の末に夏の夜の哀愁を長く牽く。
>
> 広重の版画が残る。
>
> そしてテエムスの河の畔で、「銀碧のNOCTURNE」が描かれた。クレモン・ガアデンスの火戯の夜、バツタアシイ古橋のSilhouetteを灰碧の空気の中に認めた画人は広重の版画に対する何んな憧憬をもつて居たであらう。更にまたFALLING ROCKETの黒と金のNOCTURNEを見よ。老ラスキンをして理性を失はしめた前代未聞の芸術がこゝにある。

官能の音楽、神経の詩がこれらの「愁夜調」の中に顫へて居る。

私は好んでウヰスラアの描いた芸術のセンセエシオンを創造の綾に織りまぜて、更に広重の古調を鑑賞する。

純芸術はどこまでも異端である。花火の画を描いてウヰスラアは世間から山師と呼ばれて居た。

ホイッスラーをてがかりに

右の「ウヰスラア」はジェームズ・アボット・マクニール・ホイッスラー（一八三四～一九〇三）のことであると考えられる。ホイッスラーは、アメリカ人の画家、版画家で、ロンドンで主に活動した。色調や画面構成などにおいて、浮世絵をはじめとする日本美術の影響を受けていることが指摘されている。

図9はホイッスラーの「青と金のノクターン――オールドバターシーブリッジ」、図11は「黒と金色のノクターン――落下する花火」。ジョン・ラスキンが後者を酷評したことが知られている。蒲原有明は「広重の版画が残る」と述べて、歌川広重の名前を挙げている。歌川広重（一七九七～一八五八）の晩年の代表作としては「六十余州名所図会」と「名所江戸百景」（図10・12）が知られているが、特に後者が「西洋で頻繁に参照された」（馬渕明子「西洋美術のなかの「浮世絵」

図9　J.M.ホイッスラー「青と金のノクターン――オールドバターシーブリッジ」1872-75年頃、イギリス、テート・ギャラリー蔵

図10　歌川広重「京橋竹がし（名所江戸百景）」1857年

『原安三郎コレクション　広重ビビッド』二〇一六年、TBSテレビ、三十頁）ことが指摘されている。ホイッスラーが「名所江戸百景」をみていたとして、構図等に共通性がありそうな広重作品を、一つの例として掲げてみた。「青と金のノクターン」と構図が似ているものとしては、他に「両国之宵月」などもあるし、「鉄砲洲稲荷橋湊神社」や「赤坂桐畑」などがヒントを与えていないともかぎらないのであり、そうした「ひきあて」についてはここまでとしたい。

木下杢太郎「異国情調」

先にふれたように、『屋上庭園』第二号の冒頭には「異国情調」という小題の

図11　J.M.ホイッスラー「黒と金色のノクターン――落下する花火」1875年、アメリカ、デトロイト美術館蔵

図12　歌川広重「両国花火（名所江戸百景）」1858年

もとに、木下杢太郎の詩作品が七篇掲げられている。それぞれの作品でよみこまれている、「異教の寺の晩鐘の呻吟《うなり》」「おいらつしよの祈」（「北原白秋氏の肖像」）、「殉教《マルチリ》の苦痛」「蛮人刑罰の図」「予がこの杯《さかづき》に哀れ深いCuraçao《キュラソオ》の酒を注《つ》げ」（「邪宗僧侶刑罰図を眺むる女」）、「泪芙藍《さふらん》」（「SAFFRAN」）、「「コンシユル館」三階の望楼《ものみ》の上の米利堅《メリケン》」「亜墨利加の三十三番「ウエンリイド館」」「ぎやまんの／そのぎらぎらの揺蕩《たゆたひ》の地平の果」（「異人館遠望の曲の序」）といった表現はひとまずは日本からみた「異国情調」としてくくることができるだろう。

　しかし、冒頭の「日本在留の欧羅巴人」は次のように始まる。

東京に於ける年若き欧羅巴人《ヨオロツパじん》
日本《にほん》Mus’me《ムスメ》, Geisha-girl《ゲイシヤガアル》, 夜《よる》の三味線《しやみせん》、
Japanese《ジヤパニイス》 Sake《サアケ》, 提灯、喜多川歌麿、
日光、鳥居、Samurai, Yoshiwara-Oiran。

濃き―灰色に湿《しめ》れる日本《にっぽん》の薄暮《はくぼ》の空気、
いと甘《あま》し、十月のHotelの窓に倚《よ》る心、
―軽《かろ》らかに口笛を吹き、
落日《らくじつ》を眺めるやうな眼付《めつき》して―且夢む、年若き欧羅巴人。

右では「ニホンムスメ」という語が「日本《にほん》Mus’me《ムスメ》」と書かれている。「ムスメ」という和語をあえてアルファベットで書き、そこに「ムスメ」と片仮名で振仮名を施す。一行目で「欧羅巴人《ヨオロツパじん》」と振仮名を施していることからすれば、ここでは日本語には平仮名で、外来語には片仮名で振り仮名を施していると覚しい。そうであれば、「Mus’me」とアルファベットで書かれ、「ムスメ」と片仮名で振仮名を施されたこの語は、「日本在留の欧羅巴人」が、英語になった日本語のように、すでに獲得している日本語としてそこに置かれていると思われる。日本語が英語に借用され、その英語に借用された日本語を「欧羅巴人」から受け取る。「欧羅巴人《ヨオロツパじん》」が口にした

「Geisha-girl《ゲイシャガアル》」という語は（日本語と英語との、いわば混種語であるが）「欧羅巴人《ヨオロッパじん》」が口にしているという点において「異国」のことばであるが、しかし「ゲイシャ（芸者）」はそもそもは日本語であった。西洋憧憬という単線的な「異国情調」ばかりではなく、そうしたいわば「複雑な異国情調」をも含んだ「異国情調」が杢太郎の「異国情調」であり、この時期の「異国情調」であったとみるのがよいと思われる。

第二号の末尾には「卓の一角」という「評論集」が置かれているが、木下杢太郎は「黒田氏（引用者補：黒田清輝のこと）を訪ふ記」と題した文章中で、「この第二号はその体裁と其の内容の一部とを近頃流行のExotismeで飾ることにした。一体Exotismeの興味は烈しい対照《コントラスト》の生ずる所だらう。渾然たる興味とは云ひ難いかも知れない。（略）Pierre Lotiの“Madame Chrysantheme”は我々日本人が見ても面白い。一つは極つた常套から離れさせて貰へる愉快なんだらう。同じ理由から永井荷風氏の『深川の唄』や『監獄署の裏』などが、そのまだ日本慣れない目で（幾分か異国人風になつた目で）昔からの“Yamato-Land”を見たといふ点に於て、彼の余程日本なれのした『すみだ川』や『冷笑』などより面白い。同様に黒田清輝氏の（画題は今暗記してゐないが）帰朝当時の絵がその方面から面白い」と述べている。[6]

黒田清輝は一八九三年の夏に、九年に及ぶフランス留学から帰国し、その年の秋に久米桂一郎とともに京都に滞在する。そこで、祇園縄手通りの小野亭という、西洋人を相手にした茶屋で「舞妓の小ゑん」と「女中の豆どん」をモデルにして「舞妓」という作品を描く。この「舞妓」

は第六回（一八九四年）の明治美術会展に出品される。『太陽』第三巻第十一号（一八九七年六月五日）に載せられている「続洋画問答」において、大橋乙羽の質問に答えるかたちで、黒田清輝は、「私は小供の時に本国を出てから仏蘭西へ行くまでは東京に居ましたから東京の風俗は分つて居るが京都なんかはまるきり知らなかつた、西洋で始終思ひ出して居た日本の風俗は東京の風俗で東京の風俗はあゝだつた斯うだつたと思つて居ましたが、京都に行つて出遇《でつこ》はした風俗はまるきり知らない風俗で西洋で読だ西洋人が日本に旅をした時の日記が今更思ひ当つてそれは吃驚《びつくり》しましたどう云ふ点で吃驚したかと言へば風俗が東京と違つて居る京都に来て始めて日本と云ふ一風変つた世界の外に在る様な珍らしい国に来た様な心持がしました、先づ旅人として第一番に見物したのは円山から祇園町でした、其処で其祇園町の舞子抔に至つては天下無類ですねへ、実に奇麗なものだと思ひました、西洋人が日本の女は小さな奇麗な鳥見たやうなものだと云ひますが、成程奇麗な触《さ》はつたら壊《こ》はれさうな、一つの飾物だと云ふ何しろ珍しくてたまらない様な感じが起つた（傍点省略）」と述べている。黒田清輝はこの話に続けて、「小督」（「昔語り」）の話もしているので、あるいは杢太郎がいうところの「帰朝当時の絵」が「昔語り」である可能性もある。

黒田清輝の右の言説を木下杢太郎は、フランスに留学して「幾分か異国人風になつた目で」黒田清輝が祇園の舞妓を見た時に、「西洋人が日本の」舞妓を見るような目で見た、というとらえ方をしていると思われる。そうした面もたしかにあろうが、黒田清輝の言説は、さらに複雑なことがらを含んでいると考える。それは黒田清輝が、「東京の風俗は分つて居る」が京都の「風俗」

を知らなかったという説明のしかたをしている点である。黒田清輝は慶応二（一八六六）年六月二十九日に鹿児島市高見馬場に生まれている。しかし、五歳の時に伯父黒田清綱の養嗣子となり、六歳の時に養母、実母と上京して、麹町平河町の清綱邸に住むようになる。七歳の時には赤坂の三番小学校に転入学している。以降、ずっと東京で暮らしたと思われ、生粋ではないにしても、六歳から東京に住んでいる。それゆえ、京都の「風俗」にふれる機会がなかったのであろう。つまり、ここにはフランスに留学して帰国した日本人という「日本―異国（フランス）」という対立軸の他に、「東京―地方（京都）」という別の対立軸がかかわっており、その「二重性」の中での言説ととらえる必要がある。それは故郷柳河を「廃市」ととらえて東京に来た北原白秋が終生感じていた「東京―地方（柳河）」という対立軸と重なり合うともいえ、そうした「心性」が杢太郎の「江戸情調的異国情調」という表現の底流にあるのではないだろうか。

『屋上庭園』第一号に北原白秋は「東京景物詩」、木下杢太郎は「都会情調」と題した詩作品を載せている。「東京」といい、「都会」といった時、それは（無意識裡であっても）白秋がうまれた柳河、杢太郎がうまれた静岡県賀茂郡湯川村を「地方」として向こう側において成り立っている表現とみることができ、そこには生粋の「江戸っ子」である永井荷風とはまた異なる「枠組み」があったと思われる。

図13　『スバル』第11号表紙、1909年

『スバル』をてがかりに

明治四十一年十二月に第一回の「パンの会」が開かれたことは先に述べたが、この十一月には新詩社の雑誌『明星』が一〇〇号をもって廃刊し、翌明治四十二年の一月には雑誌『スバル』が創刊されている。「パンの会」のメンバーと『スバル』のメンバーとは重なり合いをもちながら活動を続けていくことになる。

『スバル』の明治四十二年の「発行名義人」は石川啄木で、後には江南文三《えなみぶんぞう》（一八八七～一九四六）に変更される。また第一号は平野万里、第二号は石川啄木、第三号は木下杢太郎、第四号は吉井勇、第五号は栗山茂、平出修らの編集で、いわば「表」に森鷗外の名前はないが、「外部執筆者」として森林太郎の名前が挙げられ、創刊号には鷗外の戯曲「プルムウラ」を附録として巻頭に組んでいること、第三号から鷗外の「椋鳥通信」の連載が始まっていることからしても、『スバル』の活動と森鷗外とはふかく結びついているとみるのが自然であろう。

図13は『スバル』第十一号（一九〇九年十一月一日発行）の表紙である。表紙の絵は、後に東京美

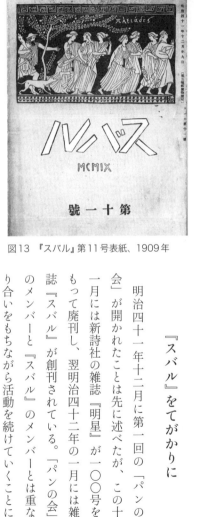

術学校校長をつとめることになる洋画家、和田英作（一八七四～一九五九）が描いている。この表紙はスバル七人の女神（プレアデス七姉妹）が狩人のオリオンに追いかけられている場面を描いたものである。

この号の巻頭には森林太郎の脚本「静」が置かれ、茅野蕭々の長詩「桂の葉」、木下杢太郎の小説「六月の夜」、森しげ子の小説「写真」、永井荷風の訳詩二篇、平野万里の小説「検疫医」、吉井勇の短歌「PANの髭」などが載せられており、後表紙には「裏画」として高村光太郎の「馬場先門の石垣」が印刷されている。雑誌に絵画作品そのものが載せられているわけではないが、「一夕話」として「文部省展覧会の西洋画及彫刻に就て」という文章が載せられている。これは、上野竹の台陳列館(7)において、明治四十二年十月十五日から十一月二十四日まで開催された第三回「文展」に出品された作品について「太田」（正雄＝木下杢太郎）、「石井」（柏亭）、「永井」（荷風）が「展覧会画評」を行なっている記事である。こうした記事を通して、各人が絵画作品をどのようにとらえ、どのように評価しているかを窺うことができる。

第三回文部省展覧会をめぐって

図14は中沢弘光（一八七四～一九六四）の「おもひで」である。中沢弘光は、東京美術学校西洋画選科を卒業し、黒田清輝に師事し、白馬会（黒田清輝を中心に明治二十九（一八九六）年に発足した洋

画団体）創立にも参加している。明治四十五（一九一二）年には光風会創立に参加し、大正十三（一九二四）年には白日会を創設した。「おもひで」（東京国立近代美術館蔵）は第三回文展で最高賞を受賞している。中沢弘光は木版画、木版挿絵、装幀も多く手がけている。

この「おもひで」について述べている太田正雄＝木下杢太郎の言説は、この当時の杢太郎の絵画観をよく表現していると思われるので、少し長くなるが引用しておく。

> かぐや姫（引用者補：直前に満谷国四郎の「かぐや姫」についての評が載せられている）から『おもひで』に来ると非常に気持がいい。絵の具がねとねとしてゐないで、粉つぽい中だけでもいい。
>
> 然し『おもひで』とは、不得要領な題だ。やつぱり僕は『奈良』とした方が余程近世的で面白いと思ふ。てな事を云ふと、題なんかはどうでも可いと云ふ人があるかも知れんが然しさういふのは審美学的興味を一切排しようとする純技術家的の矯飾《マニエエル》だ。絵によつて重大と、重大でないとの相違はあるが、画題も亦所謂Aesthetische Apperception（引用者補：美的な統覚）の一要素だ。然し画題といふ事を題名と狭く取ると唯画工の文学的エキスプレッシヨンの上手下手といふ丈の事になる。たとへば「Arrangement en voir《ママ》 et gris」といふのと、『我母の肖像』とどつちが可いかといふやうなものだ。画題といふに題名といふに止めず、それから出る心持乃至逆にそれと選んだ心持をも入れてみると、も少し興味が深くなる。例でいふと、

日本の昔の紬絵の題に一啞鳴いて雨を呼ぶとか何とかいつた六づかしい物が多かつたが、後に黒田さんか誰かの絵の題に『上つて下る道』とかいふのがあつた。この二つの画題の趣味情調の差異は正しく自然観照やがては作品そのものの内容の差異に適応してゐる。画題は此点に於て作者の気稟、そのすむ時代境遇の情調並にその製作過程の心理を暗示するから面白いのだ。もつとも此辺が純技術家とそれから（多少文学的傾向ある）批評家乃至一般公衆との争を引き起す点だ。

高村君などは、ロダンの彫刻は妙な題があるが、題なんか一向気に止める必要がないと云はれたが、僕はどうもやはり題を気にするな、たとへば聖アントニオでも、あれを聖アント

図14　中沢弘光「おもひで」1909年、東京国立近代美術館蔵

ニオの誘惑と見た方が、単に老僧、及び若き妖女を表はした石の凹凸、その重力の力学的関係からのみ来る興味に限つて見るより面白い。真の興趣は、アアサア・シモンズ氏の云ふやうに石材の物理的関係と、人情の葛藤と、この物心二つの平行関係が巧みに組み合はされた所にあると思ふ。よく近頃の評家が切言するやうに僕は絵や、彫刻の興味を唯視感にのみ限らせようとは思はない。

　殊にこの『おもひで』などは色彩配調といふより以上の約束がはいつてゐる絵だから、画題によつて、観者の興味を統一することが必要だ。それには僕はこの絵に『奈良』と題するのが一番適当だと思ふ。よく世間で光明皇后云々といふやうな噂をするが、あの絵から僕等は決して光明皇后を捜し出すことは出来ない。成程あの絵をつくる動機に光明皇后がはいつて居たかも知れないが、それは中沢氏の有する『奈良』といふ心持の一部を作るに過ぎない。故にあの絵は氏の有する『奈良』の心持の象徴化と見るのが一番いい。ゾラの『大作《ルウブル》』といふ小説の中にクロオドといふマネをモデルにしたのだといふ画工の主人公が『巴里』の絵をかいてゐる所がある。尤も巴里といふ題にはなつてゐなかつたが、題をつければさうする積りだつたらう。何でも後景を聖ニコラス門、そこの大起重重、一群の労働者にして、その前に水浴場、そこから出て来た三人の女、殊に一人は裸で小舟に立つてゐるのをかいたのださうだ。それに較べると中沢氏の奈良は温雅なものだが、テンペラメントの相違だから仕方がない。

（一六〇頁下段〜一六一頁下段）

「Arrangement en noir et gris」は、ホイッスラーが一八七一年に描いた作品で「灰色と黒のアレンジメント――母の肖像」などと翻訳されている（図15）。「アレンジメント」は音楽用語であるが、ホイッスラーは「シンフォニー」（『白のシンフォニー第一番――白の少女』）、「ノクターン」（『青と金のノクターン――オールドバターシーブリッジ』、『黒と金色のノクターン――落下する花火』）、「ハーモニー」（『グレーと緑のハーモニー』）などの音楽用語も作品の題名に使っている。それは、そういう題名をつけることによって、現実世界を再現しているのではない、ことを表明しているとみることができ、印象派の考え方と通う。

図15　J.M.ホイッスラー「灰色と黒のアレンジメント――母の肖像」1871年、フランス、オルセー美術館蔵

　さて、題名から「出る心持乃至逆にそれと選んだ心持をも入れてみると、も少し興味が深くなる」という杢太郎の言説には留意しておきたい。別の箇所においては画題が「作者の気稟、そのすむ時代境遇の情調並にその製作過程の心理を暗示するから面白い」と述べている。「黒田さん」は黒田

清輝のことと思われるが、その黒田清輝は、明治二十三（一八九〇）年四月十七日に、留学していたフランスから養父宛に「当地にては人の体を以て何にか一の考を示す事有之候」と書き送っている。また自身が師事したラファエル・コラン（一八五〇～一九一六）について、「其外に先生は実際の物、即ち朝晩に常に見るところの物を画題とすることは卑しいこと丶してやられなかつた。始終詩的冥想の中に居られて、自然中の自然の美を喜ばれた、多く画題にせられたのは詩とか歌とか、又春とか夏とか云ふ様なものを、裸体の女を借りて之を主題として、それに適はしい風景を添えて画かれた。斯う云ふ理想的の点はバスチヤン・ルパアジュよりも、一層立ち超へたものと思ふ、バスチヤン・ルパアジュは主に風俗歴史と云ふ点に止まつて、実際のものを外光で画く位より到つて居ない。それで仏蘭西の現代から云ひますと、盛んに鐘太鼓で叩き廻つて居る様な美術が騒いで居る為に、先生の様に穏雅なる美術は掩はれて居るのは事実である、今から百年も経つたら、コラン先生の画は、仏蘭西の最誇りとするものになるであらう」（『美術』第一巻第二号、一九一六年十二月。引用は『絵画の将来』一九八三年、中央公論美術出版による）と述べている。(8)

一方、永井荷風は「僕は画家が如何なる感想を以て此れを描かれたものか、少しも其の作意を解する事が出来なかつた。少しも美術的の快味を感じない。僕は単に観音と云ふやうな仏教的人物を描いたものならば、この図よりも横山大観の『流燈』の方を遙かに敬伏する」と述べており、「おもひで」に対しての評価はたかくない。

図16は同じ第三回文展に出品された横山大観の「流燈」である。この作品について、明治四十

二年十一月一日に発行された『美術新報』（第九巻第一号、通巻第一八二号）の「第三回美術展覧会開会所感」は「何となく一種の快き感じを有して居る。但此絵は細い線を用ひて、絵具でぼかしてある。氏の主張する没線描法とかではない様だ」と記している。ちなみにいえば、中沢弘光の「おもひで」については、「先づ其色調の熾んなのに惹き付けられる、尼の姿致、容貌も品格がある。観音の相好も卑しくない。其着想は空想的なものであるが、作者は敢て宗教画を描かうと企てたのではあるまい、此図を借りて一種の色の感じを出さうとしたのではないか。黄の勝つた色調が快く、全体の統一を完うして居る。光線の発射は困難であつたらうと思ふが、巧に行つた。兎も角傑作で、成功に近く、作者の手腕は敬服を値する」と述べていて、絶賛にちかい。また、「所感」に続いて「作者の談」が載せられていることがきわめて興味深い。絵画作品を真ん中に

図16　横山大観「流燈」1909年、茨城県近代美術館蔵

置いて、その「批評」が載せられ、その一方では描き手が作品について語っている。こうした言説を丁寧に辿っていくことによって、当該時期の絵画等についての「心性」が（ある程度にしても）つかめるのではないか。中沢弘光は次のように述べている。

あの「思ひ出」といふのは光明皇后の伝説を取つたもので、背景は奈良の興福寺と海龍王寺の境内で、観音は法華寺の十一面観世音です。最初は其の当時の風俗に拠つてスツカリ描いて見やうと思つたのです。詰り広い意味でいふ神話、若しくは一種の歴史画を作つて見る積りであつたのです。中々大事業ではありますが余程面白からうと思ひます。然し、まだ時期が早い、私の力が足りません。万一手を着ける日になると準備に押倒されてしまひます。参考品を集めるだけでも容易では無い。それにモデルが得難いのです。仮令立派なのがあつたにしても、何うも近代的人格を脱する事が難かしからうと思ひます。で、今回だけ其の目的を更へて彼の通り二十世紀にして仕舞つたのです。何しろ伝説の儘にすると時代が天平といふ極古い時代になりますから私も実は考へたのです。で、光明皇后の当時、池へ観音が映つたといふ其の神秘的事象を尼さんが回想している処にしたのです。観音が池の水に映つたのを正面から描いたのでは有りません。左様全く理想画です。尼さんのモデルは他処の或る娘を借りましたが、御承知の通り那の寺は御門跡であつて、宮家若くは、五摂家の外は彼処の尼さんには成れないのですから、充分それだけの品位を持たせやうと思つて大いに苦心しました。大和へは度々参りまして色々な伝説抔を聞きましたが、光明皇后の話を絵に画いて見やうと思つたのは余程以前からの事で有ります。

（『美術新報』第九巻第一号）

中沢弘光は、「光明皇后の伝説」に基づいた「歴史画」を製作しようとしたが、「近代的人格を脱する」ことができるような「モデルが得難」かったために、「二十世紀」において「神秘的事象を尼さんが回想している処」を描いたと述べている。つまり、背景のように描かれているのは「奈良の興福寺と海龍王寺の境内で、観音は法華寺の十一面観世音」で、「尼さん」は二十世紀の人物で、「他処の或る娘」をモデルにしているということだ。太田正雄（＝木下杢太郎）はそこからでは「光明皇后を捜し出すことは出来ない」と述べているのであろう。もっとも、中沢弘光がこの作品に附けた題名は「おもひで」であって「光明皇后」ではないのだから、「光明皇后を捜し出すことは出来ない」といわなくてもいいともいえるが、とにかくこの作品を光明皇后に結び付けることはできない、ということを太田正雄は主張している。「法華寺の十一面観音」の前で神秘的事象を回想している二十世紀の尼さんといういわば分裂的な画面構成について太田正雄は「観者の興味を統一することが必要だ」と述べ、「おもひで」という抽象度のたかい語よりも「奈良」を題名にしたほうがよいと述べていると思われる。この太田正雄の主張はひとまずは、あくまでもこの作品に対しての「判断」とみておきたい。

中沢弘光は、与謝野晶子の『春泥集』（一九一一年、金尾文淵堂）（図17）の口絵木版を担当してい

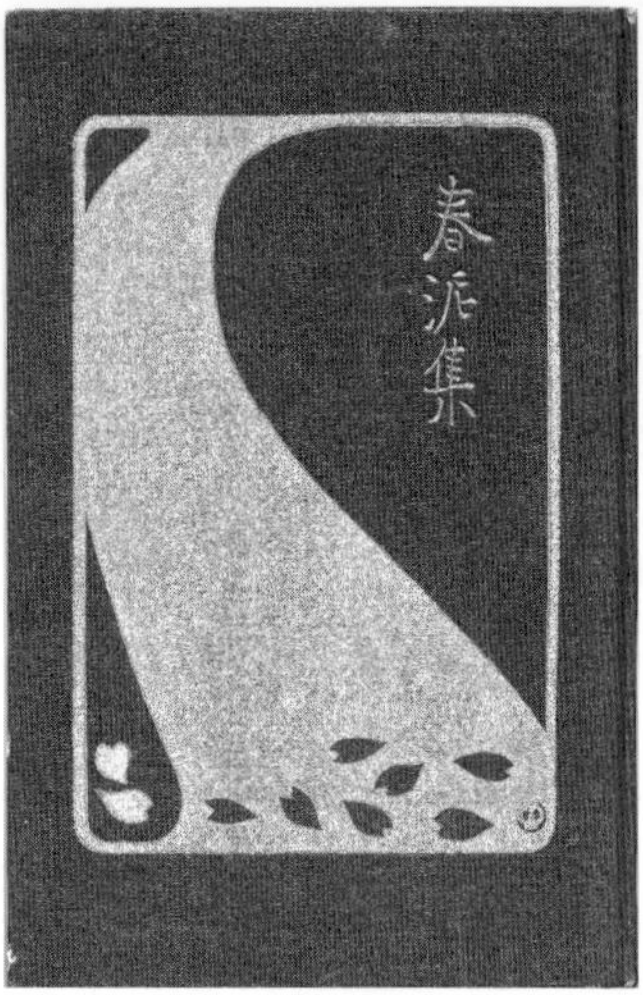

図17　与謝野晶子『春泥集』表紙、1911年、金尾文淵堂

る。装幀画はやはり白馬会に所属していた藤島武二（一八六七～一九四三）が担当し、序にあたる「春泥集のはじめに」を上田敏が書いている。藤島武二は、よく目にする、与謝野晶子『みだれ髪』の表紙装画を描いている。

「春泥集のはじめに」には「詩人の言語は、其時時の用を足す符号では無く、心の状態其ものを明かにする象徴であるから、尋常の用向又は利害の為に述べる言語よりも、更に痛切に、親密に、ある時はぎよつとするほど突込んで来るものだ」と述べられている。ここでは「符号」と「象徴」とが区別されて表現されている。筆者の表現でいえば、「尋常の用向又は利害の為に述べる言語」が「伝達（用）言語」で、「詩人の言語」が「詩的言語」ということになる。ここでは上田敏は「伝達言語」は「符号」的だとみていることがわかる。

この第三回文展には菱田春草の「落葉」も出品されている。「パンの会」にかかわっていた人としては、石井柏亭「紀の海」（西洋画）、荻原守衛「労働者」「北條虎吉氏肖像」がある。

天狗屋狂批評

先に引用した『美術新報』は一ページを四段に分けたレイアウトを採っているが、「第三回美術展覧会開会所感」の途中に一段を割いて「天狗屋」というペンネームで「大辛中辛」という欄が設けられている。次に掲げるが、これを和歌に対する狂歌、漢詩に対する狂詩に倣って、仮に「狂批評」と名づけることにする。批判し、揶揄し、茶にするのは「明治の精神」の一つの現われといってよいと考える。

実は、「所感」をずっと読んでいくと、その途中に「美術家と体量」という題の文章がある。「体量」は「体重」のことであるが、そこには「十月十五日小松原文相が、上野精養軒で美術審査委員招待の宴を開いた時、岡田次官が偶然体量機に掛つて、十八貫三百目で、去年よりは三貫殖へたとてにこ〳〵すると、一同興に乗つて、各自が体量を測つた」とある。そして、それに続いて、さまざまな人の「体量」が示されている。それによれば、川合玉堂、竹内栖鳳は十二貫五〇〇、横山大観は十四貫五〇〇、黒田清輝は二十貫五〇〇、森鷗外は十四貫五〇〇、岩村透は十八貫、高村光雲は十七貫五〇〇であった。一貫（千匁）は三・七五キログラムなので、黒田清輝は七十六キログラム以上あったことになり、堂々とした体軀であったことがわかる。一方、横山大観は五十四キログラムと少しであった。こういう記事がごく自然に挟み込まれており、それが「明治時代」であったと考えておく必要がある。

少し長くなるが、天狗屋「狂批評」を引用してみよう。

△大事な製作を批評だと云つて、悪口されるのは己の店先で商品に屁を放りかけられると同である△と云つて紳士の対面を飾るは、真向に喰てかゝる訳にもゆかん、美術家の心中も中々辛いものだ△夫も、商売外の者がブー〳〵やるなら格別、ケチな商品を並べた同業者が嫉妬半分やるのは耐らん（略）△大店の主人は、小店乃至は屋台店の奴等に、とり合ぬのが習慣であるが余り寛大では為になるまい△処でやられた方でも、どし〳〵と品物の広告説明弁解をやるが善からう、何事も広告の世の中だ（略）△今年はデッサンなんかゼム、仁丹は扨置きライオン歯磨にも叶はん広告の力は実に恐ろしいものだ△尤も説明は何処迄も文学的審美的学理的にやらにやいかん、誰にも解らぬようにやらにやいかん△兎角世間は解らぬものに感服する、今の彫刻家なぞチヤーンと此呼吸を知てるから逭は苦労人だ△念、長嘯、煙波、夢幻、宇宙、瞑想、と来る処はまるで支那料理の看板の様だが此看板が品物の八分だ△現物は愈々解らん、そり身の女が眼をつぶつて大きな干瓢見たよふなものを飛ばして居る夢幻だ△薄青い耶蘇坊主が宇宙、裸体の腕組した男が瞑想穢らしいデコボコ面の男が上向てるのが長嘯だ△名で驚す筆法は売薬売の夫と同じだ、念丹、長嘯丸、煙波水、夢幻散、宇宙円、瞑想膏─一寸悪くない（略）さて文学的、審美的、学理的弁解はどうやるか先づ斯う云ふ塩梅式にやらにやいかん勿体らしくネ△例へは「砥石切」の弁解なら─「光は万物の色調を司

る光の為に砥石も時に蒟蒻の如く見ゆべし」△とか又「新夫人」などでは——「デッサンは外国人を描く時に多少心懸くべし日本人には無て差支無」△とか又或は「妙義山」の説明には——「色の暗く汚しく恰も鼻糞にて描しが如きは我邦独特の色調」△とか「姉妹」の申訳には——「両人頬ペタの荊にて掻き捞られたる様は英吉利派古大家独特の筆法」（十一頁上段）

右の「狂批評」が批評の対象としているのはいずれも彫刻作品で、二次元の絵画よりも三次元の彫刻のほうが、観客にリアルなものとして受けとめられやすいということがあるのではないだろうか。そうであるだけに、逆に「宇宙」や「夢幻」といった題名が「象徴的」な題名と感じられ、右のような「狂批評」をうみやすいと考える。

図18　中村不折「妙義山」1909年、『美術画報』26編8巻（1909年、画報社）より引用

図18は「狂批評」にも採りあげられている、第十室に展示されていた中村不折《ふせつ》（一八六六〜一九四三）の「西洋画」である。不折は三十歳の時、正岡子規とともに日清戦争に

従軍して中国に行っており、書家としても作品を残している。六十四歳の時に太平洋美術学校の初代校長をつとめた。島崎藤村の『若菜集』、『一葉集』、夏目漱石の『吾輩は猫である』の挿絵を担当している。明治三十四（一九〇一）年にフランスに渡り、ラファエル・コランに師事している。鷗外の墓碑銘は鷗外の遺言により中村不折が書いている。

中村不折自身は、「妙義山」について「一体日本人の体格は、座に易く立に困難で、足の格好が悪いので、日本人のモデルは足に曲りがあります、そこでアノ画なども、此の春頃他所でアノ男を発見し、筋肉の宜しきに注目し、其男の家に書を送つて呼び出し、資性を調べて置いたので、先々月妙義山に行つたことを思ひ出し、自分の画室を妙義山に拵へて画いた心地で、アノ男を画いたものです、だから画題を妙義山と命じたので、他に謂れがあるのではありません」と述べている。

一方、『スバル』にのせられている「文部省展覧会の西洋画及彫刻に就て」において、「妙義山」は次のように述べられている。

（石井）例によつて大したもんだが間抜けた画だなァ。
（永井）あれはサンボリズムの悪弊を遺憾なく発揮したものだ。
（石井）サンボリズムにはなつて居ない。
（永井）見て居ると何だか漢学者臭い所がある。山から、石から人物から、腰のまはりの道具から、すつかり由緒来歴がありさうで、どうしても馬琴の八犬伝としか思はれない。理想もあのやうに取扱はれては実に閉口だ。

（太田）あの仙人みたやうな老爺が、腰にすべつこい瓢箪を吊してゐる。成程瓢箪のやつは昔からあつたらうが、僕等には視覚の上からも聯想の上からもあの老爺とは不調和に感ずる。成程妙義山といふバツクと此裸体とは別々だ。尤も別々と思はせる程バツクが活動してもゐない。之には画材の興味の分裂がある。むしろ僕等は裸体画の習作として扱はれた方がよつぽど有り難い。

（石井）あの人は裸体を画かないと腕が下ると云ふ迷信があるから年中裸体を画いて居る。けれども裸体ばかりではつまらないから瓢箪を付けてやらうと云ふのだらうと思ふ。専門家に向つては裸体の稽古だと云ひ、素人に向つてはさうは云はない。始末に行かない。


永井荷風は「サンボリズム（symbolisme）」（＝象徴主義）という術語を使って、「妙義山」を「サンボリズムの悪弊」とみているし、石井柏亭は「サンボリズムにはなつて居ない」と述べている。中村不折の言説をそのまま受け取れば、たまたま自身が訪れた妙義山を「画題」にしたまでであって、「妙義山」と「老爺」との間には積極的な結びつきはないことになる。永井荷風も石井柏亭も結局は画題は「象徴にも何もなっていない」と述べているわけで、これは「天狗屋」の批評と通う。太田正雄（＝木下杢太郎）は、「妙義山といふバツクと此裸体とは別々だ」と述べており、これは妙義山は単なる背景になっているにすぎないとみていると覚しい。それゆえ単純に

「裸体画の習作」としてしまったほうがいい、と述べていると思われる。太田正雄は「不調和」という表現を使う。石井柏亭も「瓢箪を付けてやらう」という気分で瓢箪を描いたのだろうと推測をしているが、その「とってつけたような」瓢箪が画全体の調和を乱しているという「感覚」は両者に共通している。描かれた「妙義山」はこういうことの象徴、「瓢箪」はこういうことの象徴というような「象徴」は太田正雄、石井柏亭のいう「象徴」ではないと思われる。ある統一的で調和のとれた「気分」が両者のいう「象徴」で、その「気分」を木下杢太郎は「情調」という表現であらわしていると考える。

パンの会の活動時期を明治四十一（一九〇八）年から大正二（一九一三）年頃とみた時、一九一〇年前後のこの時期は「絵とことば」とが隣り合わせにあった時期といってよい。パンの会は耽美主義の会ととらえられることがある。耽美主義は「美に最高の価値があるとして、芸術や生活の目的を美の追究に置く立場」（『集英社国語辞典』第三版）などと説明される。北原白秋や谷崎潤一郎、永井荷風の名前があげられることが多く、文学上の主義のようにうけとめられやすいが、「芸術至上主義」であるから、画家などにも及ぶ概念といってよい。本章では、ごく少数の人を採りあげるに留まったが、この時期の「気分」、雰囲気について、ある程度の整理を行なうことができたのではないかと考える。

註

（1）「西洋主義」が（一般的な、「西洋」への傾斜ということを超えて）この時期に展開していた具体的な（何らかの）「主義」の謂いであるかどうかが右の言説においては不分明であり、また「西洋美術を通しての隅田河畔に漂う江戸の面影」も筆者にはわかりにくいが、そうしたことは措く。

（2）**「パンの会」** 木下杢太郎は「石井柏亭君」（『冬柏』第三巻第三号、一九三二年二月二十五日発行掲載。後に『藝林閒歩』再収、ここでの引用は『木下杢太郎全集』第十四巻、一九八二年、岩波書店による）において次のように述べている。

「パンの会」は一面に放肆なところもあつたが、畢竟するに一の文芸運動で、因循な封建時代の遺風に反対する欧化主義運動であつた。例の印象派の理論、パルナシヤン又サンボリストの詩、一体に欧羅巴のその頃の文芸評論などが之に気勢を添へ、明星又スバル、方寸、屋上庭園、或は自由劇場といふやうなものの起つた時代に適応するものであつた。それ故に小網町とか西河岸とかいふ地域も広重や清親とは別の意味で愛好せられ、「パンの会」がさう云ふ処に会場を捜すといふのも自然の傾向であつた。当時は皆概して芸術至上主義で、好芸術を作らうといふ欲望に燃えて居り、その為めの竈として「パンの会」などが作られたのである。（三七三頁）

右の「別の意味で」という表現にかかわって、野田宇太郎は『日本耽美派文学の誕生』（一九七五年、河出書房新社）において、「徳川期の安藤広重や明治期の小林清親などの錦絵時代とは違った意味に於て愛好されたのであつた。日進月歩の東京にあつて廃れゆく江戸の名残りを惜しむ感傷は、彼等多感な青年の心理に絶えずうごめいてゐた影ではあつたらう。しかし、知的で進歩的な彼等はその反面の新らしくヨーロッパ化してゆく未来の東京を育てる青年であつた。従つて彼等の江戸情調は、日本人ではなく、むしろ異国人が珍奇な眼で眺める異国としての古い東京であつた。西洋人の碧眼を透して再び日本へ還つて来た江戸であつた。つまり江戸情調も彼等にとつては懐古趣味ではなくて異国情調にすぎなかつたのである」(十二〜十三頁)と述べている。しかし、「西洋人の碧眼を透して」日本をとらえるためには、いったんは西洋人と同化し、その眼と自分の眼とを重ね合わせる必要があるが、「パンの会」がうまれた明治四十一年頃がそういう時期とは考えにくい。右の引用中で木下杢太郎は「因循な封建時代の遺風に反対する欧化主義運動」と表現をしており、「手放しの」「欧化主義運動」ではなかったことがわかる。そこにはつねに「因循な封建時代の遺風」が残っていたのであって、そういうものを向こう側に置いた「欧化主義運動」であったとみておくべきではないだろうか。そしてそれが「因循」でなければ、むしろ惜しむべきものであっただろうし、「因循」で、そこからのがれていかなければならないとしても、のがれてからふりかえれば、それは(なんらかの)「情調」として「多感な青年の心理」に「影」を落とした、と考えることもできる。

(3)**[明治期のアヴァンギャルド]**「ラファエル前派」(*Pre-Raphaelites*)という表現を使ったが、明治期に現在と同じようなとらえかた、括りかたがされていたとは考えにくいので、これは、説明をわかりやすくするための便宜的な表現である。「ラファエル前派兄弟団」(*Pre-Raphaelites brotherhood*)が発足した一八四八年(のロンドン)について、ティム・バリンジャー及びジェイソン・ローゼンフェルドは次のように述べている。

世界はまぎれもなく「近代」——科学技術と社会の劇的な変化、情報伝達のグローバル化、急速な工業化、不安定な金融市場、自然を犠牲にした都市の無秩序な拡大——に突入していた。ロンドンは世界経済の要となり、かつてないほどの規模と複雑な構造を持つ帝国の中心を占めた。生活のあらゆる側面が急速に変化しつつあった。伝統的な社会関係、通念、行動様式がかつてないほど揺さぶりをかけられると同時に、現代の私たちにも馴染みの深いものへと変化していった。

(『テート美術館の至宝　ラファエル前派展　英国ヴィクトリア朝絵画の夢』二〇一四年、朝日新

聞社所収「ラファエル前派　ヴィクトリア朝時代のアヴァンギャルド」翻訳は木下哲夫）

一八四八年といえば、フランスでいわゆる「二月革命」が起こり、共和政の政府が成立した年であり、ヨーロッパ全域で起こった革命運動そのものはそのすべてが成功したわけではなかったが、自由主義とナショナリズムは大きな「流れ」を形成した。またイギリスで始まった産業革命がヨーロッパに波及し、産業資本主義の時代になっていく。日本の「産業革命」をいつ頃とみるか難しいが、例えば大阪紡績株式会社が設立されるのは明治十五（一八八二）年のことで、大阪紡績と三重紡績とが合併して東洋紡績株式会社が設立されるのは大正三（一九一四）年である。先にもふれたように、永井荷風の「日和下駄」が書かれているのがこの大正三年である。明治末年から大正初年にかけて、「ラファエル前派兄弟団」がロンドンにおいて発足した時と同じような状況が日本にあった、とみることはできなくはない。また、ラファエル前派グループが「美術と詩、美術と音楽の関連を追求」（同前）したことを考え併せると、「パンの会」がうまれた時の日本の状況、「パンの会」の活動がラファエル前派の活動に重なり合うようにみえてくる。「ラファエル前派　ヴィクトリア朝時代のアヴァンギャルド」は「歴史的にして近代的」という表現でラファエル前派を説明している。「江戸情調的異国情調」は、「江戸」と「異国」という二つの空間に着目した表現であるので、一つの空間の時間軸による推移に着目した「歴史的にして近代的」というとらえかたとぴったりと重なり合うわけではないが、しかしまた重なり合いがないわけではない。そうであれば、「アヴァンギャルド」を「一般に流布している芸術の正統を覆し、それに取って代わって、批判精神に富み、しばしば同時代の世界と直接関わっている、自覚的で先鋭的な活動を目指して組織された集団」（同前）と定義した上で、ラファエル前派を「アヴァンギャルド」ととらえるのと同じように、「パンの会」の活動を「明治期のアヴァンギャルド」と名付け、そのような観点から眺めることもできるかもしれない。

（4）日本の詩歌『北原白秋』（一九六八年、中央公論社）において、作品の鑑賞文を担当している村野四郎はこの歌に関して、「クリスチナ・ロセチは、イギリスの女流抒情詩人。病弱で、キリスト教徒としての清純な独身の生涯をおくった。その詩は、わが国でも明治期の多くの詩人たちに愛され、白秋も「桐の花とカステラ」の中で、「なつかしいではないか。若いロセッチが生命の家のよろこびを古いソンネットの形式に寄せたように」新しい情緒を古い歌の形式に響かそう、と言っている」（二九九頁）と述べている。「若いロセッチ」はクリスティーナ・ロセッティではなくて、兄のダンテ・ゲイブリエル・ロセッティのことを指していると思われるので、この記事は訝しい。

（5）**［独絃調ソネット］** 松村緑『蒲原有明論考』（一九六五年、明治書院）九十一ページにこの「独絃調ソネット」という表現がみられるが、「独絃調」は蒲原有明自身が改訂版『春鳥集』（一九四七年、東京出版）の「改訂版後記」において次のように述べている。

独絃調といふのは、第二詩集の独絃哀歌に収めた小曲に、わたくしが始めて用ゐた詩律である。それを自分ではさういふふうに呼称してゐた。便宜のためその呼称に随つておく。独絃調は四・七・六を一行として、各行ともおなじ律調でつづけてゆく。わたくしは四音とか六音のおもしろさを知つたのは、鷗外のマンフレッド一節を熟読してからである。このバイロンの詩劇の首章の翻訳はもと於母影で発表されたもので、水泡集に載せられてゐる。またキリスト教の讃美歌には八・六調が多い。藤村は若菜集でその詩律を踏襲してゐる。わたくしは讃美歌をあさつてゐるうちに、ふとして四・七・六一行の句を見つけだした。それは或一篇中の一行だけに過ぎなかつたかと思ふ。どの詩篇であつたかといふことは残念ながらおぼえてゐない。（一八二〜一八三頁）

蒲原有明自身が「四・七・六を一行として」と述べているので、そのような意識であったことは疑いがないが、しかし「アダナル・ネガイアダナル・クイトツイニ／テヲトリ・シニユキテミナ・アダナルトキ」と切ると、意味上の切れ目とは一致しない。二行目の末に読点が附されているので、そこまでをひとまず「ひとまとまり」とみれば、この二行は「アダナルネガイ＊アダナルクイト＊ツイニ／テヲトリ＊シニユキテ＊ミナアダナルトキ」と切ることができる。これは「七七七五八」となっている。そもそも「あだなる冀願《ねがひ》」と読点が附されており、ここに（何らかの）切れ目があることは読点によって明示されているとみることができる。このようにとらえると、「ツイニテヲトリ」の七拍が行を跨がるかたちになっていることが目を惹く。

（6）　明治四十二年十二月から翌四十三年二月にかけて『朝日新聞』に連載された永井荷風の『冷笑』には「江戸時代はいかに豊富なる色彩と渾然たる秩序の時代であつたらう。今日歐洲の最強国よりも遥かに優る処があつて、又史家の嘆賞する路易十四世の御代の偉大に比するも遜色なき感がある」とあり、いわば帰朝者荷風の江戸趣味宣言ともいえる。

（7）　**〔勧業博覧会と竹の台陳列館〕**　第一回内国勧業博覧会は上野寛永寺の本坊跡に建てられた煉瓦造の美術館を中心にして、その左右に東本館と西本館とを設け、前年に行なわれたフィラデルフィア万国博覧会に倣って、鉱業及び冶金術館、製造物館、機械館、園芸館、農業館、美術館の六区に分けて明治十（一八七七）年に行なわれた。明治十四年に行なわれた第二回の内国勧業博覧会では、コンドル設計の博物館本館が一部使われた。第三回は明治二十三年に行なわれ、この時に参考館として建てられた煉瓦造二階建ての建物が会終了後に博物館に譲渡され、第三号館として使われるようになった。また竹の台の二棟の建物も譲渡され、竹の台陳列館として美術団体などへの貸し会場として使われるようになった。第四回の内国勧業博覧会は明治二十八年に京都で、第五回は明治三十六年に大阪で開催された。第六回は明治四十年に開催される予定であったが、延期されたために、それに代わるものとして、東京府が東京勧業博覧会を開催した。上野公園を第一会場とし、不忍池畔を第二会場、帝室博物館の西を第三会場にした。第一会場には第一号館から第五号館及び、美術館、人類館、園芸館などを建て、第二会場には台湾館、朝鮮館、外国館、機械館、三菱館、ガス館などを建て、不忍池畔にはウォーターシュートや水族館、世界館などが設けられ、夜間はイルミネーションが点灯された。諸外国からの出品も多く、入場者

図19　東京勧業博覧会：外国館絵葉書、1907年、筆者蔵

は六八〇万二七六八人だったといわれている。第一回の文展は美術館で、第二回第三回の文展はこの竹の台陳列会で開かれている。（内国勧業博覧会、東京勧業博覧会の会場と文展の会場とはいわば重なり合っており、東京勧業博覧会が明治四十年の三月二十日から七月三十一日まで、第一回の文展が同じ明治四十年の十月二十五日から十一月三十日まで開催されたことを考えると、それぞれの会場に足を運んだ「観客」が、内国勧業博覧会、東京勧業博覧会と文部省美術展覧会との間に、「イベント」としての何ほどかの「連続性」を感じていた可能性はあると考える。夏目漱石『虞美人草』（明治四十年六月二十三日から十月二十九日まで『東京朝日新聞』と『大阪朝日新聞』に連載される）の十一の二（第五十二回）は「糸子」が「あれが台湾館なの」と「宗近」に尋ねる場面から始まり、「糸子」「宗近」「甲野」「藤尾」四人が東京勧業博覧会を思わせる「博覧会」を訪れているさまが描かれる。

図19は東京勧業博覧会を記念して販売されたと思われる絵はがき。外国館を真ん中にあしらって、各国の国旗をデザインしたもの。この絵はがきは精美堂印刷製。筆者所持のこの絵はがき六枚セットは、「精美堂印刷」「凸版印刷合資会社印刷」「帝国印刷株式会社印刷」「東京築地活版製造所印刷」「東京国交社印刷」「泰錦堂印刷」の六枚がセットとなっているもので、それぞれの印刷所の印刷技術を競うという面もあったと思われる。

（8）**【思想の絵画化】** 先立つ箇所では次のように述べている。

それで、絵画の上の先生の功績といふか、先生の歴史的に不朽な点は、外光派と云ひませうか、外光の明るい色を用ゆると云ふことは、バスチヤン・ルパアジュが率先して遣つたのであるが、此人は第一短命であつた、それで率先者であつても、外光を完成させた人ではない、バスチヤン・ルパアジュに依つて始められた外光は印象派に依て非常に研究されることになり、印象派が又後期印象派などを生み出して居る、遂に外光と云ふことが、一般の画に影響して、室内と戸外との区別なく、総て画と云ふものが明るいものとなつた。コラン先生は印象派の中に入られずに、その外にあつて、バスチヤン・ルパアジュから来つた外光の研究を、まづ完成させられたものといはねばならぬ。無論一人でやられたわけでなく、いろ〳〵周囲の影響を蒙つて居るのではあるけれど、印象派の取つた色の分析と云ふことなどは、先生は、あれは却つて真の印象を描き現はすのでなくて、印象派の画の印象は、印象派としての印象であつて、自然の真の印象を現はし得ないものである。自分は自然の印象を画くのであつて、自然の印象に近いものを、描き現はして居るのだと信じて居られた。つまり、画を明るくすると云ふこと、明るい鮮やかな画を作るといふことに就て先生の最貴いところは、兎角明るければ色が強くなる、明るいとか鮮やかとか云ふことは色を濃く出すと云ふ弊がある、そして自然の研究は兎角写実に流れ易い。それに反対で、穏かな、落着いた色を出すことは、兎角陰鬱になり易く、又印象を主にすれば兎角崩れ易いのは形であるのであるが、其崩れ易い形を矯《た》め様とすれば、クラシツクに偏し易い、其総ての点の弊を避けて、最困難なるところを先生は取られた、色から云ふと柔かい、穏やかな、そして明るい、そして柔かい中にも強みのある色を用ゐられて、形の方はクラシツクに偏せずして、優美な、線の簡単な、正しい形を描かれた。

「印象派としての印象」という表現からは、一つの「派」を形成してから印象派が描き出す「印象」が形式化したという主張が感じられる。「自然の印象」あるいは「詩とか歌とか」「春とか夏とか云ふ様なもの」を、例えば「裸体の女を借りて之を主題として」描くということを、黒田清輝が明治三十（一八

図20　青木繁「真・善・美」1905～1906年頃、神奈川県立近代美術館蔵

九七）年の第二回白馬会展に出品した「智・感・情」（口絵3）にあてはめてみれば、黒田清輝は自らの「何らかの印象」を三人の「裸体の女」として描き、それに「智・感・情」という画題を附けたということになる。したがって、「智」「感」「情」という例えば三つの「概念」を三人の女性像として象徴的に描いた（という可能性はないではないが、おそらくは）ということではないとまずはみるべきではないだろうか。「智・感・情」という画題が「画を見る人」につよく働きかけることは疑いなく、それ故、第二回白馬会展に出品された時に「画題となった「智・感・情」の出典と意味、またポーズとの結びつき」（『生誕一五〇年黒田清輝――日本近代絵画の巨匠』展覧会図録、二〇一六年、二〇五頁）が「疑問とされ、不評の原因となった」のは、そこに日本における「画を見る人」が強くこだわったためではないか。この作品は一九〇〇年のパリ万国博覧会にも出品されており、そこでは日本人の描いた洋画では最高賞となった銀牌を受賞している。それは、そこでは画題「智・感・情」と作品との結びつきが作品そのものの評価に（ほとんど）かかわっていないためと推測する。現代の展覧会においても、作品を見る前に熱心に作品解説のプレートを読む人の姿を見かける。「何らかの情報」を背景に作品を見るほうが落ち着く、安心するという現代日本人の「心性」の現われかもしれない。それは言語情報を背景にして絵画作品を見るということで、広い意味合いにおける「絵とことば」ということである。

　ちなみにいえば青木繁（一八八二～一九一一）が一九〇五～一九〇六年頃に描いたと目されている「真・善・美」（図20）という題の作品が神奈川県立近代美術館に蔵されている。縦十三・六センチメー

図21　フレデリック・ワッツ「希望」1897年、イギリス、テート・ギャラリー蔵

トル、横四・〇センチメートルの紙に鉛筆で書かれた三枚である。『青木繁＝明治浪漫主義とイギリス展図録』（一九八三年、東京新聞）は一一〇ページにこの「真・善・美」を掲げ、続く一一一ページにジョージ・フレデリック・ワッツ（一八一七〜一九〇四）の「希望」（図21）を掲げている。

『青木繁＝明治浪漫主義とイギリス展図録』は「イギリス作家略伝」において「ワッツは美術を、道徳上の深遠な真実を教える手段と見ていた。彼は「物ではなく、思想を」描きたいのだと述べている。一八四〇年代には、《生の家》と題する象徴的なフレスコ画の一大作品群の制作を夢見ていた」、「一八五〇年頃、彼の名を高めた、キャンヴァスに描いた寓意画の最初の作品を制作した。彼の寓意画で最も有名なものは《希望》であるが、今回は赤チョークによるものが展示されている（No.57）。寓意画の制作にあたっては、何年もかけて描くことが多く、展覧会が済んでからも描き直したり、常に新しいヴァージョンを生み出して行ったのである」（一六二頁）と述べている。「思想」を描くということは、視覚的にはかたちをもっていない「思想」に視覚的なかたちを与えるということであり、「思想の絵画化」である。「思想」は概念といってもよい。概念であるからには、言語化もできる。むしろ「言語化されたかたち」を絵画化しているといったほうがよいかもしれない。そこが「印象」あるいは「イメージ」「心持ち」を絵画化する場合と大きく異なる。「印象」や「イメージ」は（言語化しにくいためといってもよいだろうが）言語化されていない。だからいわば直接的に絵画化される。そして「印象」や「イメージ」は言語的に「分節」されていないのだから、全体が一つのものとして「動く」ことになる。この絵画作品のこの箇所は、こういう「イメージ」を描いたもので、この箇所は別のこういう「イメージ」を描いたもの、ということにはならない。部分に「分節」して「イメージ」を絵画化することはないと考える。これが木下杢太郎が中村不折の「妙義山」に対して述べていることであろう。「分節」されていないのだから、説明的にもならない。『青木繁＝明治浪漫主義とイギリス展図録』はワッツの「希望」について次のように述べている。

希望は、中世以後のキリスト教図像学において、しばしば神学上の三美徳の一つとして（他の二つは、慈愛と信仰である）表現されてきた。ワッツは、自分の考えを友人パーシー・ウィンダム夫人への一八八五年十二月八日付の手紙の中で、次のように述べている。「私は、今希望の絵を描いています。目隠しをされた希望が、地球の上に坐って竪琴を弾いています。しかし、竪琴の弦は、一本を除いてそのことごとくが切断されています。そのか細い響きから生まれてくる音楽のすべてを、彼女は手に入れようと試みています。全身全霊をこめて、かすかな音に耳を傾けているのです。」この作品においてさえも、その構図は、抽象的理念を取り出し、それに注目すべき視覚的形態を付与するというワッツの並はずれた能力を、はっきりと物語っている。（一四六頁）

このワッツの「希望」は『明星』第十一号（一九〇一年二月）号に図版として掲載されている。青木繁は執筆された「年月」が「不詳」である「断片」と題された文章の中で、このワッツの「希望」と、ラファエル前派とも密接な交流があったサー・エドワード・コーリー・バーンジョーンズ（一八三三～一八九八）の「希望」とについて述べている（引用は、青木繁『仮象の創造』一九六六年、中央公論美術出版、六十三～六十四頁による）。

英のワッツ卿とバーンジョンス卿と共に「希望」といふ事に就いて画を作つてある、人世に於ける希望である、ワッツの方では随分大きな布幀で、暗澹たる雲霧の中に模糊として地球が懸つて居る、その地球の上に踞して居る女がある、即ニムフであるがこのニムフは白い布で以て眼匿しがしてあつて手にはライルの琴を持つて居る、而して此琴は五絃あるのであるが其中の四絃は敢なく断たれて僅かに一絃丈残つて居るのであるが、其一絃を力に何かうつむいて頻りに奏でて居る、四方暗澹たる中に弱い柔かい光明が何処ともなく投射して居ると云ふ図である。これが人生に於ける人類の希望の運命であるといふワッツ自身の人生観から来たもので誰しも希望の前には人は盲瞑で荒洪な宇宙の不可解界に居し乍らライルの五絃の竪琴は弾掻整然として一調一諧抑揚を誤らずに楽しい譜を奏し度いのであるが、決して世の中は然うは乗らない、其五絃の中四絃は絶え果てゝ僅かに残る一絃にせめて頼少なき半生を慰めて居るといふのであるが、これは倫敦のテート・ガレリーにあるが、絶ゆる間なき利慾の念に狂奔して居る市民が偶々此画の前に起つて此蘊蓄多き深義に打たれては政治家も事業家も労働者も均しく、シミ〴〵と反省と慰安とを与へられ流石にホロリとする相である、人の越し方行く末の瞑想がよくこの寂寞たるスペースの明暗配色と投合するからだ。

この「断片」を書いた時点で、青木繁はワッツの「希望」を確実に知っていたことになる。右の文章に先立つ箇所で、青木繁は「象徴主義」について述べている。

上田敏君は当時中々熱心に研究して居た様子で会ふ度に此話で持切つて居た。此象徴主義といふのは或抽象的な現世の深意を具体的な物質で以て表象するので慎重な信仰と卓絶した技腕とが伴はなければ動もすると諷刺駄洒落即ち理的判解に陥り易いのである、画の方で此派の近世に名高いのはサー・エドワード・バーンジョンス卿（英）サー・テオドル・ワッツ卿（同）ガブルエル・マックス（独）其他仏国に数名ある、画の方では古くから此形式は在つた事で伊太利復興期以前にサンドロ・ボッチセリーやギルランダヨ抔には時間空間等の問題を採つて表象して居る、又彫刻では希臘時代に既に幾多此派の主張の近い事をやつて居る。而かし近世のは一層痛切である

「サンドロ・ボッチセリー」は、ラファエル前派が注目した、サンドロ・ボッティチェッリ（一四四五〜一五一〇）のこと、「ギルランダヨ」はドメニコ・ギルランダイオ（一四四九〜一四九四）のことで、ルネサンス期におけるイタリア、フィレンツェの画家で、宗教画を多く描いている。右の言説においては、「慎重な信仰」とあり、ルネサンス期の宗教画作者がバーンジョーンズ、ワッツといわば同列にとらえられており、そのことからすれば、青木繁が右で述べている「象徴／表象」はひろく（宗教的な）「寓意画（allegory）」を含んでいると思われる。青木繁が「象徴主義」を「抽象的な現世の深意を具体的な物質で以て表象する」と理解していたことには留意しておきたい。木股知史は『画文共鳴『みだれ髪』から『月に吠える』へ』（二〇〇八年、岩波書店）において、青木繁が「構図の意味からワッツの人生観を読みとろうとする」（一五八頁）と述べ、さらに青木繁はワッツの「希望」について「描かれた事象を観念に翻訳しながら、人生の不如意を示したものとして理解している」（同前）と述べる。木股知史の右の言説中の、「構図の意味」「観念に翻訳」はそれぞれどのようなことを述べようとしているかが理解しにくい。

さらに確認しておきたいことは、右で青木繁は作品に与えられているタイトル「希望」が作品の「テーマ＝中心思想」であると前提して作品に向き合っているということだ。タイトルが作品と具体的に対応していないことからすれば、それは当然のことともいえようが、では、この作品が「竪琴を持つ女」というようなタイトルだった場合、作品のとらえかたは変わるのか、変わらないのか。あるいはタイトルがない作品であったらどうなるか。「希望」が作品の「テーマ＝中心思想」であるとすれば、「テーマ＝中心思想」はすでに言語化されていることになり、単語のかたちで言語化された「テーマ＝中心思想」をそのまま素直に受け入れて、その単語と作品とを照らし合わせるという「作業」をしていることにはならないのだろうか。それは作品の「テーマ＝中心思想」を「観者」が作品から直接うけとめるということとは異なるのではないだろうか。

第二章　青木繁

――絵とことばについて考える

第二章においては、青木繁（一八八二〜一九一一）を採りあげる。具体的には絵画作品「わだつみのいろこの宮」（口絵1）、「海の幸」（口絵2）を主に採りあげ、それらをてがかりにして、絵画作品の「素材・題材」「テーマ＝中心思想」ということについての考え方の整理を試みた。また、青木繁の絵画作品について述べている言説として、夏目漱石、木下杢太郎の言説、さらには蒲原有明の詩作品を採りあげ、それらの言説、詩作品と青木繁の絵画作品とを並べることによって、言語が絵画作品をどのようにとらえているかについて考えてみた。章の後半では、金、青、緑という色彩に着目し、北原白秋の詩作品を採りあげ、最後に青木繁の絵入書簡を採りあげて、青木繁の言説について考えてみた。

久留米に生まれる

青木繁は明治十五（一八八二）年七月十三日に久留米市荘島町四三一番地に生まれている。十四歳で中学校、明善校に入学し、そのかたわら、久留米高等小学校の図画教師であった森三美《みよし》（一八七二〜一九一三）に洋画を学んでいる。(1) 明治三十一年、十七歳の六月に小山正太郎（一八五七〜一九一六）の不同舎に入る。小山正太郎は、明治九（一八七六）年に開校した工部美術学校に、開校と同時に入学し、アントニオ・フォンタネージ（一八一八〜一八八二）の指導を受け、翌年にはフォンタネージの助手となる。明治二十二（一八八九）年には「明治美術会」の創立に参画するが、明治二十六年にフランスから帰国した黒田清輝が「白馬会」を結成すると、明治美術会の画家は「旧派」と呼ばれるようになる。明治四十（一九〇七）年に開催された文部省美術展覧会（文展）では審査員を務めている。青木繁と相前後して、小杉未醒（一八八一〜一九六四）＝小杉国太郎放庵も不同舎に入塾している。

青木繁は明治三十三年には美術学校に入学する。明治三十五年には、坂本繁二郎、丸野豊と妙義に遊び、信州小諸に島崎藤村、丸山晩霞を訪ねている。翌三十六年には「黄泉比良坂《よもつひらさか》」（東京芸術大学現蔵）と「閻威彌尼《じやいみに》」とを白馬会に出品して白馬賞を受賞する。翌三十七年、二十三歳で美術学校を卒業、同級に和田三造、熊谷守一、山下新太郎がいた。この年に「海の幸」（ブリヂストン美術館現蔵）を白馬会に出品する。明治四十年には「わだつみのいろこの宮」（同前）を内国勧業博覧会に出品して、三等受賞。明治四十四年三月二十五日、福岡市中州の松浦病院において三十歳で逝去。

「海の幸」、「わだつみのいろこの宮」は教科書に載せられることもあり、よく知られている

「明治の洋画」といってよいだろう。現在ではともに重要文化財に指定されている。(2)

「わだつみのいろこの宮」は『古事記』上巻のいわゆる「海幸彦山幸彦」の行りをもとに描かれたことが指摘されている。『古事記』においては、「火照命《ほでりのみこと》」が「海佐知毘古《うみさちびこ》」、「火遠理命《ほおりのみこと》」が「山佐知毘古《やまさちびこ》」である。弟の山幸彦は兄の海幸彦の道具を借りて魚を釣ろうとするが、一匹も釣れないばかりか、鉤《ち》（＝釣り針）を失ってしまう。兄が許さないので、弟の山幸彦は、塩椎神《しおつちのかみ》の教えにしたがって、「如魚鱗所造之宮室」（魚鱗の如造れる宮室）＝「綿津見神之宮」（わたつみの神の宮）に行く。「ワタツミ」は〈海〉のこと。その神の御門には、井戸の上に「湯津香木《ゆつかつらのき》」の木がある。その木の上にいると、海神のむすめが相談にのってくれるという。そうしていると、海神のむすめ、豊玉毘売《とよたまびめ》の「従婢《まかだち》」（＝下仕えの女）がやってきて、玉器で水をくもうとし、木の上に「麗壮夫《うるわしきおとこ》」がいるのに気づくという「話」になっている。『古事記』のこの「話」をもとにして、青木繁が「わだつみのいろこの宮」を描いたと前提して、少し考え方の枠組み及び、用語の整理をしておきたい。

絵画作品の題材・テーマ

この場合、『古事記』の「話」は「素材・題材」ということになる。「素材・題材」は「特定の人物や風景や事物など作者の目の前にあったものと、物語の場面や歴史的事件のように何らかのテキスト（文献的典拠）に基づいて想像されたもの、そのどちらでもありうる」（高橋裕子『西洋美術のことば案内』二〇〇八年、小学館、一四三頁）ことになる。前者は物理的な質量、形態を備えており、後者はそうではない。後者は、たとえそれがテキストに基づいていても、解釈され「想像されたもの」である。ただし、それは前者の場合においても同じで、物理的な質量、形態を備えている同じリンゴをえがいたとしても、描き手によって作品は異なる。

高橋裕子『西洋美術のことば案内』は「テーマ theme」は「その作品の「中心的思想」と解するべきで、「意味内容 content」と重なる。たとえば、ひとつの静物画について、主題は火の消えた蠟燭と髑髏、テーマはヴァニタス、と区別することができる」（一四三頁）と述べている。右の言説中の「主題」は「素材・題材」のことをさしていると思われる。筆者が西洋美術を研究していないためと思われるが、右の言説には理解しにくい点がある。それはあらゆる美術作品には必ず「テーマ」＝「中心的思想」＝「意味内容」がある、と前提されているかどうかという点である。「テーマのない作品はない」と考えれば、「テーマ＝中心的思想＝意味内容」は必ずあるが、それが「観者」にはわからない＝伝わらない場合があると考えればよいのか、そうではなくて、「テーマ＝中心的思想＝意味内容」がそもそもない、と考えればよいのか、ということである。しかし、「観者」が作品をみても、そうしたものがわからなければ、（あるはずなのに）そもそもないのか、そもそもないのかを判断することは原理的に難しいと考えざるを得ない。これは、筆者がここしばらくずっと抱えている「問い」で、その「問い」は言い換えるならば、「絵画作品から何をうけとればよいのか」という「問い」でもある。そしてこのことは本書で最も重要なポイントである。

再び「わだつみのいろこの宮」を例とする。「わだつみのいろこの宮」は『古事記』の「海幸彦山幸彦」の場面を「素材・題材」としているとまず考えることにする。ではそれを「素材・題材」として青木繁が表現したかった「テーマ＝中心的思想＝意味内容」は何か。それを明らかにすることは美術研究の目標なのか、そうではないのか。改めていうまでもないが、「カタログ・レゾネ」（＝ある芸術家、あるコレクションの全作品を網羅して記した文書）の記述項目の中には、「テーマ＝中心的思想＝意味内容」は入っていない。作品研究の基礎作業として位置づけられているエクフラシス（ekphrasis）＝ディスクリプション（description）＝作品記述もそれを義務づけてはいないのではないか。それは「テーマ＝中心的思想」が客観的に、論理にしたがって記述できることがらではないからであろう。客観的に記述できないことがらについては、議論することもできないことになる。

青木繁には絵画作品としてアウトプットしたかった「テーマ＝中心思想」があったと前提してみよう。その「テーマ＝中心思想」を、『古事記』の「海幸彦山幸彦」の話を「素材・題材」として表現した作品を描いた。それに青木繁が「わだつみのいろこの宮」というタイトルをつけた。作者がアウトプットしたかった「テーマ＝中心思想」にかかわるタイトルを付けることは自然であるが、「テーマ＝中心思想」までは至らない場合もある。この作品の場合、「わだつみのいろこの宮」は「素材・題材」となっている『古事記』の「話」を思わせる。ただし、『日本書紀』にも同様の話柄があるので、このような場合は、何らかの「検証」を経なければ、「素材・題材となっているテキスト（文献的典拠）」を特定することができない。それを特定せずに、漠然と「日本神話を素材・題材にした」というようなとらえかたをすることはできる。あるいは「検証」を試みても、テキストが特定できないということも当然あり得る。

筆者は、「テーマ＝中心思想」といった場合は、言語化できることを前提にしていると理解している。言語化できない「思想」は考え難い。それゆえ、あらゆる絵画・彫刻作品がそのような、言語化できる「テーマ＝中心思想」をもっている、というみかたに懐疑的である。青木繁が自身の「何らかの気分」を絵画化するということはないのだろうか。青木繁に限らず、絵画・彫刻作品の作者が「何らかの気分」をアウトプットするということはないのだろうか。「何らかの気分」は言語化できない。いや、言語化できないからこそ「何らかの」と表現したり、「気分」と表現したりする。印象派と目される作者が作品としてアウトプットしているのはこの「気分」ではなかろうか。そうであれば、逆説的になるが、印象派の作者が描こうとしていたのは、「テーマ＝中心思想」ではなく「気分」をアウトプットしたもので、あえていえば「テーマがない」ということが印象派の「テーマ＝中心思想」ということになる。

青木繁は自身の作品である、この「わだつみのいろこの宮」についてさまざまに語っている。また、この作品について語っている「観者」も少なくない。作者が語っていることも、「観者」

が語っていることも多岐にわたっている。その中には「わだつみのいろこの宮」という作品に関しての「評価」めいたものも含まれている。本書において「評価」という場合、それは客観的に測定できる基準を有している場合に限りたい。こういう基準を設けると、このように「評価」できる、という言説であれば、基準と「評価」とが適切であるかどうかを第三者が論じることができる。しかし、何ら基準を示すことなく、「わだつみのいろこの宮」はすばらしい作品だといわれても、「すばらしい」と判断したことが適切であるかどうかを論じることができない。それはそう述べた人がそう感じた、ということにとどまると考えざるを得ない。「感じ」であるからそれは「感想」ということになる。絵画・彫刻作品のよしあしは確実にあるが、それは言語化できないのだ、という「みかた」もあるだろう。それはそれでよいが、本書は「絵画と言語」ということがらを論じようとしているので、言語化できないことがらについては、ここでは議論の対象にはしない。しない、というよりも「筋」として議論の対象にならない。絵画・彫刻をめぐって、どういうことがらが言語化でき、どういうことがらが言語化できないか、ということをはっきりさせることも重要である。また、ヒトは絵画・彫刻をめぐって、どういうことを「語りたがるか」ということを考えることも重要である。

　画家が書いた詩や短歌が、その画家の描いたある特定の作品とはっきりと結びつく場合は、具体的に「絵画と言語」とを論じることができる。例えば、絵画作品の周囲に詩や短歌が書かれているとか、この絵画作品を描いている時につくった詩や短歌がこれだということがわかっている場合などである。そうではなくて、画家が短歌をつくっていて、その作品が残されているというような場合は、残されている短歌作品のいずれかは、（結果的に）ある絵画作品を描いているのと同時期につくられているかもしれない。そしてそれを推測できる場合があるかもしれない。この場合は、その、いわば一般的な推測が妥当なものかどうかということになるが、筆者はその前に、その推測をした人物はどういうことを手がかりにその推測をしたか、ということにも興味がある。それはやはり「絵画と言語」とをめぐるヒトの認知にかかわる。

夏目漱石と青木繁

夏目漱石の言説を手がかりにして考えを進めることにする。夏目漱石の『それから』（五の一）に次のような行りがある。

代助は何故《なぜ》ダヌンチオの様な刺激を受け易い人に、奮興色とも見倣し得べき程強烈な赤《あか》の必要があるだらうと不思議に感じた。代助自身は稲荷の鳥居を見ても余り好《い》い心持はしない。出来得るならば、自分の頭《あたま》丈でも可《い》いから、緑《みどり》のなかに漂はして安らかに眠りたい位である。いつかの展覧会に青木と云ふ人が海の底に立つてゐる脊の高い女を画《か》いた。代助は多くの出品のうちで、あれ丈が好《い》い気持に出来てゐると思つた。自分もああ云ふ沈んだ落ち付いた情調に居りたかつたからである。

（『漱石全集』第六巻、一九九四年、岩波書店、六十八頁）

「それから」は明治四十二年六月二十七日から同年十月十四日まで一一〇回にわたって、『東京朝日新聞』と『大阪朝日新聞』とに発表された。『漱石全集』第六巻の「注解」は「青木」に「青木繁」と記し、「海の底に立つてゐる脊の高い女」に「青木繁の「わだつみのいろこの宮」（明治四十年）のこと。日本神話に取材した名品でラファエロ前派の影響がみられる」と記している。

先にふれたように、「わだつみのいろこの宮」は明治四十（一九〇七）年の内国勧業博覧会に出品されており、それを漱石が観《み》て、自身の作品中にそれを観た時のことをとりこんだということは考えられるが、「注解」の言説は、いわば「直接的」かつ「断定的」である。『それから』の言説は、漱石が「わだつみのいろこの宮」を観た時に、漱石が思ったことを素直にそのまま述べたものだと前提してみよう。そうだとすると、右で漱石は多くの出品作品の中で、「わだつみのいろこの宮」だけが「好い気持に出来てゐる」と思った。つまりそう「感じた」。なぜならば、その時漱石は「沈んだ落ち付いた情調」を求めていたからである。「観者」が作品を観た時に、気持ちが沈んでいるから、「元気をだしたかった」。ある絵を観たら「元気がでた」。だからその絵が「いいなと思った」ということと同じである。これはもちろん客観的な「評価」ということにはならない。ならないけれども、単に「自分のその時の気分に合っていた」と述べているのではなくて、「沈んだ落ち付いた情調」を求めている自身の心情に一致するものだったと述べている点において、「基準」めいたものが示されている。なるほど、漱石は「わだつみのいろこの宮」の色彩について「沈んだ落ち付いた情調」ととらえたのだということがわかる点において、参考になる「情報」といってよい。漱石はおそらく、「わだつみのいろこの宮」という作品のタイトルから、この作品が（『古事記』と特定できていたかどうかはわからないが）「日本神話」の「海幸彦山幸彦」を「素材・題材」としていることはすぐにわかっていたと思われ、そういう「素材・題材」の選択にも「落ち付いた」ものを感じていたかもしれない。つまりそういう選択を好もしいものと思った可能性もある。しかしそれは表明されていないので、そこは表明されている漱石の言説を起点にした「推測」ということになる。これは「推測」ではあるが、蓋然性が高い「推測」か、そうではなさそうな「推測」かということを第三者が判断できなくはない。それは夏目漱石という人物についての「情報」がある程度は流布、共有されているからである。いろいろな「情報」を総合すると、漱石が『古事記』を読んでいると考えるほうが読んでいないと考えるよりは、蓋然性がたかいと判断できれば、作品のタイトルから「素材・題材」を漱石が推測することはできたという推測は認められることになる。漱石は青木繁の遺作展において、（再度）「わだつみのいろこの宮」を観ており、その時のことを「文展と芸術」（『東京朝日新聞』）に次のように記している。

　自分はかつて故青木氏《こあをきし》の遺作展覧会《ゐさくてんらんくわい》を見《み》に行《い》つた事《こと》がある。其時《そのとき》自分《じぶん》は場《じやう》の中央《ちうあう》に立《た》つて一種変《しゆへん》な心持《こゝろもち》になつた。さうして其心持《そのこゝろもち》は自分《じぶん》を取《と》り囲《かこ》む氏《し》の画面《ぐわめん》から自《おのづ》と出《で》る霊妙《れいめう》なる空気《くうき》の所為《しよゐ》だと知《し》つた。自分《じぶん》は氏《し》の描《か》いた海底《かいてい》の女《をんな》と男《おとこ》の下に佇《たゝず》んだ。自分《じぶん》は其絵《そのゑ》を欲《ほ》しいとも何《なん》とも思《おも》はなかつた。けれども夫《それ》を仰《あふ》ぎ見《み》た時《とき》、いくら下《した》から仰《あふ》ぎ見《み》ても恥《は》づかしくないという自覚《じかく》があつた。斯《こ》んなものを仰《あふ》ぎ見《み》ては、自分《じぶん》の人格《じんかく》に関《かか》はるといふ気《き》はちつとも起《おこ》らなかつた。

「青木氏の遺作展覧会」は明治四十五年三月に、青木繁の没後一周年にあたって、上野で絵画約五十点を集めて開催されている。夏目漱石は、上野竹の台陳列室で開催されている美術新報主催の展覧会に出品されている津田青楓（一八八〇～一九七八）の作品を観るために、三月十七日に小宮豊隆とともに上野に出向く。同日に漱石は津田青楓に、作品を購入したい旨の手紙を書いている。会場では同時に青木繁の遺作展が開催されていたわけだが、その手紙の末尾に漱石は「青木君の絵を久し振に見ましたあの人は天才と思ひます。あの室の中に立つて自から故人を惜いと思ふ気が致しました」と記している。

ヒトが絵画や彫刻作品を観た時に、そこからどのような「情報」を受け取り、それをどのように言語化するか、は「観者」側から「絵画と言語」ということを考えているといえよう。その「言語化」は一緒に観た人に口頭で語られる場合もあるだろうし、書きことば化＝文章化されて新聞や雑誌に発表される場合もあるだろう。また、絵画や彫刻作品はオリジナル作品もかなりの時間経過に耐えられるし、複製されることもある。そう考えると作品の「観者」も時間空間の制限をあまり受けずに存在することができる。

蒲原有明と青木繁

口絵2は「海の幸」である。「わだつみのいろこの宮」と「海の幸」とは、前述したように、現在は重要文化財の指定を受けているが、この二作品についての（青木繁以外の）言説は少なくない。蒲原有明は「蠱惑的画家」という小題のもとに収められている「その伝説と印象」という文章中で次のように述べている。

　それからまた一年経つた。青木君はあの「海の幸」を描いたのである。裸体画であるといふ理由から、その頃の画界が被つた窮屈な制限の下に、他の画家の二三の作品と一纏めにされて白馬会展覧会場の特別室といふ檻《ママ》の中に押込められてあつた。蝦茶の監視が入口の側に控へて誰何する。その難関を漸く通りぬけて入つて見ると、わたくしの顔とすれずれに、あの横長い大きなカンバスが低く懸つてゐる。それほど室内は狭苦しいのである。わたくしは実際に青木君の「海の幸」を眼で見たのではなく、隅から隅まで嗅ぎ廻つたのである。わたくしの憐れむべき眼は余りに近くこの驚くべき現象に出会つて、既に最初の一瞥から度を失つてゐた。そして嗅ぎ廻ると同時に耳に響く底力のある音楽を聴いた。強烈なにほひが襲ひかゝる画であると共に、金の光のにほひと紺青の潮のにほひとが高い調子で悠久な争闘と諧和を保つて、自然の荘厳を具現してゐるその奥から、意地のわるい秘密の香煙を漂はし、それにまつはる赤褐色な逞しい人間の素膚が、自然に対する苦闘と凱旋の悦楽とを暗示してゐるのである。一度眩んだわたくしの眼が、漁夫の銛で重く荷れてゐる大鮫の油ぎつた腮から胴にかけて反射する蒼白い凄惨な光を、おづおづ偸み視てゐるひまに、わたくしの体はいつしかその自然の眷属の行列の中に吸ひこまれてゐたのである。もう出ることも、また考へることも出来ない。青木君の自然はどこまでも四大の争ひに帰して、その自然の観取は苦悩と悦楽を綯ひ交ぜにした原始的根調を帯びて、そして表現されたその芸術は、自然の変形の享楽とその変形の裡につゝまれた壊滅の悲劇であるといふことが、わたくしの心の底のどこかで感じられてゐるとはいふものゝ、その時は最早そんな複雑な考をはつきりさせるだけの余裕すら保ちがたい状態にまで進んでゐたのである。青木君がわたくしの直ぐ側に立つてゐるではないか。青木君もわたくしも真裸になつて鮫を担いでゐるのではないか。しかも運命的な空気の中で胸のすくやうな凱旋の歌をうたつてゐるのではないか。

（『飛雲抄』一九三八年、書物展望社、八十七～八十九頁）

蒲原有明『春鳥集』には「海のさち」という作品が収められている。引用にあるように、「青木繁氏作品」と記されているので、青木繁の「海のさち」に触発されたものであることはたしかだ。

海のさち

（青木繁氏作品）

あらぶる巨獣《きよじう》の牙《き》の、角《つぬ》のひびき、
（色あや今音《ね》にたちぬ。）否、潮《うしほ》の
あふるるちからの羽《は》ぶり、――はた、さながら
自然の不壊《ふゑ》にうまれしもののきほひ。
すなどり人《びと》らが勁《つよ》き肩たゆまず、
胸肉《むなじし》張りて足《た》らへる声ぞ、ほこり、
よろこびなるや、たまたまその姿は
天なる爐《ろ》を出でそめし星に似たり。

かれらが海はとこしへ瑠璃聖殿《るりせいでん》、
わたづみ境《さかひ》を領《し》らす。さればこの日
手に手にくはし銛《もり》とる神の眷属《うから》、

丈《たけ》にもあまる大鮫《おほざめ》ひるがへるや
魚《な》の腹碧《あを》き光を背《せ》に負ひつつ、
上《のぼ》るはいづこ、劫初《ごふしよ》の砂子《いさご》浜べ？

八行、六行の「独絃調ソネット」に仕立てられているが、『春鳥集』においては、右ページである一二八ページから「海のさち」が始まり、五行目までが印刷され、その左側のページは白紙、白紙の裏側とその左側の「見開きページ」に「海の幸」のモノクロ写真版が置かれ、その裏側は白紙で、次が一二九ページとなり、六行目から最後までが印刷されている。この作品は後、昭和二十二（一九四七）年に出版された改訂版『春鳥集』において、次のように改作されている。

海の幸
青木繁画
ただ見る、青とはた金《きん》の深き調和《てうわ》。──
きほへる力《ちから》はここに潮《うしほ》と涌《わ》き、
不壊《ふゑ》なるものの跫音《あのと》は天《あめ》に伝へ、
互《かた》に調《しら》べあやなし、響き交《かは》す

海部《あまべ》の裔《すゑ》よ、汝等《いましら》、頸直《うなじす》ぐに、
勝鬨《かちどき》高くも空《そら》にうちあげつつ、
胸肉《むなじし》張れる姿のゆゆしきかな。
「自然《しぜん》」の鞴《たたら》に吹ける褐《くり》の素膚《すはだ》。

瑠璃《るり》なす鱗《うろこ》の宮を厳《いつ》に飾り、
大綿津見《おほわたつみ》や今なほ領《しら》しぬらむ。
いかしき幸《さち》の獲物《えもの》に心足《こころた》らふ

汝等《いましら》見れば、げにもぞ神の族《うから》、
浪うつ荒磯《ありそ》の浜を生《いき》に溢れ、
手に手に精《くは》し銛《もり》取り、い行き進む。

「勝鬨《かちどき》高くも空《そら》にうちあげつつ、」までが改訂版『春鳥集』の一一八ページで、次のページは白紙、その次の見開きに「海の幸」がカラーで挿絵として入れられ、その裏ページが白紙、「胸肉《むなじし》張れる姿のゆゆしきかな、」からが一一九ページ、というかたちで印刷されている。そもそも、『春鳥集』は口絵となっている「鏞斧」も青木繁が描き、彫刻を山本鼎が行ない、歌集を入れる

「袋紙」の意匠は青木繁と坂本繁二郎の「共案」で、その彫刻を伊上凡骨が行なっている。

青木繁の絵画作品のタイトルは「海の幸」で、蒲原有明は「青木繁氏作品」と括弧書きで添えながらも、自身の詩作品のタイトルは「海のさち」とした。それは、青木繁の「海の幸」とのいわば「距離」をとろうとしたためではないだろうか。改訂版のタイトルは絵画作品と同じ「海の幸」となっている。また改訂版では、より絵画作品に「付いた」かたちに詩が書き換えられているると覚しい。改訂版には「青とはた、金《きん》のふかき調和《てうわ》。―」とあることには注目したい。

また、正宗得三郎は次のように述べている。得三郎は小説家正宗白鳥、国文学者正宗敦夫の弟にあたる。

「海の幸」から「いろこの宮」の間は非常に変つてゐる。「海の幸」は氏の生涯中、最も芸術熱の旺んな時であつた、デツサンにはドガー風の点もある。赤茶がかつた裸体の人物と、金の空と、緑の海の調色は、デツサンの痛快さと共に観者を芸術の中に誘ひ込ます力を持つて居る。日本民族の一群を装飾的のうちに高潮した感情のもとに画いたものである。「いろこの宮」は装飾美を兼ねた神話であつて、竪長い中に三人を面白く纒めた構図の才と個々に散ばつた物体の趣味と、部分部分の色の接続の美しさがある。緑がちの調色には、神秘の海底を意味したものか。

（『青木繁遺作展覧会図録　附尺牘と短歌』一九三九年、青樹社）

「赤茶がかつた裸体の人物と、金の空と、緑の海」は絵画作品のいわば「説明」といってもよい。「デッサンの痛快さ」は、「海の幸」の画面上に、縦横の線や木炭の素描など、制作途上のさまざまな「痕跡」様のものが残っていることから作品が未完成であるとみなされることがあることと呼応する表現であろう。しかし描かれている人物を正宗得三郎が「日本民族」と表現していることには留意したい。青木繁が描いた作品なのだから、そこに描かれているのは「日本民族」に違いない、というような常識的な推測からの表現ではないと考える。この文章は『青木繁遺作展覧会図録』に収められているもので、この文章を正宗得三郎が書いた時点で、青木繁は死去している。正宗得三郎は青木繁の全作品をみた上で、この文章を書いているのであって、そこには青木繁が神話に題材を採った作品を数多く作成しているといったことが反照していると推測する。この図録が出版された一九三九年は、昭和十四年にあたる。五月十二日には、日本軍とソビエト連邦軍とが満蒙国境で衝突するいわゆる「ノモンハン事件」が起こり、九月には第二次世界大戦が始まる。そういう年の「日本民族」である。観者のみかたも時代のありかたと無関係ではないことを思わせる。

フランス文学者で詩人の吉江喬松《たかまつ》（一八八〇～一九四〇）は次のように述べている。

青木繁氏の「海の幸」、「わだつみのいろこの宮」は、いまもなほ私などの眼前にさへはつきりと浮かびあがつて来る名品である。私の空想の画廊には、自分の好ましい名画を彼方此方に、自由に掲げ得るのであるが、その中でも、青木氏のこの二作は、特別な輝きを放つてゐるのである。

どことなくギユスタヴ・モロオの色彩と光輝とを聯想させるやうな心持が私などにはさせられる。これはモロオのあの色調は東洋的だと思はれるからである。モロオの感じが青木繁に近いといふのである。

不思議な魅力が一度青木氏の画品に接した人の胸には消えずに残つてゐるのである。深海に棲息する魚族が放つ鱗のあやしき光とでもいふべき印象である。天才の閃光である。海洋国日本の生みいだした近代の名画として、「海の幸」、「わだつみのいろこの宮」を永久記憶に止めて置くことの出来るのは、何よりのありがたいことに私は思つてゐる。

（『青木繁遺作展覧会図録　附尺牘と短歌』一九三九年、青樹社）

吉江喬松は、青木繁を天才と認め、その「天才の閃光」を「深海に棲息する魚族が放つ鱗のあやしき光とでもいふべき印象」と説明する。「深海に棲息する魚族」は「わだつみのいろこの宮」を思わせ、「魚族の鱗のあやしき光」は「海の幸」を思わせる。吉江喬松のこれらの表現が、両作品のいわば説明的言辞であるとすれば、そこには作品から受ける印象を作者個人の資質、才と結びつけるといった体の「循環」があることになる。しかし青木繁の他の作品、例えば、「光明皇后」（図1）からは「深海に棲息する魚族が放つ鱗のあやしき光とでもいふべき印象」を「観

図1　青木繁「光明皇后」1905年、ブリヂストン美術館蔵

者」が受け取ることができないことは明らかではないだろうか。それは例えば、作品「南風」（第一章図2）に描かれている具象物を使って、和田三造の才能を「筋骨隆々とした海の男のような力強さ」を有していると表現するようなものであろう。当然のことではあるが「観者」は絵画作品に描かれている具象物につよくとらわれる。

木下杢太郎と青木繁

木下杢太郎は、明治四十五年六月八日発行の『美術新報』第十一巻第八号に「『海の幸』」というタイトルの文章を載せている。この文章は後、大正二年四月十三日、政教社発行の『青木繁画集』の「追想と感想」欄に収められる。そこで木下杢太郎は次のように述べている（引用が長くなるが、木下杢太郎が青木繁の絵画作品をどのようにとらえていたかがよくわかる文章であり、また木下杢太郎の「心性」をよく表明した文章でもあるので、煩を厭わず引用する）。

私の物の考へ方は形象的であり、戯曲的である。私の気稟は、或一つの事を結局まで追究すると云ふ事を妨げて、物の対比と云ふ事を興ずるやうにした。そして結論と云ふものは、その対比の暗指する所を極めて感情的に摂取してそれで満足した。私の考察は哲学的―殊に意志を主調とする哲学の傾向を取ることが出来ない。寧ろ著しく空間的、絵画的であつた。それ故形象を以て表はされたものには多少鋭敏な理解力を持つて居たかと思ふ。『海の幸』を始めて見た時、一列の人間の群が何を表はして居るか、その対比に取られたる後景の海が何の意味であるかと云ふ事を、しむみりと味ふ事が出来るやうに思はれた。

　今その時の心の状態を論理的に追究したら面倒くさくはなるが、多少闡明する事が出来るかも知れない。けれども無論香《か》の抜けた影になる。其時には実際画かれた海と云ふもの、人といふものが意味のあるものでなく、海を後景にして人の群を其前に置くと云ふ意匠そのものに、既に何か生々とした陰圧を感じて全心を投入することが出来た。

　そして海とその前の人の群と云ふ対比は、極めて戯曲的の組立であると云ふ事は直ぐ人の気付く所であらう。実際また青木氏の気稟は非常に詩人的であつたから、かう云ふ風な対比を沢山取り扱つて居た。そしてさう云ふ意匠の方から見ると、同氏の絵は形象化せられたる概念である。『海の幸』にしろ『鱗の宮』にしろ、春鳥集の口絵にしろ、人物の組立から出来てゐる絵は、ある抽象的な永い動作のある瞬間を仕切つたものである。無論人間を沢山画く場合にはさうなるのは定まつてゐる事で、雑然と人と作物との名を並べて云ふと、黒田清輝氏の小督でも、中村不折氏の建国剏業でも、シルコツテエの海国の悲劇でも、皆永い動作の或一段を仕切つたものには相違ないが、然し高調する所が夫々違ふ。その微細な相違は簡単には述べにくい。青木氏のは永い動作である。もう一字久の字を入れて見ると善く解かる。人間の永久なる動作のある一段である。海と云ふのを時間とか、宇宙とかにたとへると、その前の人の列は人間の努力と云ふやうな抽象的な、哲学的な（同時に感じをもつた）概念を寄せられてゐる象《すがた》である。或は（永い動作を暗指して居る故）運命と云ふやうなものを表はされた標《しるし》である。

所で絵画と云ふものは、約束上時間を表はすことが出来ぬ故或瞬間を取らねばならぬ。然るに黒田氏の絵にても、コツテエの絵にても、その瞬間は特殊の瞬間である。所で青木氏のは（古への宗教画のやうに）時間上の差別相のある特殊の瞬間ではなく、永遠の相《すがた》を其一に縮めたものである。（略）

序に云ふが、日本画――殊に浮世絵など――を印象的と云ふが、その印象的と云ふ意味が西洋の意味とは違ふと思ふ。浮世絵などでは、前の人が一寸後ろの人を振りかへる所とか、また街道をゆく人の群が、一様にある特殊の事象に視線を向けるとか云ふ、一寸した人の姿勢《しな》で或瞬間の感じを出すといふ常套がある。即ち静中動の趣きである。所が西洋の絵は遠近法や、動作の研究が発達してゐる故、運動と云ふ事が極めて雄弁に語られて居る。その為瞬間と云ふ感じが少い。青木氏のは、人物の組立に、それ程の手際がなかつた為めか、真に理解して装飾的にしたのか、動作が十分に表はされてゐない。それが上述の日本画の意味で印象的になつてゐる。

即ち青木氏は概念を（形象的に）対比し、それを永遠を象徴したる瞬間を以て表はし、且『観相の悲哀』をその効果として出した所から、文学を嗜《たしな》む人には容易く理解される傾向がある。そして一般に神秘を画く画工として認容せられた。

且青木氏自身も亦段々と文学の領域へはいつて行つた。『わだつみのいろこの宮』と『よもつ比良坂』とはどちらが先であつたか忘れたが、『海の幸』の翌年、翌々年位に公にされたと思ふ。今手許に古事記が無いから詳しい事はいへないが、何れも抽象せられた人間生活の瞬間の相である。でいよ〳〵文学的となると同時に形象上の印象が弱くなつた。殊にいろこの宮は、一方には色彩観相が違つて来たと云ふやうな事から、いろいろの矛盾だらけな、統一を欠いたものになつたやうである。（略）

まだ何か書き足らなく思ひ、既に書いた所も思想が混雑してゐるやうだが、今夜はあまり頭がよくないからどうも出来ない。要するに青木氏は自分の頭の中に一つの完全な世界を持つて居た人である。その世界は形象的の系統で統一せられた思想（詩）の世界である。どうも外からの刺戟は―それは自然の美であつても、モロオ、シヤワンヌ、ロセチ、バン・ジヨオンス、ワッツ等の作品であつても―凡て青木氏には直接の影響を与へなかつたやうである。

唯氏はそれから暗指を得て、自己の世界を多少づゝ変形して行つたやうである。そして今の人のやうに何をかかうといふのが問題になつて苦悶するやうなことはなく、どうして出さうといふ事で煩悶したやうに見える。

（『木下杢太郎全集』第八巻、一九八一年、岩波書店）

右の木下杢太郎の言説をてがかりにして考えてみたい。(3) まず右の言説の終わりちかくに「今の人」という表現がみえており、木下杢太郎は、「今の人」と青木繁とを対比的にとらえていることがわかる。杢太郎に具体的な「今の人」が想起されていての発言であるか、一般的に述べているのかは右の言説から（及び筆者の知っていることからは）窺うことができない。しかし青木繁が「黄泉比良坂」を白馬会第八回展に出品したのが、明治三十六（一九〇三）年、白馬会第九回展に「海の幸」を出品したのが、翌明治三十七年で、「わだつみのいろこの宮」を制作したのが明治四十年であることを思えば、杢太郎が右の文章を書いた明治四十五年とは十年程度の隔たりしかないことになる。その十年が杢太郎にとっては、かなりの「隔たり」と意識されていると思われる。

青木繁が他の人と異なって、「自分の頭の中に一つの完全な世界を持つて居た」かどうかは、ここでは措く。それは青木繁という個体が、同時代の画家と同じかどうかという問いに結びついているからである。「自己の世界」「内部の世界」を「画で現は」したというとらえ方にまず着目したい。「世界」という表現が適切かどうか、そこにはまた考える余地があろうが、それを「その時にアウトプットしたいと思っている情報」と呼ぶことにすれば、その「情報」を絵画作品という形式で「現はす」＝アウトプットするというみかたは首肯できる。

その「世界」を李太郎は「思想（詩）の世界」とも呼ぶ。ここに疑問がある。右の書き方によって李太郎がどのようなことを表現しようとしていたのかが実は不分明で、「思想の世界」あるいは「詩の世界」ということなのか、「思想の世界＝詩の世界」ということなのかがわからない。しかし「詩」が丸括弧に入れられていることからすれば、どちらかといえば「思想の世界＝詩の世界」と理解するのが自然に思われる。そう仮定すると、李太郎は「思想」と「詩」とを同等、同列のものととらえていたことになる。筆者は、これまで述べてきたように、「思想」は言語化できるものと定義している。「思想」が言語によって伝達できないということはおよそ考えられない。あるいは言語で伝達できるものが「思想」だといってもよい。言語で（比較的）無理なく伝達できることによって、「思想」を共有することができる。しかし「詩」は筆者の表現でいえば、「イメージ」のアウトプットされたものであって、もちろん「アウトプットされる前」があり、アウトプットは言語によってなされているが、「詩」が何かを伝達しようとしていると考えることにしても、その「何か」は簡単には共有できない。だからこそ「詩がわからない」という状況がうまれる。「わからない」は言語によってアウトプットされている詩が、通常の言語理解では理解できない、ということではないか。

右の言説でもう一つわかりにくいところは、「海の幸」や「わだつみのいろこの宮」が『古事記』を素材としていることは認めるとして、それが「抽象せられた人間生活の瞬間の相」を描いているといった場合に、そのことをどう理解すればよいかということがある。

李太郎がそのように述べているのだから、李太郎が「海の幸」や「わだつみのいろこの宮」に接してそうとらえた、そう感じたということはもちろん認めればよい。しかし、その「抽象せられた人間生活」が何をどのように抽象したと、李太郎がとらえているかについては、右の言説内に言語化されていない。右の言説による限り、例えば『古事記』の一場面を素材にして、具体的なある人間生活を抽象的に表現している、と理解するのが自然であろうが、そうすると、青木繁がアウトプットしようとしていた「もの」（筆者の表現では「イメージ」）は「人間生活」寄りの「もの」ということになるのだろうか。しかし、先程ふれたように、李太郎は右の言説の末尾ちかくで、「青木氏は自分の頭の中に一つの完全な世界を持つて居た」と述べている。それは結局「人間生活」ということになるのだろうか。「人間生活」は「思想の世界」あるいは「詩の世界」とどう結びつくのだろうか。

具体的に描かれている「もの」が『古事記』のような文学作品に材を求めた「もの」であるということは、その限りにおいて「文学的」ととらえることはできるだろうが、それはまずは「その限りにおいて」ということのはずだ。しかもそれは、必ずしも確かなこととも いえない。「わたつみのいろこの宮」が『古事記』のある場面を「素材・題材」にしていることは認めたとして、では「光明皇后」というタイトルをもつ作品は光明皇后という過去に実在した人物を描いたことになるのだろうか。青木繁は光明皇后を見たことがあるはずもない。「光明皇后」というタイトルと、「橋本道達氏像」あるいは「木下秀康大尉像」というタイトルとは、その意味するところが異なるのではないか(4)。

「海の幸」は未完成か

もう一つ気になることは右の言説の中で、李太郎が「海の幸」を「未完成」「未製品」と呼んでいることである。『山岡＋石橋コレクションでみる洋画家たちの明治』（二〇一三年、石橋財団石橋美術館）においては「海の幸」について、「画面には、縦横の線や木炭の素描、黒や赤の輪郭線など、制作途上のさまざまな段階の痕跡が残されているため、未完成とする見方もある。この未完成に見えることこそがこの作品の魅力なのだろう」（一五七頁）と記されている。筆者は、二〇一六年八月四日に、石橋財団石橋美術館（福岡県久留米市）において、「海の幸」を実見したが、たしかに「黒や赤の輪郭線」を確認することができる。しかし、ある絵画作品が「未完成」かどうかを作者以外の人物が判断するのは難しいのではないか。それを判断する客観的な基準があるとは考えにくい。作者以外の人物が「完成」しているとみたとしても、作者にとっては「未完成」作品ということはありそうだし、いったん「完成」していた作品にあとから手を入れれば、手を入れたかたちが「完成」ということにならないか。もしそうだとすれば、手を入れた時点からすれば、それ以前は（遡って）「未完成」ということになる。「未完成とする見方もある」というとらえかたは首肯できる。それは「見方」ということであるが、そうした意味合いにおいて、杢太郎もそうした「見方」を採っていたことになる。杢太郎が「未完成なるが為めにこの感じを強くすることが出来た」という感じ方は、『山岡＋石橋コレクションでみる洋画家たちの明治』の作品解説の「未完成に見えることこそがこの作品の魅力なのだろう」という言説と通う。この作品解説が杢太郎の言説とかかわりなく記されたものであるならば、こうしたとらえ方がずっとある、ということになる。

杢太郎は絵画作品が、あるいは（絵画作品全般がではなく）ある絵画作品が「思想」をアウトプットしたものとみていたと覚しい。右の言説中に、黒田清輝の名前がある。フランスに留学中の黒田清輝が明治二十三（一八九〇）年四月に養父にあてて「当地にては人の体を以て何にか一の考を示す事有之候」と書き送ったことについては先にふれた。そうしたこともあってか、黒田清輝の「智・感・情」は何を描いているか、ということがずっと話題になってきている。次にはこのことを手がかりとして考えを進めたい。

黒田清輝の「智・感・情」をめぐって

先にもふれたように、フランスに留学中の黒田清輝（一八六六〜一九二四）は養父にあてた明治二十三（一八九〇）年四月十七日付けの手紙に「当地にては人の体を以て何にか一の考を示す事

有之候　先づ私の教師の画を見ても春と云様なる題にて草花の咲き出て居る中に丸はだかの美人がねて居りながら何に心なく草葉を取りて口にくわへたる様をかき又夏の図として数多の女が園中にて或は花を摘み或はそれを頭にかざしねたるもあれば立たるも有り又池中に遊び居る者もありと云画をかき候」と記している。黒田清輝の生誕一五〇年を記念して二〇一六年に東京国立博物館平成館で開催された「黒田清輝展」の図録（十四～十五頁）には、『屋上庭園』創刊号の表紙となった「野辺」の部分図が載せられているが、そこに添えられているのが、右の「当地にては人の体を以て何にか一の考を示す事有之候」である。

黒田清輝は大正五（一九一六）年十一月に刊行された雑誌『美術』の第一巻第一号において「私の慾を言へば、一体にもう少し、スケツチの域を脱して、画と云ふものになる様に進みたいと思ふ。（略）今の処ではスケツチだから、心持が現はれて居るが、スケツチでない画にも、心持を充分に現し得る程度に進みたい」と述べている。ここでは「何にか一の考」が二段階にわたってとらえられているように思われる。スケッチは描いている対象への感興が素直に現われやすい。それはそれで「描き手」が対象から受けた「印象」を投影したものということになるが、黒田清輝はその上にさらに「考＝思想」というものを加えたものが「画」だとみていたのではないだろうか。そういう意味合いにおいて、「スケツチ」と「画」との違いを考えていた。それが黒田清輝の「構想画」で、それを代表するのが有名な「智・感・情」（口絵3）であろう。木下杢太郎も、黒田清輝も、（すべての絵画ではないとしても）絵画が「思想」を描くものだと考えていた

としたら、そのことは「近代」ということと結びつけてとらえるべきかもしれない。(5)

図録に収められた「黒田清輝の夢みたもの――《智・感・情》と日本絵画の行方」では、「智・感・情」について「一八九七年（明治三十）の第二回白馬会展に出品されたこの作品は、とりわけて、その正体がつかみきれない。この絵はどこから来たのか。そして画家はこの絵で何を伝えたかったのか。三人のポーズは、とらえどころがなく、もどかしさをも感じさせる。多くの研究者がその謎に挑み、さまざまな仮説が提出されているが、いまだその謎は解かれていない」（二十四頁）と記されている。筆者は絵画研究を知らないので、どのようなことが明らかになれば「謎」が解かれたことになるかという、その「終着点」がわからない。したがって、素人としての素朴な発言ということになるが、黒田清輝がこの絵にこめた「考＝思想」があったとして、あるいはその前段階としての「心持」があったとして、それをこの絵から、「謎」に対する「答」のようにつかみだすことはついに不可能なのではないかと思ってしまう。それは北原白秋の『邪宗門』に収められている詩作品について、白秋がどのような「心持」でこの詩を作ったか、さらに、どんな「考＝思想」がこめられているかを探る営みと同じではないだろうか。その「営み」こそが研究だということかもしれないが、そうであればそこには「限界」があるのではないか。「考＝思想」が何もこめられていないということはないのか。『邪宗門』は「考＝思想」がこめられていないという批判を受けた。白秋はむしろ、「考＝思想」をこめることではなく、いわばその前段階の「心持」、あるいはその周辺の「気はい」をえがきだすこと、投影することとを重視したと覚しい。そして「考＝思想」を（象徴的に）こめることを「象徴」と呼び、自身の作品はそういうものではないということを述べている。「象徴」を「観念象徴」と「情調象徴」とに分けることがあるが、そのいいかたでいえば、白秋は自身の作品を「観念象徴」とみていない。

陰里鉄郎は『原色現代日本の美術』第五巻「日本の印象派」（一九七七年、小学館）において、黒田清輝の「智・感・情」について「背景が金地」であることを指摘し、「金地背景は、そのものが象徴的な空間表現であることはいうまでもない」（一七三頁）と述べ、それに続いて「人間的属性の抽象的な主題がとられていて、それのいわば寓意像としての裸婦像という西欧古典ふうの形象化の方法がとられている」、「右端の右手を頭にあてている像の「智」が頭痛病みのようだ、といわれたように、擬人像、寓意像としては、卑俗な性格を払拭《ふっしょく》しきれずに終わり、記念碑的な形成に達しえなかったところに黒田の不幸な限界をみる思いがするが、三部作のなかで、中央の両手をなかばあげて証明をむいている「感」が、その点ではもっとも成功している作品であろう」、「その後、中央が「智」で、右が「感」、左が「情」といったような混乱した解釈が生まれてきたことにも明らかにみられるように、これらの裸婦像が、人間的属性の擬人像としての形象化というより、それぞれの瞬間の姿態、動作の一瞬にすぎなかったのである。擬人像に記念碑的性格を付与することに失敗したこの画面においては、金地背景はほとんどその意義を失ってしまったといってよいであろう」（同前）と述べている。

「不幸な限界」「失敗した」という表現からは、陰里鉄郎が当該作品を肯定的にはとらえていないことがうかがわれる。陰里鉄郎は「感」を「もっとも成功している」と述べているが、ではどのように絵画化すれば、万人がこれはまさしく「智・感・情」を描いた作品だと納得したとみるのだろうか。誰かが「頭痛病みのようだ」と言ってしまったら、それは失敗作ということになるのだろうか。右の言説から推測すれば、あらゆる観者が納得する「智・感・情」はある、と前提されているように思われる。その前提のもとに、黒田清輝は「失敗」したとみなされていると考えるのが自然である。しかし、その前提は成り立っているのだろうか。現実世界に存在するモノを描きながら、そのモノから離れることは一般的に考えてもむずかしいはずで、火の消えた蠟燭は「ヴァニタス(無常)」を象徴するという「約束」があり、それを観者が共有していなければ、そうした「うけとりかた」が共有されることは考えにくい(6)。

キリストや聖人にかかわることがらを描いたキリスト教絵画であれば、虹は神と人間との和解や信頼関係の、百合はマリアのシンボルである、という共通の理解を前提として描かれ、「よまれる」。それを「象徴」と呼び、先に述べたような「描き手の心持ち」を「印象」と呼ぶことにすれば、「象徴」と「印象」とを概念として分けることができる。「観念象徴」はこのようにみた場合の「象徴」と(ほぼ)重なり合うといってよいだろう。それに対して、「情調象徴」は、何らかの「情調」の、象徴的な表現といえよう。しかし、絵画作品あるいは詩作品を分析対象とした場合、はっきりと「象徴」をよみとくことができることもあろうが、よみとけないこともあろう。それは「象徴」は(ある共同体に、場合によっては共同体を超えてひろく)共有されていることが多く、

「印象」は個別的な経験に基づいて醸成され蓄積されているから、と考えることができるのではないだろうか。もちろん共有されている「印象」もあろう。それは「象徴」にちかくなっているともいえよう。

美術史家の高階秀爾は「黒田清輝の寓意　ぐみの実に手を伸ばす意味は」（二〇一六年四月十二日付『朝日新聞』夕刊）において、少女が草の上にねころんでぐみの赤い実に手を伸ばしている「木かげ」（ウッドワン美術館蔵）を採りあげている。高階秀爾は、（おそらく）先に引いた黒田清輝の養父宛の手紙にふれ、「草原で裸の女が寝ていたとしても、それは現実の情景ではなく、見る者の精神に訴えかけるある思想、理念の表現だと詳しく述べている。西洋絵画の基本であるこの象徴的、寓意《ぐうい》的表現を、彼自身（引用者補：黒田清輝のこと）さまざまなかたちで試みた」と述べている。黒田清輝の手紙に書かれているのは先に引用したように「何にか一の考」という表現であるが、高階秀爾はそれを「思想、理念」と言い換え、「象徴的、寓意的表現」と述べる。そして記事のタイトルには「意味」とある。もちろん高階秀爾がいわんとしていることは筆者のような素人にもよく理解できるし、それに対して異を唱えるつもりは毛頭ない。しかし、何かによって何かを象徴することの背景につねに何らかの「思想、理念」がなければならないということではないはずで、（キリスト教絵画では象徴と思想、理念が結びついていることがほとんどだったとしても）「象徴」がつねに「理念」の「象徴」であるのではないはずだ。筆者は「思想、理念」と「寓意」とがつねに結びついているとは限らないと考えるし、「意味」と「思想、理念」とは等号では結べない概念に思われる。そういうことをすべて分けなければ何もいえないということではないだろうが、分けたほうが明確になることがらもある。

日本美術史の研究者である高橋沙希は『青木繁　世紀末美術との邂逅』(二〇一五年、求龍堂)の第四章「青木繁とラファエル前派」の第四節「《わだつみのいろこの宮》」において、これまでになされてきたさまざまな指摘を検討し、最終的に「作品分析の結果、《わだつみのいろこの宮》においても、複数のラファエル前派の作品と類似していることを、ある程度確認することができ、一点のみに作品を特定して指摘することはできなかった。つまり、これは青木が、大半の作品において、ある特定の一作品からではなく、多数の作品から影響を受けているということになる。そもそも明治時代の画家が、丸ごと模写するということは考えにくい。そのまま模写したデッサンなども見つかっていないが、残っている方が珍しいであろう。まして当時から周囲に天才といわれ、いかに他人と異なる個性的な作品を生み出そうか、ということを思案していた青木が、そのまま何かを模写して描くことは考えられない。それゆえに、青木とラファエル前派の作品比較を行うためには、作品を一点だけ特定して比較するのではなく、ラファエル前派の全体像を掴んで行う必要があるのではないだろうか」(一四五～一四六頁)、「ともかく、作品を一点に絞って特定することはできなかったが、作品の比較分析からは、青木の作品の構図が、ラファエル前派の構図を主としているということについては確認できた」(一四七頁)と述べる。

美術史の研究者の言説であるが、筆者にはその論理がきわめてわかりにくい。先行して存在している絵画作品を模写するのは、その模写を自身の作品として発表するためではないはずで、「周囲に天才といわれ、いかに他人と異なる個性的な作品を生み出そうか、ということを思案していた」人物は模写をするはずがない、というのは論理としても成り立っているかどうかと思わざるをえないが、そもそもこれはごく一般的な推測にすぎないのではないか。また「わだつみのいろこの宮」という一つの作品が「複数のラファエル前派の作品と類似して」おり、「一点のみに作品を特定して」影響関係を指摘できないと、どうして「つまり、これは青木が、大半の作品において、ある特定の一作品からではなく、多数の作品から影響を受けているということになる」ということになるのか、この論理も筆者には理解しにくい。また「複数のラファエル前派の作品と類似している」ということが何を意味しているのか、とも思う。つまりこの指摘は高橋沙希のどのような主張を意味しているのだろうか。(7)

出版されなかった「画稿集」

青木繁が本郷駒込神明町から、明治三十八（一九〇五）年三月十日に、蒲原隼雄（有明）あてに出した書簡には「先日御話申上候「画稿集」の儀、書店着手致居候様に候」（『仮象の創造』一一九頁）とあって、この頃青木繁は自身の「画稿集」の出版を考えていたことがわかる。この「画稿集」は結局出版されていない。

同年三月十七日付の、やはり蒲原隼雄あての書簡には、有明の『春鳥集』「の名が少し気に入らぬ心地致居候」と記し、「僕が題名を推進したきものに候」と述べ、「かがひ（嬥歌）」「赧雲集」「甘茶集」「紅罌粟集」などの候補をあげている。そして、その後に、自身の「画稿集」に「収むべき図題及びその図題に因める詩を依嘱すべき詩人」（『仮象の創造』の編者である河北倫明が附した注、一二二頁）が掲げられている。

1　発作（男性）　蒲原氏
2　同（女性）　同
3　神秘　与謝野氏
4　運命　同
5　流転　晶子
6　同　同
7　倚伏　泣菫氏
8　同　同

右の1～8が河北倫明の注のとおりを意味するのであれば、青木繁は蒲原有明、与謝野鉄幹、与謝野晶子、薄田泣菫に、自身が制作した作品に合わせた詩作品の制作を依頼しようとしていたことになる。そして、この時点で、例えば、「流転」というタイトルをつけた絵画作品が完成していないのだとすれば、青木繁は、まず「流転」というタイトルを考えて、そのタイトルに合わせた絵画作品を制作しようとしていたことになる。これは自身が制作した絵画作品に、作品完成後に「流転」というタイトルをつけるのとは手順が異なる。タイトルが先にあるのだとすれば、制作される絵画作品には（それがタイトルに合っているかいないかという判断は実は第三者にはできないと思われるので、そういうことは措くとして）とにかくその言語化されたタイトルを何らかのかたちでいわば「練り込んだ」かたちで制作されていくことになる。そうであれば、こうした制作を、例えば「流転」という概念の絵画化と呼ぶこともできるかもしれない。しかしその絵画化は、青木繁流に行なわれるのであって、観者が、「流転」というタイトルの絵画作品をみて、なるほど「流転」（という概念）が絵画化されている、と納得できるかどうかは別のことといえよう。むしろそうしたことは多くはないということが推測される。それは「「流転」という概念を絵画化すると、だいたいこうなるのが一般的である」ということが観者に共有されていないためである。

金と青と緑の頃

次に色調ということについて考えてみたい。

一〇三ページでも述べたように、蒲原有明は「海の幸」について、「耳に響く底力のある音楽を聴いた。強烈なにほひが襲ひかゝる画であると共に、金の光のにほひと紺青の潮のにほひとが高い調子で悠久な争闘と諧和を保つて、自然の荘厳を具現してゐる」と述べている。「底力のある音楽」を聴き、「強烈なにほひ」を嗅いだと述べていることは「五感照応」を思わせるが、「紺青の潮のにほひ」は「海の幸」に描かれている具象物に基づいた言語化と思われる。

右には色調として「金」と「紺青」とがとらえられているが、正宗得三郎は「金の空と、緑の海の調色」と述べており、ほぼ共通する。それはもちろん「海の幸」がそのような色調であることに由来していると思われるが、金色と緑色あるいは紺青色は、この時期に繰り返し言語化されている。それはあるいは第一章でのべたように、ホイッスラーの「青と金のノクターン」や「黒と金色のノクターン」とかかわりをもつのかもしれないが、直接的なかかわりの「証明」は筆者の手にあるので、それについては措き、ここでは木下杢太郎と北原白秋の詩作品を手がかりとしてみたい。

片恋

あかしやの金と赤とがちるぞえな。
かはたれの秋の光にちるぞえな。
片恋の薄着のねるのわがうれひ
「曳舟」の水のほとりをゆくころを。
やはらかな君が吐息のちるぞえな。

あかしやの金と赤とがちるぞえな。

（『東京景物詩及其他』）

「曳舟」は墨田区の地名で、現在は東京都墨田区東向島二丁目に東武鉄道の曳舟駅がある。右では動詞「チル（散）」が使われており、そのことからすれば、アカシヤの葉が、「かはたれの秋の光」に輝きながら散るさまを表現したものとみるのが自然であろう。夕方の薄暮を表わす「たそかれ（誰彼時）」に対して、「かはたれ（彼誰時）」は朝方の薄暮を表わす語であるが、もともとはそうした区別がなかった。ここでは夕方の薄暮とみるのが自然であろう。(8)

「片恋」が収められた『東京景物詩及其他』は大正二（一九一三）年七月に東雲堂書店から出版されている。タイトルページに続くページには「わかき日の饗宴を忍びてこの怪しき紺と金との／詩集を〝PAN〟とわが「屋上庭園」の友にささぐ」とある。「〝PAN〟」は第一章で採りあげた「パンの会」のことで、「屋上庭園」は「パンの会」のメンバーがかかわっていた雑誌の名前である。そして、白秋がこの詩集を「怪しき紺と金との詩集」と呼んでいることには注目しておきたい。

さて、白秋の弟子である大木惇夫が白秋の選詩集である『白秋詩集』（一九五一年、あかね書房）を編んでいる。この本の末尾の「解説」において大木惇夫は次のように述べている。

北原白秋は、五十八年の生涯に約四十年間を詩業でつらぬいたが、日本では無類の、天馬空をゆくやうな大詩人であつたから、その詩のジャンルも多岐にわたり、そのうち純粋詩の数も一千七十二篇に及んでゐる。今この選集を編むにあたり、詩の全部に漏れなく目を通し、四百ページに該当する分量で抜粋することは容易なわざでなかつた。白秋は多作も多作であるが、しかも、あまりに佳什が多いからであつて、数々の佳什をもきりすてることは、なんとも心苦しいことであつた。（略）かうして、二百九十四篇を収めたのがこの『白秋詩集』である。（四四五頁）

白秋の弟子による白秋の選詩集は、何らかの統一的な「調子」をもっているはずだ。白秋ほどの作品数であれば、その詩作品のすべてを「よむ」ことは容易ではない。これは自戒をこめていう、ということであるが、白秋の詩について語る人の何人が、すべての詩作品をよんでいるだろうか。しかし、「統一的な調子」が重要であると考える。それは白秋を理解するための「補助線」であり、白秋をとりまく「雰囲気」やその時期の「雰囲気」を理解するための「補助線」でもあるはずだ。

さて、大木惇夫は『白秋詩集』のために、『雪と花火』（『東京景物詩及其他』は後に『雪と花火』と改題された）の「東京夜曲」から「公園の薄暮」「鷺の歌」「露臺」、「青い髯」から「八月のあひびき」、「雪と花火」から「片恋」「春の鳥」「あそびめ」「放埒」を選んでいる。「八月のあひびき」には「金《きん》の光」「雑草の緑《みどり》」と色彩にかかわる表現が「すすり泣けり」と共起している。「春の鳥」においては、「大川」すなわち隅田川のたそがれ時を「大川の金と青とのたそがれに」と表現している。

「八月のあひびき」「春の鳥」は次のような作品である。

　八月のあひびき
八月の傾斜面《スロウプ》に、
美くしき金《きん》の光はすすり泣けり。
こほろぎもすすりなけり。
雑草の緑《みどり》もともにすすり泣けり。

わがこころの傾斜面《スロウプ》に、
滑りつつ君のうれひはすすり泣けり。
よろこびもすすり泣けり。
悪縁《あくゑん》のふかき恐怖《おそれ》もすすり泣けり。

八月の傾斜面《スロウプ》に、
美くしき金《きん》の光はすすり泣けり。

春の鳥

鳴きそな鳴きそ春の鳥、
昇菊の紺と銀との肩ぎぬに。
鳴きそな鳴きそ春の鳥、
歌澤《うたざは》の夏のあはれとなりぬべき
大川の金と青とのたそがれに。
鳴きそな鳴きそ春の鳥。

そして『東京景物詩及其他』には「金と青との」というタイトルの作品が収められている。

金と青との

金と青との愁夜曲《ノクチユルヌ》、
春と夏との二聲楽《ドウエツト》、
わかい東京に江戸の唄、
陰影《かげ》と光のわがこころ。

白秋の「わかい東京に江戸の唄」という表現は第一章でとりあげた、木下杢太郎の述べた「江戸情調的異国情調」を思わせる。「江戸情調的異国情調」は「的」とある以上「江戸情調」と「異国情調」とが対立概念として把握、表現されているのではなく、「江戸情調」を帯びた「異国情調」の謂いであるとみるのが自然であるが、それでもそこに「江戸情調」と「異国情調」という二つの「情調」が（概念として）並べられている。「わかい東京」は変貌しつつある新しい都市東京で、そこに「江戸の唄」が流れている。「春と夏」あるいは「陰影《かげ》と光」ははっきりとした対立概念を並べているが、「金と青」「わかい東京に江戸の唄」は対立概念ではないが、それにちかいもの、あるいは「アレンヂメント」（『桐の花』「桐の花とカステラ」）として表現されていると考える。そして一行目の「金と青との愁夜曲《ノクチユルヌ》」はホイッスラーの絵画作品「青と金のノクターン――オールドバターシーブリッジ」（第一章図9）を思わせる。

「春と夏との二聲楽《ドウエツト》」という表現は、同じ『東京景物詩及其他』に収められている「青い髯」にもみられる。そして「青い髯」の最終行には「春と夏との二聲楽《ヂユエツト》、……緑《みどり》と金《きん》……」とあり、「金と青」、「緑と金」とが（白秋の「心的辞書」において）「春と夏との二聲楽」と結びついていることが窺われる。

　　青い髯
　五月《ごぐわつ》が来た。
硝子と乳房との接触《せつしよく》……桐の花とカステラ……

春と夏との二聲楽《ヂユエツト》、冷めたい冬……

とりあつめた空気の淡《うす》い感覚に、
硝子戸のしみじみとした汗ばみに、
さうして、私の剃《そ》りたての青い面《かほ》の皮膚《ひふ》に、
黄緑《くわうりよく》のPassionを燃えたたせ、顫はす
日光の痛《いた》さ、
その眩《ま》ぶしい音楽は負傷兵《ふしやうへい》の鳴らす釣鐘のや
　うに、
恢復期《くわいふくき》の精神病患者がかぎりなき悲哀《ひあい》のIrony
　に耽けるやうに、
心も身体《からだ》も疲《つか》らした
その翌日《あくるひ》の私の弱い瞼《まぶた》のうへに、
キラキラとチラチラと苦《にが》い顫音《せんおん》を光らす、
強く絶えず、やるせなく……

午前十一時半、

公園の草わかばの傷《いた》みに病犬《びやうけん》の黄《きいろ》い奴《やつ》が駈け
　まわり、
禿げた樹木《じゆもく》の梢がそろつて新芽《しんめ》を吹く、
螺旋状《らせんじやう》の臭《にほひ》のわななきと、底力《そこぢから》のはづみと、
Whiskeyの色に泡《あわ》だつ呼吸《いき》づかひと……
而《さう》して、わかい男の剃りたての面《かほ》の皮膚の下か
　ら
青い髭が萌える……

五月が来た。
どこかしらひえびえとした微風《びふう》が
閃《ひら》めく噴水《ふんすゐ》の尖端《さき》からしづれて、
ニホヒイリスや阿蘭陀《おらんだ》薄荷《はつか》のしめりを戦《そよ》がせ、
ぢつと、私が凝視《みつ》むる、
小酒杯《リキユグラス》の透明な無色《むしよく》の火酒《ウオツカ》を顫はし、
黄緑《くわうりよく》の外光《ぐわいくわう》を浴《あ》びた青年の面《かほ》のうへを、
なめらかに砥石《といし》のやうな青みを、

Poeの頬のやうな手ざはりを、
すいすいと剃刀《かみそり》のやうに触れる、

私は無言《むごん》で冷《つめ》たい小酒杯《リキユグラス》をとりあげ、
しみじみと赤い唇《くちびる》にあてる……

五月が来た、五月が来た。
楠《くす》が萌え、ハリギリが萌え、朴《ほう》が萌え、篠懸《すずかけ》の並木
　が萌える。
そうして、私の
新しいホワイトシャツの下から青い汗《あせ》がにじ
む、
植物性の異臭《いしゆう》と、熱《ねつ》と、くるしみと、……
芽でも吹きさうな身体《からだ》のだらけさ、
(何でもいいから抱《だ》きしめたい。)
萌える、萌える、萌える、萌える、
青い髯が

ウオツカの沁み込む熱《あつ》い頬《ほ》の皮膚《ひふ》から萌える。……

くわつとふりそそぐ日光、
冷《つめ》たい風、
春と夏との二聲楽《デュエット》、……緑《みどり》と金《きん》……

「片恋」「八月のあひびき」「春の鳥」「金と青との」「青い髯」に「金と青／金と緑」という通い合う色彩があるとみた場合、「片恋」には「かはたれ」、「春の鳥」には「たそがれ」とあって、これらは「薄暮」の時間帯を描写していると思われる。一方、「八月のあひびき」には「美くしき金《きん》の光」とあり、八月であることを考え併せれば、この作品が描写している時間帯は、「薄暮」とは考え難い。また「青い髯」には「午前十一時半」とあり、さらには「日光の痛《いた》さ、／その眩《ま》ぶしい音楽」ともあって、五月の陽光がふりそそぐ明るい時間帯を描写している。つまり、「金と青／金と緑」と時間帯とは結びついていないことになる。それは、「金と青／金と緑」が具体的な経験からうまれたものではないことを示唆していないだろうか。（そもそもタイトルに「恋」が含まれているが）「片恋」には「やはらかな君が吐息」とあり恋愛的な気分を「薄着のねる」という触感を伴って表現している。（これもやはりタイトルにそもそも「あひびき」という語が使われているが）「八月のあひびき」には「君のうれひ」とある。「青い髯」には「君」という語は使われていないが、「植物性の異臭《いしゆう》と、熱《ねつ》と、くるしみと、……／芽でも吹きさうな身体《からだ》のだらけさ、／(何でもいいから抱きしめたい。)」という表現からは、「具体的な恋愛の対象が設定される以前の」とでもいえそうな、身体的な「熱」が描写されており、その「語り口」は異なるが、いわば「恋愛的な気分」を表現しているといえよう。「恋愛的な気分」を感じた時、「恋愛的な気分」を言語化しようとした時に、その表現の一つに「金と青／金と緑」がある。あるいは「金と青／金と緑」にふれた時、それを感じた時に、わきあがる「気分」の一つに「恋愛的な気分」があったのではないか(9)。

「青い髯」の第一連の二行目には「硝子と乳房との接触《せつしよく》……桐の花とカステラ……」とあって、「桐の花とカステラ」という表現がみられる。『桐の花』は大正二年一月に出版された北原白秋の第一歌集で、白秋が「小品」と名づけた、六篇の文章を短歌とともに収めている。その六篇の第一番目には「桐の花とカステラ」というタイトルが付けられている。「桐の花とカステラ」には次のようにある。

桐の花とカステラの時季となつた。私は何時も桐の花が咲くと冷めたい吹笛《フルート》の哀音を思ひ出す。五月がきて東京の西洋料理店《レストラント》の階上にさはやかな夏帽子の淡青い麦稈のにほひが染みわたるころになると、妙にカステラが粉つぽく見えてくる。さうして若い客人のまへに食卓の上の薄いフラスコの水にちらつく桐の花の淡紫色とその暖味のある新しい黄色さとがよく調和して、晩春と初夏とのやはらかい気息のアレンヂメントをしみじみと感ぜしめる。私にはそのばさばさしてどこか手さはりの渋いカステラがかかる場合何より好ましく味はれるのである。粉つぽい新らしさ、タツチのフレツシユな印象、実際触《さは》つて見ても懐かしいではないか。同じ黄色な菓子でも飴のやうに滑《すべ》つこいのはぬめぬめした油絵や水で洗ひあげたやうな水彩画と同様に近代人の繊細な感覚に快い反応を起しうる事は到底不可能である。

新様の仏蘭西芸術のなつかしさはその品の高い鋭敏な新らしいタツチの面白さにある。一寸触つても指に付いてくる六月の棕梠の花粉のやうに、月夜の温室の薄い硝子のなかに、絶えず淡緑の細花を顫はせてゐるキンギン草のやうに、うら若い女の肌の弾力のある軟味に冷々とにじみいづる夏の日の冷めたい汗のやうに、近代人の神経は痛いほど常に顫へて居らねばならぬ。私はそんな風に感じたいのである。

白秋は「近代人の繊細な感覚に快い反応を起」す「品の高い鋭敏な新らしいタツチ」を求めていた。そしてそのようなものを感じるために、「近代人の神経は痛いほど常に顫へて」いなければならないと考えていた。

『桐の花』の短歌作品には、「銀笛哀慕調」「初夏晩春」「薄明の時」「雨のあとさき」「秋思五章」「春を待つ間」「白き露台」「哀傷篇」という小題が付けられている。「銀笛哀慕調」はただちに木下杢太郎の「緑金暮春調」を思わせる。「緑金暮春調」は「暮春調」というタイトルで明治四十一年十二月に『中央公論』に発表されている。

緑金暮春調

ゆるやかに、薄暮《くれがた》のほの白き大水盤に
さららめく、きららめく、暮春《ゆくはる》の鬱憂《めらんこりあ》よ。
その律《しらべ》やや濁り、緑金の水沫《しぶき》かをれば、
今日もまたいと重くうち湿《しめ》り、空気淀《よど》みぬ。

おぼろかに暈《ひがさ》して落日《いりひ》いま薄黄にけぶり、
青銅の怪魚《けぎよ》の像、蒼白《あをじろ》う鱗《うろこ》かがやく。

恋の子ら手を翳《かざ》し、わりなしや、木《こ》の間をすきて、
大空ににじみゆく悲哀《かなしみ》の淡藍色《みづいろ》ながめ、
すずろにも胸いだき涙する時しもあれや、
ひそに、さと、あな少時《しばし》、窓もるる二部唱《づえっと》の声……

「古き世の、古き世の愁《うれひ》ゆるゑ絃《いと》しみだるる。」

「さば星《ほし》の影明かる彼《か》の島に、してえるの島に
わが小舟《をぶね》よせなむに、などてさは歎《なげか》ふ——と云《い》ふ。」
「この舟の、この絃の、この恋の朽《く》ちば——と答ふ。」

花ちりつ、花ちりつ、灯《ひ》に揺れて花ちりちりつ。
ともすれば深みゆく心の沈黙《もだし》うち擾《みだ》し、

わかき日の薄暮《くれがた》の竪笛《おおぼえ》は泣きこそさぐれ、
石楠花《しやくなぎ》の葉も垂《た》れて、ああつひに怨恨《うらみ》も暮るる。

かつしかつしむらむらばつと「時」の足、恋慕、なげかひ、
歌、小唄、楽譜の精霊《たま》ら黒みゆく丘を逃げかふ。

ああ暮春、この堂の錆《さ》びし扉《と》は音なく鎖《さ》され、
西の空漸々《やゝ》明かり、濃き空気おぼめきたるを、
ただひとり今もなほ、ゆるやかに、さはれ悲しく
さららめく、きららめく、ほの青き鬱憂《めらんこりあ》よ。

白秋が「女の子に、呼吸をひそめて物言うような」繊細な線の細い「タッチ」で「金と青／金と緑」を表現していることと比べれば、李太郎の「タッチ」はそこまで線が細くはなく、そして白秋よりも「鬱憂《めらんこりあ》」の気分をより漂わせているように感じるが、それはむしろ両者の違いであって、李太郎も「二部唱《づゑつと》の声」という表現を使っているなど、驚くほど白秋と「気分」が通っているように思われる。

白秋が『東京景物詩及其他』の冒頭に「わかき日の饗宴を忍びてこの怪しき紺と金との／詩集を〝PAN〟とわが「屋上庭園」の友にささぐ」と記していることについては先にふれたが、詩集を「紺と金との詩集」と表現していることからすれば、この詩集を編んでいる時には、「紺と金」＝「金と青／金と緑」は白秋にとっては、詩作品を形成する「フレーム」の一つになっていたと考える。「金と青との」という作品は、その「フレーム」を少し説明して整理したもの、「言挙げ」（＝宣言）のようにみえる。粗いことを承知でいえば、この「金と青との」は『東京景物詩及其他』という詩集の「まとめ」にあたるのではないだろうか。つまりここで使われている語は白秋のいわばキー・ワードのようなものであると思われる。同じ四行で構成されているということもあろうが、この「金と青との」は筆者には『邪宗門』に収められている「空に真赤な」を想起させる。

空に真赤な
空に真赤《まつか》な雲のいろ。

玻璃《はり》に真赤な酒の色。
なんでこの身が悲しかろ。
空に真赤な雲のいろ。

この詩には曲が付けられて、「パンの会」の席で、よく合唱されたというが、それはこの作品が（その時代に共通する、あるいはそこにいる人に共通する、ある「気分」＝情調を）凝縮したかたちで表現しているからではないだろうか。白秋はそういう「気分」をすくいあげて、言語化することにたけていた。「共通する」人の数が多くなれば、それは「国民」ということになる。白秋と木下杢太郎がともに、すくいあげた色が「金と青／金と緑」だとすれば、それは、狭く見れば「パンの会」に集まる人々に共有されていた「気分」であろうし、広く見ればその時期に（白秋や木下杢太郎と同じように）生きた人の「気分」ということになる。それがホイッスラーに端を発している可能性はあるだろうが、そうした「素地」があったからこそ、ホイッスラーの「黒と金色のノクターン――落下する花火」に「反応」したとみることもできる。

青木繁の絵入書簡

さて、次には青木繁の「詩的言語」についてみてみたい。青木繁は明治三十七年八月二十二日、滞在していた房州富崎村字布良《めら》（現在の千葉県館山市布良）から福岡県八女郡三河村の梅野満雄にあてて絵入りの書簡（縦十七・〇センチメートル、横四十七・〇センチメートル、四枚）（図2）を送っている(10)。

河北倫明は『青木繁』（一九七二年、日本経済新聞社）において、この布良への旅行について、「青木の生涯の一つの大きい峠」「運命劇の前半期のクライマックス」と述べ、さらに「強烈な夏の日のもとで、雄渾の黒潮が押しよせる一漁村に、自分を崇拝する女性や親しい友人（引用者補：福田たね、森田恒友、坂本繁二郎のこと）と行をともにした青木が、どれほど張りきった状態にあったか、これはすなおに想像できるところではないか」（十七頁、なお誤植は訂して引用した）と述べている。絵入り書簡はそうした青木繁の気分を横溢させており、北原白秋の『フレップ・トリップ』の「高揚感」に通じる気分を感じさせる。一部をあげておく。

上図はアイドとい
ふ所で直ぐ近所だ、
好い処で僕等の海
水浴場だよ、
上図が平沙浦、
先きに見ゆるのが洲の

崎だ、冨士も見ゆる、
▲▲▲▲
雲ポツツリ、
又ポツツリポッツリ！

波ピッチャリ、
又ピッチャリ、ピッチャリ！
砂ヂリ〴〵とやけて（※「やけて」は「あつく」を訂正している。）
風ムシ〳〵とあつく

なぎたる空！
はやりたる潮！
（略）
沖では
クヂラ、
ヒラウヲ、
カジキ「ハイホのこと」

マグロ、フカ、
キワダ、サメ、
がとれる皆二
十貫から百
貫眼位のも
ので釣るのだ、恐ろしい様
な荒っぽい事だ、
灘では、
トビ魚（アゴ）
カツオ、タイ、
アヂ、ヒラメ、
サバ、
抔だ、
それから岸近くでは
小アヂ、
タカベ、
クロダイ、

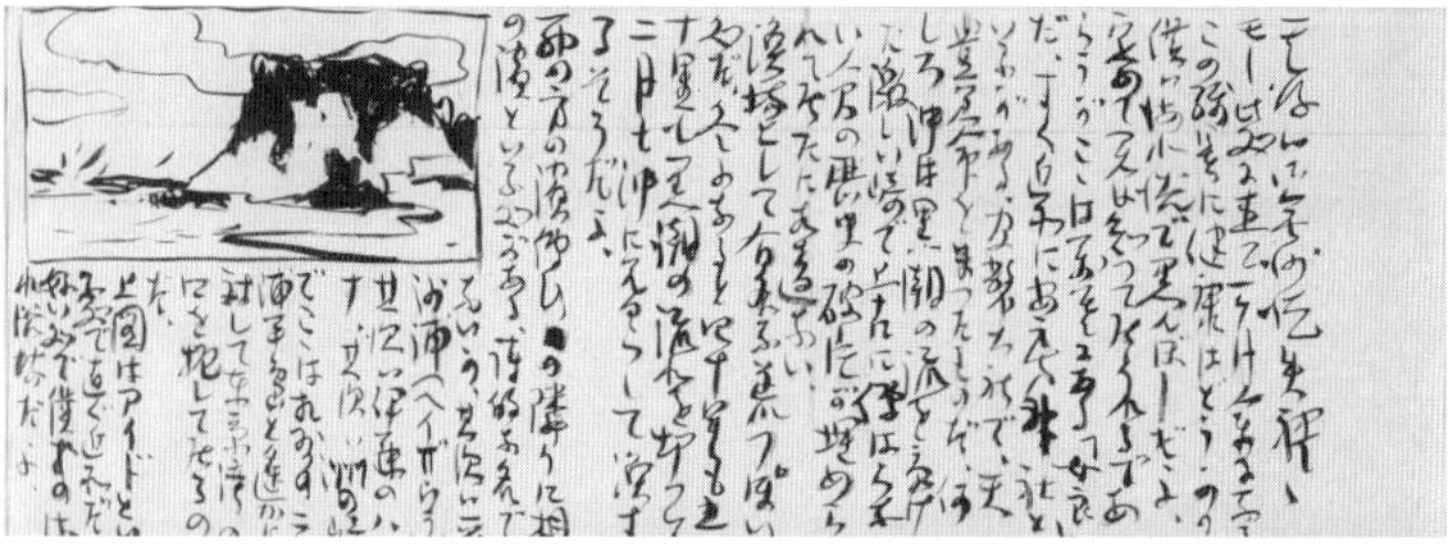

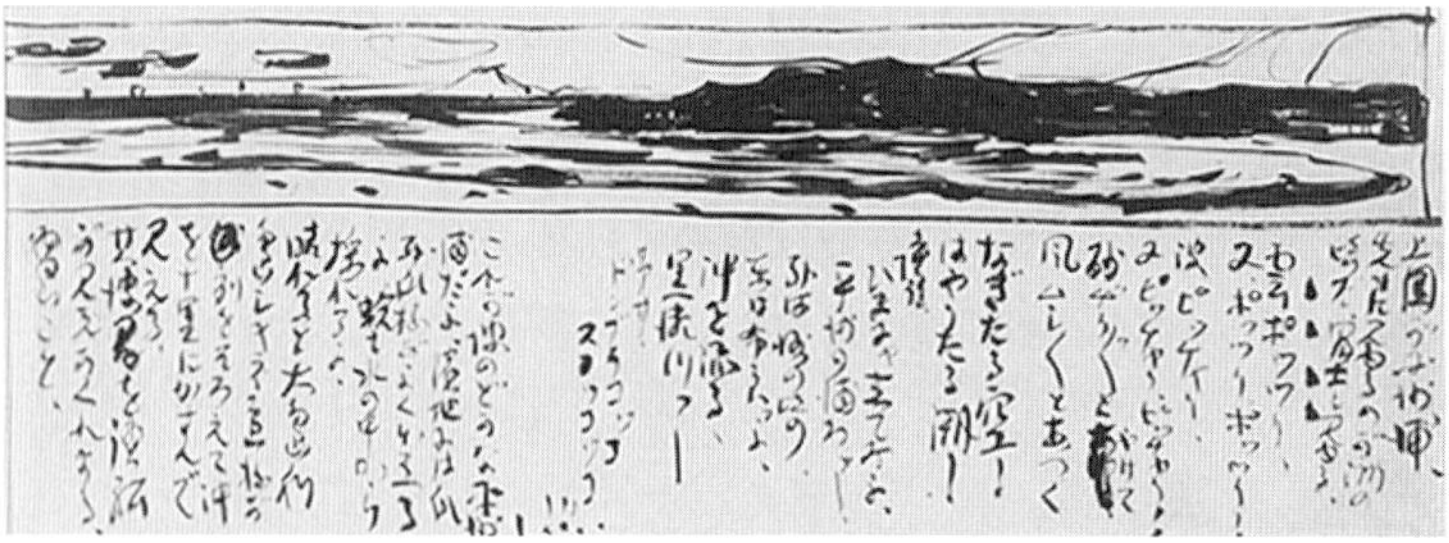

カレイ、
ボラ、
抔だ、磯邊では
タコ（大いよ）
イセヱビ、
メチダイ、
メジナ、
抔だよ、

（写真版をもとにして筆者が翻字した。河北倫明の翻字と異なる箇所がある）

書簡紙面の上三分の一ほどに絵が描かれているためもあるが、それでも魚の名を列挙している箇所では、下には十分な余白がある。「カツオ、タイ」と書いていっぱいになっているわけではない。「雲ポッツリ」はまさに詩といってよく、

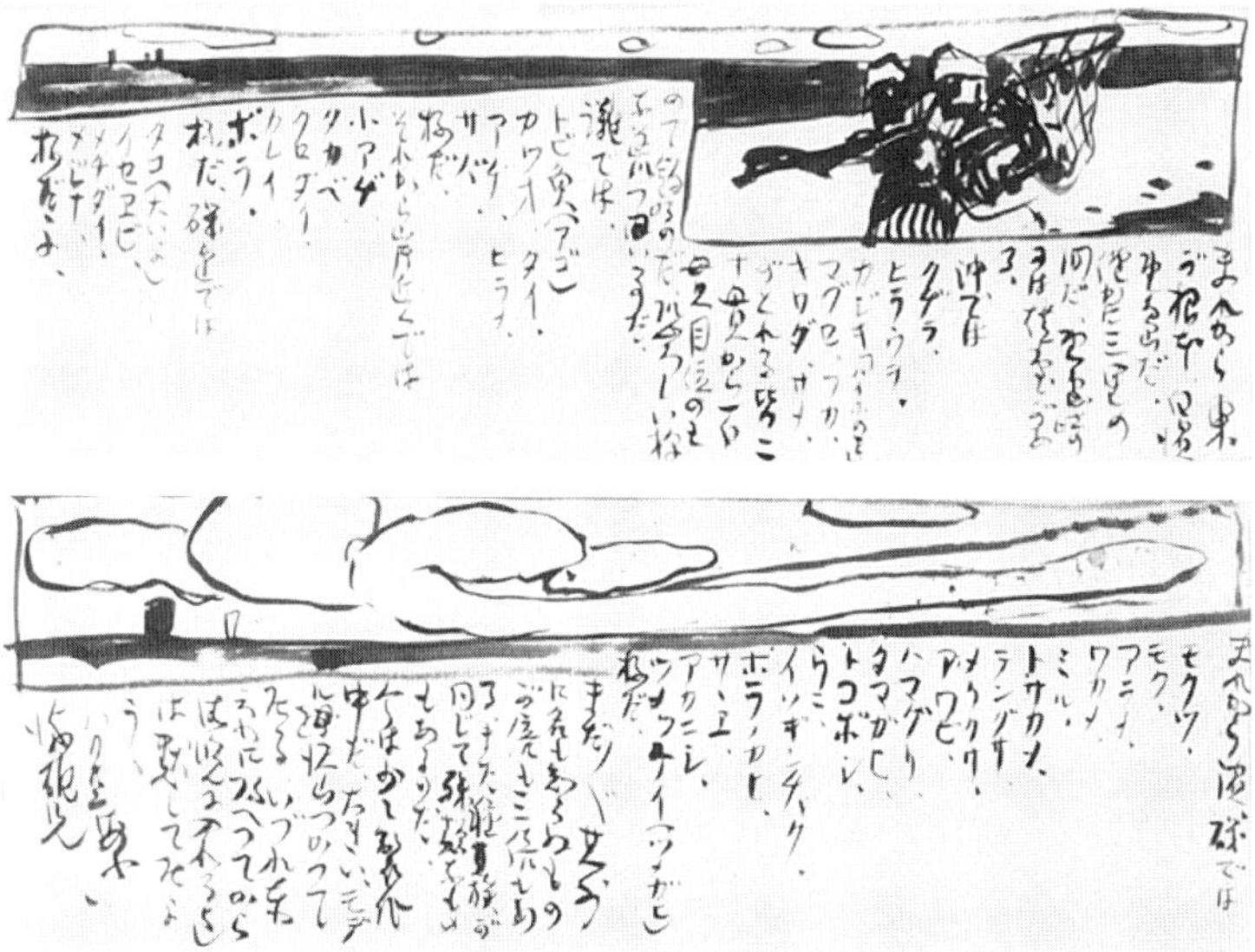

図2　青木繁「梅野満雄宛「房州絵入書簡」」1904年、東御市梅野記念絵画館蔵

そこでのリズムが魚の名の列挙まで揺曳しているといってよい。

その絵入り書簡の中に「今は少々製作中だ。大きいモデルを沢山つかつてゐる。いづれ東京に帰つてから御覧に入れるまでは黙つてゐよう」という行りがあり、これが「海の幸」の製作のことと考えられている。

青木繁と短歌

『仮象の創造』は青木繁の名前を著者であるかのように表示しているが、河北倫明が青木繁の「文章、短歌、書簡を集めたもの」（同書「解説」一六二頁）である。書名となっている「仮象の創造」は青木繁の文章中にでてくるハルトマンの「物の社会は物これを造れり、唯仮象の社会のみ人これを創作し、人類のみこれを楽しむ」からとって、河北倫明がつけたものである。この『仮象の創造』には短歌の集として「うたかた」と「村雨集」とが収められている。「解説」は前者について「この集の歌は主として前期のものが多く、妙義信州旅行期から曙町時代、さらには神明町時代の気分をうかがわせるものがある」と述べ、後者については「この集には後期放浪時代の気分がかなり濃厚に入りこんできている。ことに最後の数頸はその感じが深」いと述べている。この記事からすれば、（当然のことであるが）「うたかた」「村雨集」というタイトルの歌集が存在しているとみるのが自然である。しかし、国立国会図書館にもこの両書は蔵されていない。そして右に引いた「解説」は両書の出版年月日、出版社等についても何も記していない。また没後一〇〇年を記念して二〇一一年に開催された展覧会の図録の「青木繁文献」の「著述」の中にも両歌集はみられない。このことからすれば、「うたかた」「村雨集」というタイトルの歌集はそもそも存在しない可能性がある。(11)

『仮象の創造』において「雑詠」に収められている「こほろぎに更くる夜ごとをつづれさす／旅に五とせ今二十一」は一九〇二年に描かれた「秋の夜」と題された、作品に添えられた和歌であるが、そこには「こほろぎに更くる夜ことをつゝれさ／す旅に五とせの今二十一」と書かれており、小異がある。

『画家の詩、詩人の絵』においては、明治四十三（一九一〇）年の「温泉」というタイトルの絵画作品（図3）と次の二首の和歌とが並べられている。

真裸を水鏡する温泉や膚ぞ温くき百合の咲く谷
解き髪に乳房を押へ湯瀧浴む大理のとばり肌滑かき

右の二首を絵画作品「温泉」と結びつけた「理由」は、改めていうまでもなく、和歌に「真裸」とあり「百合」とあって、それが絵画作品に描かれている「素材」と共通しているということであろう。この二首はたしかに絵画作品と、その「素材」において重なり合いをもっており、

図3　青木繁「温泉」1910年、個人蔵

実際に結びつきがある可能性はもちろんあろう。しかしそれは、「あろう」ということであって、それ以上でもそれ以下でもない。それは青木繁に関しての「イコノロジー（図像解釈学）」にはまったく至っていないといわざるをえない。

しかし「うたかた」というタイトルの下に『仮象の創造』に収められている「人面の白きに似たる睡蓮《ひつじぐさ》ハイラスの名よ池のひめごと」はウォーターハウス（一八四九～一九一七）の、ギリシャ神話を素材とした「ハイラスとニンフ」（図4）を短歌にしたものと思われる。

図5は「人魚」というタイトルの作品であるが、『夏目漱石の美術世界』（二〇一三年、東京新聞）において古田亮は「ウォーターハウスは、漱石と同時代に活躍したラファエル前派を継承する画

図4　J.W.ウォーターハウス「ハイラスとニンフ」1896年、イギリス、マンチェスター市立美術館蔵

家で、《オフィーリア》や《シャロットの女》など、シェイクスピア文学やアーサー王伝説を題材とする作品を数多く描いた。それらは漱石の文学世界と響き合うものであり、ウォーターハウスは漱石お気に入りの画家のひとりだった。本作は、漱石がロンドン留学中の一九〇一年にアカデミーに認められることになった作品として知られる」（一一〇頁）と述べ、さらに「漱石が『三四郎』を執筆したときにウォーターハウスの作品をヒントにしていたことは間違いないだろう。三四郎が美禰子の髪の香水を意識しながら、二人が画集の人魚の絵に引き込まれるシーンは、物語の本筋とはいえないが、きわめて印象的な絵画の使い方となっている」（同前）と述べている。『三四郎』四の十四には、画集を見ていた三四

図5　J.W.ウォーターハウス「人魚」1900年、イギリス、ロイヤル・アカデミー・オブ・アーツ蔵

郎と美禰子とが「人魚《マーメイド》」と「同じ事をさゝや」く場面がある。

この場面を読んだ当時の読者すべてがただちにウォーターハウスの「人魚」を思い浮かべたということはないであろうが、（漱石と同じような「絵画経験」を蓄積していて）思い浮かべた読者もいた可能性がある。そうであれば、ここでの「人魚」はいわば「アトリビュート」(12)であったことになる。「人魚」を想起させる「アトリビュート」であったならば、青木繁の短歌「きしきしと灘にさしたる上げ潮に人魚泣く宵月焼《つきやけ》赫《あ》かき」（「うたかた」）あるいは「晶《あか》き日を緑の波に子を抱きて人魚《ドゲル》の母の沖に泣く聲」（同前）は図5を背後にしていることになる。

ここに本章の「結論」が置かれることが一般であろう。しかし、本書は全体が新たな一つの試み、アプローチといってよく、まずはそのアプローチがどれだけの「実り」をもたらすかということがある。

青木繁を採りあげたのは、本章で採りあげた「わだつみのいろこの宮」と「海の幸」が非常によく知られているということがある。そして漱石が「わだつみのいろこの宮」について述べていることも知られている。青木繁の絵画作品をめぐっての言説は多く、それらすべてを採りあげ、分析することはできなかったが、主な言説にはふれることができたと考える。それらの言説の分析からはさまざまなことが浮かびあがってきたと考えるが、本章を本書全体の「問題提起」の章として位置づけたい。

註

（1）二〇一六年八月四日に、石橋財団石橋美術館で開催されていた「石橋美術館物語　1956久留米からはじまる。」展において、森三美の作品、「海岸風景」（一九一〇年頃）、「農夫」（一九一〇年頃）を実見することができた。

（2）筆者は、二〇一六年八月四日に石橋財団石橋美術館（福岡県久留米市野中町一〇一五）において、両作品を実見することができた。この時に「自画像」（一九〇三年）、「輪転」（一九〇三年）、「海景（布良の海）」（一九〇四年）、「天平時代」（一九〇四年）、「海」（一九〇四年）、「光明皇后」（一九〇五年）など多くの青木繁作品を実見することができた。

（3）中島国彦は木下杢太郎の言説の「海と云ふのを（略）標《しるし》である」の箇所をあげ、次のように述べている。

わたくし自身としては「海」や「人の列」などの形象を、このように概念にストレートに結び付けるのは、余り好きではない。なんと、「時間」「宇宙」「人間の努力」「運命」などの抽象語が、干からびて響いていることだろう。『海の幸』のエネルギーは、そうした抽象概念の受け入れを断固拒否するような、自立した形象世界から生まれるのではなかったか。

（『近代文学にみる感受性』一九九四年、筑摩書房、一八八頁）

ここではまず「余り好きではない」という中島国彦のいわば好みが記されているが、それはそれとして、「海の幸」をどう評価すべきかというい わば絶対的な観点が設定されている。それは「海の幸」は「抽象概念の受け入れを断乎拒否するような、自立した形象世界から生まれ」たのだから、そうした絵画作品を「時間」「宇宙」などの「抽象語」でとらえるのはふさわしくない、というかたちで木下杢太郎の言説に反照していく。続く言説においては「にもかかわらず、杢太郎の「形象化せられたる概念」の語句が有効なのは、『海の幸』前後の青木繁に、抽象的な「観念」「概念」に対する並並ならぬ関心が存在するからである」（一八八頁）と述べているので、結局は杢太郎の言説を全面的に否定しているわけではない。もちろん「海の幸」をめぐっての木下杢太郎の言説について検証するのだから、「海の幸」という絵画作品をまったく無視してそうした「検証」を行なうことはできない。しかしまた「抽象概念の受け入れを断固拒否するような自立した形象世界から生まれ」は「海の幸」という絵画作品にかかわる言説としては抽象度がたかく、共有されている「評価」ともいいにくいのではないか。

（4）『没後一〇〇年青木繁展――よみがえる神話と芸術』（二〇一一年、石橋財団石橋美術館、石橋財団ブリヂストン美術館、毎日新聞社）の「作品目録／作品解説」においては、「橋本道達氏像」は「この肖像画の制作年は年記から一九一〇年であり、写真を使用して描かれたとみられる」（二六五頁）と記され、また「木下秀康大尉像」は「像主没後、写真によって描いた肖像画であろう」（二六六頁）と記されている。写真に基づいて描かれているにしても、これらは「肖像画」であって、これらが何らかの「思想」や「詩」をアウトプットしたものとは考えにくい。

（5）日本の近代文学が「自我」というものと深く結びついているように、日本の近代絵画がそうであるとすれば、それは「日本の近代」の文学、美術に共通のことということになる。

（6）**［絵画作品の「意味」］**　また絵画作品について思考し、論じるための用語が統一的でないと感じることがある。例えば高橋沙希『青木繁　世紀末美術との邂逅』（二〇一五年、求龍堂）においては、青木繁『海の幸』について次のように述べている。

この作品は、本人が意味内容を語っていないにもかかわらず、左記の（四）に示すような意味内容を想起させる画面であるということは、黒田の《智・感・情》とは異なり、画面を見た瞬間に、何らかの意味を読み取ってしまうということであり、実際の場面を描いた単なる風俗画だと認めることは困難であろう。（六十九頁）

「左記の（四）」は「（四）作品の中に画家本人の明確な骨格と思想が入っていること」（五十四頁）のことと思われる。まずこの（四）の「画家本人の明確な骨格と思想が入っている」が理解しにくい。「明確な」は、あらゆる観者に明確であるということと理解したくなるが、そんなことがあるのだろうか。「骨格」と「思想」とはどのような関係にあるのだろうか。また「海の幸」を観者がみた時にうける「意味内容」とはどのようなことか。そして黒田清輝の「智・感・情」とは「異なり」とあるのだから、高橋沙希は観者が「智・感・情」をみても「何らかの意味を読み取」ることはできないと考えていることになる。この「意味内容」「意味」が理解しにくい。そして別の箇所においては、「智・感・情」について次のように述べる。

題名を見なければ、単に金地を背景に、三人の女性の裸体画が描かれているということになりかねない。画面を見るだけでは、女性のポーズが何を意味しているかが端的に伝わってこない。つまり、作品を見た瞬間に、何らかの意味を感じさせる画面にはなっていないということである。作品そのものではなく、言葉によって理解しなければならないというのは、画面における思想の表現ができているとはいえないだろう。（六十二頁）

右の言説からすれば、黒田清輝の「智・感・情」はタイトルが与えられていなければ、「三人の女性の裸体画」ということになり、それ以外には何も表現できていないということになりそうであるが、そうなのだろうか。これが、タイトルがなければ絵画作品は理解できないという言説ではないのだとすれば、黒田清輝の「智・感・情」はタイトルがなければ観者に何も伝えることができない作品だと述べていることにならないか。

あるいは、『20世紀日本の美術⑫』（一九八六年、集英社）「竹久夢二・青木繁」において、橋富博喜は「大きく分けて青木繁の作品の傾向はふたつに分類することができる。ひとつは現実的なものを題材とした作品、そしてもうひとつは架空のものを題材とした作品である。ここでは後者の、物語的なものに取材した作品をあつめてみた」と述べて、例えば青木繁の絵画作品「日本武尊」や「大穴牟知命」を採りあげている。筆者などは、「日本武尊」、「大穴牟知命」というタイトルを与えられている絵画作品が『古事記』の登場人物の「ヤマトタケルノミコト」「オオナムチノミコト」を絵画化したものだということを認めるかどうかから始めたくなる。なぜなら、例えば、絵画作品「日本武尊」の説明文には次のようにある。

> 日本武尊《やまとたけるのみこと》は『古事記』『日本書紀』に出てくる古代日本の伝説的英雄で、熊襲《くまそ》、出雲建《いずもたける》などを平定したと伝えられている。青木はこの日本武尊を、伝説に似つかわしい戦闘の光景ではなく、山頂でこれから先を展望するような眼差《まなざし》をもった人物像として描いている。ここに本作品をたんなる歴史画として終らせずに、理想画として制作した青木の才能の一端がうかがえる。（六十頁）

『古事記』『日本書紀』に通暁していても、絵画作品「日本武尊」がそれらのどの場面を描いたものであるかが決められないのだとすれば、この絵画作品は「日本武尊」というタイトルを与えられなければ、未来を展望するような眼差しの人物像を描いたとしか観者にはわからないことになる。しかしまたその一方で、『古事記』が描写している「ヤマトタケルノミコト」を絵画作品が過不足なく描いているかどうか。例えば絵画作品「大穴牟知命」に描かれている、オオナムチノミコト（と思われる人物）は「栗原某という砂利採り人夫」を、キサガイヒメは「旅館の娘宮田たけ」を、ウムガイヒメは福田たねをモデルにして描かれたことが指摘されており、そうであれば、福田たねをモデルにして描いた人物像に「ウムガイヒメ」というタイトルを付けているということになりはしないか。これを「架空のものを題材とした作品」とみて、「現実的なものを題材とした作品」と排他的に分けることが適当なのだろうか。絵画作品「日本武尊」や「大穴牟知命」はおそらく『古事記』『日本書紀』に何らかの契機をもつものであろう。そういう意味合いにおいて「架空のものを題材とした」とみることはできる。しかし、実際の「アウトプット」はヒトの形として、（ヒトの形をかりて）行なわれているのであって、そこに描かれているのは「現実的な」存在としてのヒトとかわらないといえよう。そもそも、『古事記』や『日本書紀』を熟読しても、「ヤマトタケルノミコト」がどのような顔をしていたのかはわからないのではないか。

（7）**［絵画作品を語る言語］**　高橋沙希は先に引用した木下杢太郎の言説の「要するに青木氏は自分の頭の中に一つの完全な世界を持つて居た人である（略）凡て青木氏には直接の影響を與へなかつたやうである」を『河北倫明美術論集第三巻』（一九七七年、講談社）二〇九ページの引用として掲げている。高橋沙希は、右の杢太郎の引用に続く箇所で、「聖書・詩・ギリシャ神話などの物語を繰り返し題材にしたラファエル前派の画面には、効果的な構図や装飾性によって、物語性の強い美しい世界が表現されている」（一五〇頁）と述べた上で、「青木にとって、ラファエル前派は、青木が憧れていた世界を描き出していた画家集団であったにちがいない。青木の作品には、先ほど述べたように、沈んだ色彩・乾いた画面・強い物語性・装飾性などの効果によって、ラファエル前派と同様の雰囲気が広がっている。青木は、古事記を題材にし、優れた筆触と色彩の才能を用いながら、ラファエル前派の構図やモチーフをうまく利用することで、ラファエル前派と共通の雰囲気をもった世界を描いていた。（略）元々想像力豊かで読書熱心な青木の中に、幻想的な画風を描く素質が備わっていたと考えることができるかもしれない」（二五一頁）と述べている。右の言説では、「わだつみのいろこの宮」を初めとする幾つかの作品にあてはまることと、青木繁の絵画作品全体についてのこととが分けられていないようにみえる。青木繁の絵画作品のすべてが『古事記』を素材にしているわけではない。また末尾には「幻想的な画風」という、そこまでの高橋沙希の言説の中にはみられない表現が使われており、ここでは青木繁の絵画作品が分析対象であるが、絵画作品を語る言語が安定していないように思われる。

（8）［アカシアをめぐって］『日本の詩歌9　北原白秋』（一九六八年、中央公論社）においては村野四郎が「鑑賞」文を書いている。「片恋」について「秋十月ころの水辺の抒情詩で、その美しい情緒と歌謡調によって有名な、白秋小曲の一つである」（一三四頁）と述べている。しかし、アカシヤについては「アカシヤは初夏に黄色の小花をつける」と述べている。日本では一八七三年に街路樹などにするために輸入された、学名「*Robinia pseudoacacia*」の植物（現在はニセアカシアと呼ぶ、日本名「ハリエンジュ（針槐）」）が当初アカシアと呼ばれていた。そのため、「片恋」によみこまれている「あかしや」はこのニセアカシヤである可能性がたかい。ニセアカシヤは五月から六月にかけて、芳香のある白い蝶々形の花を房状につける。現在でもいろいろな場所でニセアカシアを見かける。後に（本来の）アカシヤが日本にも入ってきたが、アカシヤ属は熱帯から温帯にかけて分布するものが多く、花卉として栽培されているものはギンヨウアカシアで、三月から四月にかけての早春に輝くような黄色の花をつける。フサアカシアはミモザと呼ばれることもあり、日本でミモザと呼んでいるものは、このフサアカシアであることが多い。「片恋」では花ではなく、落葉がとりあげられているので、花が白色であるか、黄色であるかは詩作品の「よみ」にはかかわらないが、採りあげられている植物の同定を誤れば、「よみ」も誤る場合もあろう。

木下杢太郎は「きしのあかしや」をペンネームにしていたことがあった。野田宇太郎は『きしのあかしや　木下杢太郎文学入門』（一九五五年、学風書院）において、このペンネームが「一九一〇年以後の、三田文学が創刊されて、明治の終りから大正初年にかけて同誌に書いた小説や詩に主として用ひたものであつた。「きしのあかしや」と云ふ名は何処から来たのか、それは彼自身何も語つてゐないので詳かにすることは出来ない」（二六八頁）と述べ、さらに「白秋が〈片恋〉を書いたのは一九〇九年十月であるから、杢太郎が別のペンネエムとして「きしのあかしや」を使用したのは確かにその後である。然し勿論白秋から杢太郎がそのやうな影響を受けたのではないであらうし、やはりその時代の彼等の新しい詩語として浮かび上つた「あかしや」であつたと見ればよいだろう。蒲原有明の「朱のまだら」が確かに彼等の上に倒影したことは間違ひないが、それが「きしのあかしや」になつたと云ふよりも彼等も有明も共にさうした時代の詩人であつたと云ふことであらう」（二六九〜二七〇頁）と述べている。

（9）**【抒情小曲】**「恋愛的な気分」という表現を使って説明した。その「気分」が成人男女のものである場合には、それが「性愛的な気分」に向かうことがあろうが、その「気分」が幼い者に向けられた場合には、そうではなくて、いわば「慈しみの心持ち」のようなものとなる。

　室生犀星は、『我が愛する詩人の伝記』（一九五八年、中央公論社）において、北原白秋の『思ひ出』について、「『思ひ出』一巻にあふれた抒情詩はすべて女の子に、呼吸をひそめて物言うような世にもあえかな詩情からなり立っていて、島崎藤村、薄田泣菫、横瀬夜雨、伊良子清白、河井酔茗、与謝野晶子らの詩境から、ずっと抜け出した秀才の詩集であった」（五〜六頁）と述べている。この「女の子に、呼吸をひそめて物言うような世にもあえかな詩情」こそが「抒情小曲」の詩情であり、白秋の詩作品を支えている詩情の一つであると考える。犀星は続く箇所で「ただ私が学ぶことの出来たのは、女への哀慕の情というものがこのように寄り添うて、草木山河、日常茶飯事をもうたうものであるということであった。人間に生まれて女を慕わざる若さは存在しない、私の若さも白秋の若さも人間の持つ同じものであるから、女を慕いそれをうたう時はこういう隙間や陰《かげ》からうたうものらしいと、私の盗みはそこから眼をさましかけ、それに勉《つと》めたものである」と述べている。犀星は、「女を慕いそれをうたう時」にはそれを直接的にうたうのではなく、「隙間や陰」からうたうと理解している。それは犀星の理解であるのだから、そのこと自体に異を唱えるということではまったくないが、それはいわば「性愛的な気分」に向かう場合、そうした気分をうたう場合のことで、同じ「地点」から「非性愛的な気分」すなわち（恋愛の対象ではない）「女の子に、呼吸をひそめて物言うような」気分へ向かうことも可能であるし、そういう場合もあったはずだ。「女への哀慕の情というものがこのように寄り添うて、草木山河、日常茶飯事をもうたう」は（性愛的な気分を離れて）「草木山河、日常茶飯事」をうたう場合であっても、そこに「女への哀慕の情」のようなものを漂わせるとみることもでき、それが白秋の一つのかたちであったのではないだろうか。

(10) この絵入り書簡は、河北倫明『青木繁』（一九六四年、角川新書）にその半分が写真掲載されているが、後には『青木繁』（一九七二年、日本経済新聞社）十八ページに全文が写真掲載されている。また没後一〇〇年を記念して開かれた展覧会の図録『青木繁展――よみがえる神話と芸術』（二〇一一年、石橋財団石橋美術館、石橋財団ブリヂストン美術館、毎日新聞社発行）にも「房州絵入書簡」と名づけられて掲げられている（本章図2参照）。

(11) 『画家の詩、詩人の絵』（二〇一五年、青幻舎）も青木繁の「詩の出典」として「『うたかた』『村雨集』『雑詠』（抜萃）」と記した後に、「『仮象の創造　増補版――青木繁全文集』（二〇〇三年、中央公論美術出版）所収」と記しており、歌集からの引用ではない。

(12) 高橋裕子『西洋美術のことば案内』は「アトリビュート（attribute）」を「原義は「特質」。美術に表わされた聖人や神話の神々、擬人像を区別する目印となるもの。聖人の生涯や神々の役割にちなんで伝統的に決まっており、擬人像の場合はその特質と関係している」（四十六頁）と説明し、車輪と剣とが聖カタリナの「アトリビュート」であることなどを例としてあげている。

第三章　竹久夢二・古賀春江

――絵を描き、詩を書く人

本章では、竹久夢二と古賀春江とを採りあげる。竹久夢二は「夢二式美人」でよく知られているが、詩もつくっている。一方、古賀春江はシュルレアリスム的な絵画作品で知られているが、自らの絵画作品に「解題詩」を附している。ともに、「画を描き、詩を書く人」といってよい。本書のテーマにとって格好の素材である。古賀春江の「解題詩」は絵画作品に添えられて発表されたものであり、できるかぎり丁寧な分析を心がけた。

竹久夢二

竹久夢二（一八八四〜一九三四）は岡山県邑久郡本庄村（現在の岡山県瀬戸内市邑久町本庄）に生まれ、明治三十四（一九〇一）年に上京して翌明治三十五年に早稲田実業学校に入学する。明治三十八年頃には雑司ヶ谷で岡栄次郎と自炊生活をするようになるが、荒畑寒村も一時寄寓する。この頃、『日刊平民新聞』などに「コマ絵」を投稿するようになる。「コマ絵」とは書籍・雑誌・新聞などに、本文とは直接的にはかかわらない絵柄をかいたもののことである。明治三十八（一九〇五）年六月二十日に刊行された『中学世界』夏期増刊号「青年傑作集」に投稿したコマ絵「筒井筒」が第一賞、「母の教」が選外三賞に入選する。十一月には「亥の子団子」が第一賞、「迷ひ子」「雪の夕」が選外佳作になり、『中学世界』の冬期増刊号に掲載された。また明治三十九（一九〇六）年になると『少年文庫　壱之巻』の装幀を担当し、これ以降挿絵や本の装幀などで活躍するようになる。

明治二十年を過ぎると、活版印刷がひろがりをもつようになっていく。文字を活字で印刷したものに、図版を入れるための手段として、組版後に、文字を組んでいない空白箇所を埋める木版が注目されるようになった。浮世絵の衰微とともに活動の場を失っていた彫師たちが、木版を担当することがあった。

明治三十三（一九〇〇）年四月に、与謝野鉄幹が主宰となり、東京新詩社の機関誌として創刊された『明星』では、彫師の木村徳太郎や伊上凡骨が活躍していた。写真技術を使って印刷用の版を作る「写真整版」が普及するようになると、木版を使っての図版印刷は行なわれなくなっていく。「コマ絵」は「挿絵と違って活字の部分と直接の関係をもつ必要がなかった」（木股知史『画文共鳴――『みだれ髪』から『月に吠える』へ』二〇〇八年、岩波書店、二二一頁）ことが指摘されている。

竹久夢二は大正三年に『艸画』（岡村書店）というタイトルの一書を出版している。冒頭の「草画について」において竹久夢二は次のように述べている。

この本は、さきに出した絵手本の後編として出すつもりで作画したのだけれど、どうも絵手本といふ名にふさはしくないやうな気がするので「草画」とした。（略）

こゝにいふまでもないが、草画が、日本において、造形美術の上に確然とした一の分野を持つたことは事実である。私が雑誌へ俳句や短詩を別な表現のしかたで発表してゐた頃、日本では木版画は、まだ、俳句や川柳の画賛のやうな、極軽るい行き方か、または無自覚な思ひつきの諷刺画か、さもなくば無意味なスケツチに過ぎなかつた。それ以外に、油絵やその他でやつてゆく第一義の芸術的な内容を、この小いさな木版画に盛つてゆくといふことは、てんで考へになかつたことであつたらしい。

今はさうではない、和歌や詩の短い文の中から大きな自然や人生を見ることが出来るやうに、この小いさな木版画があらゆるものを、自覚的に発想するやうになつたのは愉快なことである。（略）

私の「草画」が親友恩地孝四郎、久本DONの二氏に負ふところが多いことを、こゝに言添へるのをうれしくおもふ。

つまり「草画」は「俳句や川柳の画賛」でも、「無自覚なおもひつきの諷刺画」でも、「無意味なスケッチ」でもなく、油絵などと同等の「第一義の芸術的な内容」をもったものだという竹久夢二の認識の表明とみえる。「和歌や詩の短い文の中から大きな自然や人生を見ることが出来る」

は、ごく一般的なみかたとしては認められようが、和歌も詩も、それぞれに表現としての「核（のようなもの）」をもっていると思われることからすれば、「大きな自然や人生」は無条件では認めにくい。しかし、それはそれとして、こうした「草画」、「コマ絵」が竹久夢二の出発点ちかくにあったことには留意しておいてよいだろう。

明治四十二（一九〇九）年に『夢二画集　春の巻』が洛陽堂から刊行される。明治四十五（一九一二）年には京都府立図書館において「第一回夢二作品展覧会」が開催され、岸たまきや彦乃、お葉などをモデルとした美人画が「夢二式美人」と呼ばれるようになっていく。夢二は、全国を歩き回りながら、スケッチをし、作品を作り続け、昭和九（一九三四）年に五十一歳で死去する。

草画

夢二の「草画」には図1のようにことばが添えられている場合がある。図1をみただけでこれが瓦を作っている人に見えるかどうかということもあるが、この「瓦をこしらへる人」ということばをどのように考えればよいのだろうか。これは画の「説明」なのか「題名＝タイトル」なのか。画が独立していることからすれば、後者とみることもできよう。しかしこの画ははたして瓦を作る人を描いたものなのか。図2の場合「雪のふる音」とある。そもそも「雪のふる音」をそのまま可視化することはできない。もちろん、「雪のふる音」をそういう画で表現したということであることはいうまでもない。

作品名・主題・題名——絵画作品とことばの切り結びの始まり

高橋裕子は美術作品の題名について「古い時代の作品の「受胎告知」などの名称は「主題」を指すもので、作者が与えた題名ではない。伝統的主題がもっぱら描かれていた時代には、作者による命名は不要だった。それに、美術作品は具体的な「もの」だから、目の前にあれば呼称はいらない。誰かがそれについて書くときに初めて名指す言葉が求められたが、その場合も伝統的主題名を用いるか、それがなければ「男性と女性のいる室内」というような簡単な情景描写でまに

図1　竹久夢二「瓦をこしらへる人」1985年、初版本復刻竹久夢二全集『草画』(ほるぷ出版)より引用

図2　竹久夢二「雪のふる音」1985年、初版本復刻竹久夢二全集『草画』(ほるぷ出版)より引用

あわせた」、「作者による命名が一般化するのは、画家が自主的に制作して展覧会に出品するようになった18世紀以降である。独創的主題を描くと理解してもらえない恐れがあるから、題名で手がかりを与えようとしたわけだ」（『西洋美術のことば案内』三十六頁）と述べている。高橋裕子は「主題」を「美術作品に表わされたもの。特定の人物や風景や事物など作者の目の前にあったものと、物語の場面や歴史的事件のように何らかのテキスト（文献的典拠）に基づいて想像されたもの、そのどちらでもありうる」（一四三頁）と述べ、右の言説に続けて、「「テーマ（theme）」も「主題」と訳されることがあるが、こちらはその作品の「中心的思想」と解するべきで、「意味内容 content」と重なる」と述べ、火の消えた蠟燭と髑髏を「主題」とした静物画の「テーマ」が「ヴァニタス（無常）」であるという例をあげている。このことからすれば、高橋裕子は何が描かれているかの説明を「主題」、当該作品の「中心的思想」を「テーマ（theme）」あるいは「意味内容 content」と呼んで区別していると思われる。したがって、先の「独創的主題」は「伝統的主題名」ではカバーできないような、これまでに描かれることがなかった「題材」を描いた場合、何がそこに（具体的に）描かれているかを示すために付けたということになる。高橋裕子は「西洋美術」という枠組みの中で、右のように述べているのであって、「西洋」が「東洋」に「横滑り」すれば、そうした枠組み自体が成り立たなくなるということは十分考えられる。

　例えば高橋由一（一八二八〜一八九四）が明治十三（一八八〇）年に描いた「品川海晏寺紅葉図」は江戸時代に桜の名所として知られ、品川区南品川五丁目に現存する海晏寺の紅葉を描いている。

この場合の「品川海晏寺紅葉図」は具体的に描かれているものの説明、高橋裕子のいう「主題」にあたる。高橋由一がこの絵画作品によって、自身の何らかの「(中心的)思想」を表現しようとしていたか否かは作品からはわからないが、そうしたものがあったとしても、「品川海晏寺紅葉図」というタイトルはそうしたものを「観者」に示そうとしたものではない。高橋由一には鮭を描いた、よく知られている作品が複数あるが、鮭を描いているから「鮭図」という「主題」になっていることになる。現在は「作品名(title)」という語が使われているが、この「作品名」という語を使うとすれば、「作品名」には、描かれている「素材・題材」を説明している(高橋裕子のいう「主題」にあたる)場合と、「素材・題材」を超えて、作者の何らかの表現意図を表明した「題名」とがあると考えておきたい。「題名」は作者にしかつけられないが、高橋裕子のいう「主題」は作者以外の人物がつけることもできる。

青木繁が一九〇三年に描いた「裸体」という作品名をもつ作品がある。一方、黒田清輝が一八八九年に描いた作品にも「裸体」という作品名がつけられている。いずれも男性の裸体を描いたものであり、それに「裸体」という作品名がつけられている。これは描かれている「素材・題材」の説明といってよい。しかし、裸体が描かれているにもかかわらず、「裸体」という作品名でなかった場合はどうなるのか。黒田清輝の「智・感・情」(口絵3)はそういう場合にあたる。また岡精一《せいいち》(一八六八〜一九四四)が一八八九年に描いた作品には「捜索」という名が与えられている(図3)。この作品は第一回明治美術会展に出品され、構図の斬新さで注目を集めたという。

図3　岡精一「捜索」1889年、笠間日動美術館蔵

「捜索」は「素材・題材」の説明を超えた作品名にみえる。あるいは満谷国《みつたにくに》四郎《しろう》（一八七四～一九三六）が明治四十（一九〇七）年に描き、内国勧業博覧会美術展で一等賞を受賞した「かりそめの悩み」という絵画作品がある。当然「かりそめの悩み」は「素材・題材」ではない。満谷国四郎には、「緋毛氈」（大原美術館蔵）という作品もある（図4）。たしかに緋毛氈は描かれているが、緋毛氈だけを描いているわけでは（もちろん）ない。むしろ「裸体」あるいは「（二人の）裸婦」というような作品名であってもよいと思われるような作品である。満谷国四郎がどのような意図をもって、この作品に「緋毛氈」という題名を付けたか、そのほんとうのところはわからないとしかいいようがないが、しかしそこに意図があることはたしかであろう。

こうした時期においてすでに日本においては、「素材・題材」の説明を「超えた」（と表現してお

図4　満谷国四郎「緋毛氈」1931年、大原美術館蔵

くが）作品名が与えられていた。そのことは、「素材・題材」の説明としての作品名と、「内容」や「思想」の示唆、表明としての「題名」との違いが最初から截然としていなかったことを窺わせる。そのことが「いい」あるいは「わるい」と述べようとしているのではない。そのことが「絵画作品は何を書くのか」ということとかかわっていなかったかということを述べておきたい。

　先に触れた「雪のふる音」「瓦をこしらへる人」のように、夢二の「草画」には、「素材・題材」を超えた作品名が付けられている場合が少なくない[1]。例えば「丘のはて」という作品では、丘のみが描かれているのではなく、小さく二人の人物が丘の上にいるさまが描かれているし、「砂丘」という作品では、砂丘らしきところに座っている和服を着ている女性の後姿が描かれている。この作品に描かれているものを仮に「砂丘＋後姿の女性」と説明したとすれば、作品名の「砂丘」は描かれているものに過不足なく対応していないことになる。あるいは「丘のはて」という作品を「丘＋二人の人物」と説明したとすれば、作品名は「丘」にしか対応しておらず、絵画作品側に「余剰」があることになる。あるいは説明不足といえばよいだろうか。この「余剰」は「観者」にはすぐにわかることなので、この「余剰」をどう受け止めるかということが「観者」に課せられた「課題」になる。

夢二と文学

竹久夢二の油絵作品は十八点確認されているが、そのうちの十一点が岡山県にある夢二郷土美術館に蔵されている。(2) その中に「初恋」というタイトルの作品がある。この作品について小川昌子は『竹久夢二――生涯と作品』(二〇〇九年、東京美術)において「島崎藤村の詩「初恋」(『若菜集』一八九七年)にモチーフを得たと考えられる油彩画。落下した青い林檎《りんご》に眼をやる女と、手で顔を覆う男との取り合わせにこの場の状況がくみとれ、夕暮れの冷気はやり場のない二人の心に忍び寄る。第一回夢二作品展覧会に出品され、現存する油彩画の最も早い作品とされる」(十三頁)と述べている。この言説中で、小川昌子は「モチーフ」という学術用語をどのような意味合いで使っているのだろうか。「芸術作品の主題や中心的着想」であるとすれば、いささかの疑問がある。参考までに島崎藤村の「初恋」を次に示す。

初恋

まだあげ初めし前髪の
林檎のもとに見えしとき
前にさしたる花櫛の
花ある君と思ひけり

やさしく白き手をのべて
林檎をわれにあたへしは
薄紅の秋の実に
人こひ初めしはじめなり

わがこゝろなきためいきの
その髪の毛にかゝるとき
たのしき恋の盃を

君が情に酌みしかな

林檎畠の樹の下に
おのづからなる細道は
誰が踏みそめしかたみぞと
問ひたまふこそこひしけれ

「花ある君」は「われに」「林檎を」「あたへ」ているし、「林檎畠の樹の下に」「細道」は「おのづからな」っている。したがって、島崎藤村の「初恋」は実らぬ恋の詩ではない。

それに対して、小川昌子が説明するように、女性は地面上の青林檎を見つめ、向こう側には顔を手で覆う男性が描かれており、「この場の状況」は「実らぬ恋」ととらえるのがもっとも自然であろう。そうであっても、この夢二の「初恋」は島崎藤村の「初恋」を「モチーフ」にしているといえるのだろうか。両者に共通しているのは、「男女の恋情とリンゴ」あるいは「リンゴを間にした男女の恋情」のみ、とはいえないのだろうか。

島崎藤村の詩作品「初恋」にふれた竹久夢二がその詩作品に触発されて、(あるいはその詩作品を契機として)油絵作品を描き、それに「初恋」というタイトルを付けた。しかし、詩作品と油絵作品とでは、描き出している「世界」が異なるということではないだろうか。

絵入小唄集『どんたく』

竹久夢二は大正二年十一月五日に絵入小唄集『どんたく』を実業之日本社から出版している。図5は表紙であるが、そこには「ZUNDAG」とある。扉ページには右横書きで「どんたく」とあり、その下に「絵入小唄集」さらに「竹久夢二作及絵」「恩地孝四郎装幀」と記されており、絵と小唄は竹久夢二の作で、書物全体の装幀を恩地孝四郎が担当していることがわかる。次のページの挿絵の下には「DONDUG」とあって、書き方が一定していない。さらに次のページには次のように記されている。

図5　竹久夢二『どんたく』表紙、1913年、実業之日本社

こはわが少年の日のいとしき小唄なり。
いまは過ぎし日のおさなきどちにこの
ひとまきを
おくらむ。
お花よ、お蝶よ、お駒よ、小春よ。太
郎よ、次郎よ、草之助
よ。げに御身たちはわがつたなき草笛
の最初のき

図6　竹久夢二「おさなき夢」（竹久夢二『どんたく』1913年、実業之日本社）

きてなりき。

北原白秋の『白秋小唄集』（アルス）の出版が大正八年九月であるので、竹久夢二の『どんたく』はそれにさきがけた出版ということになる。

詩作品と絵とがはっきりと結びついていると思われるケースとして「おさなき夢」を採りあげることにする。図6は「おさなき夢」の見開きページで、詩は八十五ページに続いていく(3)。

　　おさなき夢
夢《ゆめ》のひとつは　かくなりき。
青《あを》き頭巾《づきん》をかぶりたる
人買《ひとかひ》の背《せ》にないじやくり

山《やま》の岬《みさき》をまはるとき
広重《ひろしげ》の海《うみ》ちらとみき。
旅《たび》の導者《だうじや》がせおいたる
天狗《てんぐ》の面《めん》のおそろしさ
にげてもにげてもおふてきぬ。
伊勢《いせ》の国《くに》までおちのびて
二見《ふたみ》ヶ浦《うら》にかくれしが
ここにもこわや切髪《きりかみ》の
淡島様《あはしまさま》の千羽鶴《せんばづる》
一羽《いちは》がとべばまた一羽《いちは》
岩《いは》のうへより鳥居《とりゐ》より
空一面《そらいちめん》のうろこ雲《ぐも》。
顔《かほ》もえあげずなきゐたり。

絵は白黒で印刷されているので、頭巾が青いかどうかはわからないけれども、右下に描かれているのが青い頭巾をかぶった「人買」で、絵からするとその背中には幼い女児が背負われている。
「広重」「旅の導者」という表現がみられるが、これは広重の「東海道五十三次之内」、沼津「黄

図7　歌川広重「沼津「黄昏図」（東海道五十三次之内）」天保中期頃

昏図」（図7）を想起させる。そして「二見ヶ浦」という地名は、やはり広重の諸国名所百景の「二見ヶ浦」（図8）を想起させる。広重の「二見ヶ浦」の構図は夢二の絵とちかい。夢二はおそらく東海道五十三次の「沼津」も諸国名所百景の「二見ヶ浦」も実際に見ているだろう。右では構図がちかいと述べたが、そういうことよりも、夢二が蓄積してきた「情報」（の断片）が組み合わさって一つの作品としてアウトプットされているということに注目したい。

「淡島様」は、婦人病の治癒や安産、子授け、裁縫の上達や人形供養など、女性に関するさまざまなことに霊験があるという淡島神のことで、淡島願人と呼ばれる人々がこの神を祀った小宮（厨子）を背負って由来を語り、門付けをして全国を歩いていた。東海道五十三次沼津に描かれた天狗の面（猿田彦面）を背負った人物は白衣を着ており、金比羅さまへの巡礼者であることがわかる。そうした巡礼者と淡島願人とが「人買」として重なり合い、さらには、神社に奉納された（古くなった）千羽鶴が呼び覚ます「こわ」さが表現されている。詩作品では、その千羽鶴が「空一面のうろこ雲」になっていくいわば「幻想」が表現され、絵にはうろこ雲が描かれている。『どんたく』には「人買」という詩作品も収められている。ここでも「人買」は「青頭巾」をかぶっていると思われる。

人買
秋《あき》のいり日《ひ》はあかあかと
蜻蛉《とんぼ》とびゆくかはたれに

図8　歌川広重「二見ヶ浦（諸国名所百景）」

塀《へい》のかげから青頭巾《あをづきん》。
「やれ人買《ひとかひ》ぢや人買《ひとかひ》ぢや
どこへにげようぞかくれうぞ」
赤《あか》い蜻蛉《とんぼ》がとびまはる。

「おさなき夢」という詩作品と絵とはいわば正面から結びついている。そのことからすれば、詩作品に合わせて絵を描いたのか、絵に合わせて詩作品を書いたのか、といった問いはあまり積極的な意味をもたないと考える。夢二の脳内に蓄積された「情報」が詩作品としてアウトプットされ、絵としてアウトプットされたと考えるのがよいのではないか。

夢二と白秋

次に「赤い木の実」という作品を採りあげてみたい。北原白秋には「あかき木の実」という作品が『邪宗門』に収められているので、併せてあげることにする。

赤い木の実

雪《ゆき》のふる日に小兎《こうさぎ》は
あかい木《こ》の実《み》がだべ《ママ》たさに
親《おや》のねたまに山《やま》をいで
城《しろ》の門《もん》まできはきたが
あかい木《こ》の実《み》はみえもせず
路《みち》はわからず日《ひ》はくれる
ながい廊下《ろうか》の窓《まど》のした

なにやら赤《あか》いものがある
そつとしのむできてみれば
こは姫君《ひめぎみ》のかんざしの
珊瑚《さんご》のたまかはつかしや
たべてよいやらわるいやら
兎《うさぎ》はかなしくなりました。

あかき木の実

暗《くら》きこころのあさあけに、
あかき木《こ》の実《み》ぞほの見ゆる。
しかはあれども、昼はまた
君といふ日にわすれしか。
暗《くら》きこころのゆふぐれに、
あかき木《こ》の実《み》ぞほの見ゆる。

白秋の詩作品が「あかき」という、いわば「文語形」を使い、竹久夢二が「あかい」という「口語形」を使っている点にすでに両者の違いがあらわれているともいえよう。ただし『どんたく』は先に引いたように、「少年の日のいとしき小唄」としてつくられているということには留意しなければならない。それにしても、夢二と白秋との「向かう先」がずいぶんと異なることは明らかといってよい。右の作品についていえば、「こども」と「おとな」といったような違いが感じられるが、といって、白秋が「こども」に向かっての作品をつくらなかったわけではまったくない。竹久夢二は白秋よりもさらにポピュラリティを追求している、さらに「個」を離れたところに向かっているように感じられる。それは昔話のような、童話のような、民話のような、そういう「物語世界」に向かっているといえばよいだろうか。それを「夢見がちな」と表現してしまうと、現実からの乖離ということになるが、「究極的なポピュラリティ」とでもいえばよいだろうか。

「親のねたまに」家を出た小兎は、「あかい木の実」を食べようとして、「城の門」にたどりつく。山の中で探し回った末に町に出て、ということかもしれないが、なぜ「城の門」まで小兎は行ってしまったのか。そして、小兎が見つけたのは、「赤い木の実」ではなく「姫君のかんざしの珊瑚のたま」であった。夢二は、山の家を出た小兎が「あかい木の実」を探し回り、ついに町に出て、「城の門」にたどりついた、というように時間を追って詩を展開させたかもしれない。しかし、「山の小兎」に配置するものとして、「赤い珊瑚のかんざし」が(最初から)あったように思われてならない。あるいは「赤い珊瑚のかんざし」が「赤い木の実」のようだと感じたところからの小兎だったかもしれない。夢二は「少年の日のいとしき小唄」と表現しているが、それが夢二の、あるいは他の誰かの幼少時の具体的な記憶にはむすびつきにくい。少なくとも、詩作品がそうしたものをありありと想起させることはない。

このように考えた場合、「草画」の「和歌や詩の短い文の中から大きな自然や人生を見ることが出来る」という夢二の言説は、夢二がそう思っていたということを思わせる。和歌は具体的な描写を一足飛びに超えて「大きな自然や人生」を表現しにくい。それは言語量に制限があるためでもあろうし、和歌という「器」が「作り手」としての「わたし」から離れにくいということもあろう。あまり大きなこと、一般的なこと、抽象的なことの表現にはむかない「器」といってよい。しかし、一枚の「草画」をそのようなことが可能な「器」ととらえていた夢二にとっては、「和歌や詩」は十分な「大きさ」をもった「器」とみえていたのであろう。

しかし、個々人の「人生」は日々の具体的な生活の積み重ねといってよい。そう考えれば、まったく同じ「人生」、まったく同じ「経験」は存在しない。そうした「人生」であっても、共通することはある。その共通部分を掬い上げれば、多くの人の共感を得ることができる。それが「ポピュラリティ」であろう。しかし具体的な生活を離れた「共通」は、そうした意味合いにおいて、抽象的なものともいえよう。抽象的なものは、ややもすれば「お題目」と堕する可能性をもつ。夢二自身『桜さく国　白風の巻』に収めた「草画の事」というタイトルの文章において、「俳画」(＝俳句を賛した絵)について「俳画は、日本古来の消極的な教義と、安価なあきらめから脱化して悪く悟つて振返つた別天地から浮世を鳥瞰した所が私共明治の若者には親しみが薄い」と述べているが、そのように「悪く悟」った「浮き世の鳥瞰図」あるいは教訓のようになる危険性を孕む。

夢二に対する批評

『夢二画集　夏の巻』（一九一四年、洛陽堂）には、さきだって出版された『夢二画集　春の巻』についての批評を集めた「夢二画集春の巻批評」が附録されており、さまざまな人々の批評を確認することができる。その中で恩地孝四郎は、幾つかの作品について疑問を呈し、次のように述べている。

私はこの画集の中で一番心細くおもつたのは眼―眼です。眼に情韻が乏しくなつたことです、私にはそう思へるのです。髑髏の花押の時代に引かへすことは勿論望むのが愚ですけれど、あの時分よりは、筆の熱情が感じはしないかと思はれるのです。筆が達者になつて、奔放になりはしまいかと気になります。私は序の次の絵を好みます。若々しい点に於て。米を研いでいる絵―古いのだと思ひますが―あれも同じ様に好みます。『はるさめ』『赤い日』『かくて別れたら』『おもひこがれて』（版が悪くて―）なんどの傾向を恐れます、『光れるレール』とか『卒業したりければ』とかいふ風なのを私は貴兄の画に見たくないのです。俳画に近くはないでせうか。私は嘗て親しい友に兄の絵を詩画といふべきだと書いたことがある。又は詩のような画といふ点に於て貴兄の画の価値を認め、懐しく思つたのです。」（引用者補：「髑髏の花押」は例えば、『日刊平民新聞』四号（一九〇七年一月二十二日）などにみられる髑髏を思わせる、サインがわりの絵）

竹久夢二は昭和九（一九三四）年九月一日に長野県富士見高原療養所で急逝する。恩地孝四郎は同年十月に刊行された『アトリエ』第十一巻第十号に「竹久夢二追悼」という文章を載せているが、その文章中において、恩地孝四郎は、有島生馬、島崎藤村、秋田雨雀、長田幹彦、河井酔茗らが告別式に訪れていたことを記し、「葬送者の顔ぶれにみても、夢二君は、画会からは全くといっていい程無視された」と述べ、それに続いて「彼の画には多分なる文学がある。彼は単に色形を写すを以て満足しない」（四一四頁）と述べる（引用は、恩地孝四郎版画芸術論集『抽象の表情』一九九二年、阿部出版によった）。また「彼の画は又大人の自由画だといってもいい。彼の画はむろん画の本流ではない。併し彼の画も本流を馳《はせ》らす一つの支流として見られるべきだ。彼の仕事はこうしていつも衆人に働きかけた」（四一五頁）とも述べる。この「衆人」への「働きかけ」は筆者のいうところの「究極的なポピュラリティ」ということと重なる。この文章の末尾ちかくには「明治時代の一角を最も拡大的に記録した彼は記憶さるべきだ」（四二〇頁）とある。本書においては、木下杢太郎、青木繁、竹久夢二、古賀春江、恩地孝四郎、それに北原白秋を採りあげている。これらの人々の生没年を記せば次のようになる。二十八歳で早逝した青木繁は明治に生まれ、明治に死去しているが、他の五人は明治、大正、昭和の三代を生きている。

青木繁　明治十五（一八八二）年七月十三日～明治四十四（一九一一）年三月二十五日
竹久夢二　明治十七（一八八四）年九月十六日～昭和九（一九三四）年九月一日
北原白秋　明治十八（一八八五）年一月二十五日～昭和十七（一九四二）年十一月二日
木下杢太郎　明治十八（一八八五）年八月一日～昭和二十（一九四五）年十月十五日
恩地孝四郎　明治二十四（一八九一）年七月二日～昭和三十（一九五五）年六月三日
古賀春江　明治二十八（一八九五）年六月十八日～昭和八（一九三三）年九月十日

簡易的な洋装本である「ボール表紙本」は書物の装幀が和装から洋装に切り替わっていく過渡期に数多く出版されたと覚しいが、それは明治二十年頃から「下火」になっていくようにみえる。また明治初期から陸続とだされる法律類には漢語が使われ、そうしたことに対応するために、漢語のみを見出し項目とするハンディな漢語辞書が次々と出版されるが、それも明治二十年頃には「下火」になり、かわって（といっておくが）国語辞書が出版されるようになる。こうしたことからすれば、明治二十年頃は、明治期の画期とみることができる。それは江戸時代を下敷きにしてスタートを切った明治時代がようやく落ち着きを見せた頃といってよいだろう。第一章で触れたように、明治二十七年から二十八年にかけてはいわゆる「日清戦争」が、その十年後の明治三十七年から三十八年にかけては「日露戦争」が起こり、日本は江戸の情調とは離れた、新たな「近代風景」にいやおうなしに向かっていくことになる。北原白秋や木下杢太郎ら、パンの会の人々が江戸情調と異国情調とにかたちを与えようとした時、それは明治前半期の「近代風景」であったといえるかもしれない。そこでは、地方と都市東京とのかかわりがいわば「回転軸」であった。二つの戦争を経た日本は、日本以外の地域と日本とのかかわりを新たな「回転軸」として、明治後半期の新たな「近代風景」に直面することになったと考えることはできないだろうか。恩地孝四郎が竹久夢二について「明治時代の一角を最も拡大的に記録した」と述べるのは、その明治前半期の「近代風景」を描き出したということではないだろうか。

恩地孝四郎を編者とする『書窓』第六巻第六号（一九三八年十一月三十日、アオイ書房）は「夢二スケッチ帖抄　一九〇六―二九」と題して、「一九〇九年・より／一九二九年に至る／概算五百に餘れる／夢二が遺冊よりの／スケッチ画の集粋」を載せる。巻末には「夢二のスケッチ帖」というタイトルの恩地孝四郎の文章が載せられている。その中で、恩地孝四郎は次のように述べている。

絵は自分にとつては内部生活の報告だといつた彼、強ひて画くには当らない、美しいものを感じてゐるだけで満足だといつた彼、絵と生活とが不可分に考へられてゐた彼にとつて、対象に興を得るや忽ち写すのスケッチは誠に彼の感情そのものであり、生活そのものであり、皮膚であり肉であるのである。数多い画集の仕事の終つた後の彼の画作は、それが誌上のものでも又画布ものでさへ、常に屢々強ひられた絵であり、パンのための止むなき所作であつたが、スケッチだけは常に純粋に彼の喜びであつた。（略）彼の画には、スケッチでない絵には強ひて加へた拗態や、誇張にすぎる過剰な情緒がある。だがスケッチではその余地がない。しかもそこに自ら表はれる憂婉さは、彼の装はれざる面目の現はれであり、真の彼そのものである。夢二の芸術にその誇張された殉情味を又それを表はす拗形を嫌ふ人も、これらのスケッチ画をみるときには自ら、彼の優れたものを率直に感ずるであらう。（略）思へば泰西文化の吸収が蓄積されて、繁華な姿をしてゐた明治文化、折から世紀末のデカダニズムを引きつつ而も、新らしい世界への暁望に醞醸しつつあつた明治末から、改元新らしき世紀の具体化に揺曳してゐた大正初年の気運のうちに行為されてゐた生活相は、日本の文化史の上からも貴重である。（略）夢二の絵が、夢二の詩が、夢二の物語りがさうである如く、スケッチにあつてもその題材の範囲は広くはない。何物をも究めようとするリアリストの態度は彼にない。一つの憧るるものを取り出すロマンチストの姿が、スケッチにも示される。

「絵に強ひて加へた拗態や、誇張にすぎる過剰な情緒」あるいは「誇張された殉情味」「それを表はす拗形」は的確な表現にみえる。それが「究極的なポピュラリティ」を獲得するためのものであるのではないだろうか。そして、そうしたものを加えたり、過剰にしなければならなかったのは、「パンのため」であったのではないか。

白秋が（おそらく）終生、廃市としての柳河を見続けていたように、夢二には終生追い求め続けた「一つの憧るるもの」があったのであろう。

古賀春江

古賀春江（一八九五～一九三三）は明治二十八年に福岡県久留米市寺町六十八番地に善福寺住職古賀正順、妻イシの長男として生まれた。幼名は亀雄《よしお》。明治四十三（一九一〇）年に中学校明善校（現在の県立明善高等学校）に入学し、この頃から久留米の洋画家、松田実（諦晶）に絵を習い始める(4)。明治四十五年、十七歳の時に明善中学を退学して、上京し、牛込区神楽坂の法正寺に寄寓し、太平洋画会研究所に通うようになる。大正二年の二月に日本水彩画会研究所に入り、石井柏亭に師事する。この頃、太平洋画会、水彩展に出品する。大正八年三越で開かれた竹久夢二の展覧会に行く(5)。大正十一（一九二二）年九月の第九回二科展に「埋葬」「二階より」の二点を出品し、児島善三郎、林武とともに二科賞を受賞する。同じ年の十月に前衛グループ「アクション」を結成し、未来派、キュビスムなどの影響を受けた作品を発表するようになる。大正十五年頃からポール・クレー（Paul Klee, 一八七九～一九四〇）に傾倒する。『古賀春江――創作のプロセス　東京国立近代美術館所蔵作品を中心に』（一九九一年、東京国立近代美術館）にはクレーの一九一九年の作品「満月」（Der Vollmond）、一九二二年の作品「さえずる機械」（Die Zwitscher Maschine）、一九二七年の作品「植物の時間」(Zeiten der Pflanzen) などを古賀春江が模写した作品が紹介されている。またフェルナン・レジェ (Fernand Léger, 一八八一～一九五五) の作品を模写した作品も紹介されている。(6) 昭和四(一九二九)年、第十六回二科展(九月三日～十月四日)に「海」「鳥籠」「素朴な月夜」「題のない画」「漁夫」五点を出品する。アンドレ・ブルトンの『シュルレアリスム宣言』は一九二四年十月に刊行されており、この昭和四(一九二九)年の十二月には「シュルレアリスム第二宣言」が発表されている。日本においても、昭和二年十一月には上田敏雄、北園克衛らによってシュルレアリスム詩誌『薔薇・魔術・学説』が創刊されており、昭和四年の三月には竹中久七らが前衛詩誌『リアン』を創刊している。そうした中で、古賀春江の作品は、シュルレアリスム的であると注目されるようになる。(7) 昭和六(一九三一)年に『古賀春江画集』(第一書房)を出版する。昭和三年には中川紀元の紹介によって東郷青児を知り、東郷青児の紹介で阿部金剛を知る。(8) 翌昭和四年には阿部金剛の紹介で竹中久七を知る。昭和六年頃には川端康成を知る。昭和二年頃から神経衰弱になり、昭和七年頃には強度の神経痛に悩まされるようになったことが指摘されている。そして昭和八年九月十日に三十八歳で永眠する。この年の九月には宮沢賢治もやはり三十八歳で永眠している。

『牛を焚く』

ここではまず詩画集『牛を焚く』(一九七四年、東出版)を採りあげることにする。「詩画集」とは絵画作品に「解題詩」と呼ばれる詩作品が添えられている画集のことで、この形式は古賀春江の生前に刊行された唯一の画集である『古賀春江画集』ですでに行なわれていた。
ここからはいくつかの絵画作品を採りあげて分析していくことにする。まず、詩画集のタイトルとなっている「牛を焚く」（図9）について考えてみたい。

図9　古賀春江「牛を焚く」1974年、個人蔵

牛を焚く
冬の囲爐裡の傍で、
戸外の面白い景色を見た。
大きな人間が、
厳めしい審判官の前で、
牛を焚くのを。

牛はぼうぼうと燃える焚火の上に乗せられて、
楽しさうに何か喰べてゐた。
山の上であつた。
あたりには大木が繁つて、
いろいろな動物や鳥等も楽しさうに飛び廻つてゐた。

何かの祝祭ででもあつたらうか。
牛は完全に黒焦げになつたが、
矢張り莞爾と笑つてゐた。

非常に凡てのものが動いてゐたが、
ものの音は一つも聞こえなかつた。
凡てが無音の運動であつた。

『古賀春江詩画集　牛を焚く』には古賀春江の絵画作品及び詩作品の他に、昭和五年に雑誌『アトリエ』第七巻第一号に載せられた、古賀春江の「超現実主義私感」が添えられ、「解説」として野田宇太郎「古賀春江の詩」、東珠樹「童心の画家　古賀春江」が附録されている。「古賀春江の詩」の中に次のような行りがある。

わたくしは古賀春江の詩にオリヂナルと自作解題という二種の作品が存在することに小冊『古賀春江画集』で興味を感じて以来、いつか絵画と文学の関係を実験してみたいという野心のような願いを抱くようになった。この本はまさにその念願の最初のあらわれだと云ってよい。
この第一回の試みは簡単で、それは小冊『古賀春江画集』では絵の写真版が主で解題の詩は従であったのを、解題の詩を主とし、絵の写真版を従としてみただけのことである。これによって絵画と文学の関係が立証されるなどとは考えていないが、すくなくとも古賀春江におけるポエジイの問題、引いてはその絵画と文学との心理学的分析には役立つかとも思われる。またそれによって、もしかしたら古賀春江の芸術に対する新らしい認識と評価の基準が生ずるかも知らないという秘かな期待をわたくしは抱いている。自作解題の詩には当然詩作品としてはあまり香しくないものもあるが、以上のような目的から、敢て取捨することを避け、古賀春江が自作解題として試みた詩だけを、その絵と共に収めることにした。（一四六頁）

この言説からすれば、表だっては記されていないけれども、野田宇太郎が『古賀春江詩画集牛を焚く』の編者であると覚しい。そして編者として野田宇太郎は、詩作品を絵画作品に先立って掲げたということになる。それを野田宇太郎は「第一回の試み」と述べているが、その「試み」は何を試みたのか記していない。絵画作品の後ろに置かれていた詩作品を、絵画作品の前に置いたからといって、「絵画と文学の関係」が自動的《オートマティック》に「立証される」などとは（野田宇太郎も述べるように）到底考えられないのであって、そうすることによって「絵画と文学との心理学的分析には役立つ」と考えることも「古賀春江の芸術に対する新らしい認識と評価の基準が生ずる」と考えることも、少なくとも筆者には難しい。そういうものが、対象との「切り結び」なしに自動的《オートマティック》に「出現」するはずもない。そもそも「心理学的分析」とはどのようなことをさしているのだろうか。

「自作解題の詩には当然詩作品としてはあまり香しくないものもある」と述べる時に、「当然」は何が「当然」なのか。今から四十年以上前に書かれた野田宇太郎の右の言説は何も説明しない。

アウトプットされた絵画作品が存在していて詩作品を作るのと、詩作品がまずあって、それから絵画作品を描くのとでは、いうまでもなくことがらの順番が異なるのであって、それは重要であると考える。同じ「情報」を絵画作品としてアウトプットしたり、詩作品としてアウトプットすることはできるだろうが、同時にはできないのであって、後からアウトプットされるものは、先にアウトプットされているものを何らかの意味合いで勘案してつくられることになる。

「解題詩」といっても、自身の絵画作品のエクフラシスとして書かれているわけではなく、やはりどちらかといえば、同じ「情報」の異形式へのアウトプットという面があると思われる。ただし、そう考えた場合でも、アウトプットが二つあれば、それらには「前後関係」があることには留意しておく必要がある。

「解題詩」は古賀春江が名づけているのだろうから、そうであれば、絵画作品がまずあって、その絵画作品の解題的な詩ということになる。しかしだからといって、絵画作品を言語を使って説明するとはいっていないのであって、やはり詩作品としてとらえる必要もある。

「大きな人間が、／厳めしい審判官の前で、牛を焚く」「景色」を見ていると詩作品にはある。たしかに絵画作品の右側に一人、牛の上に一人、「人間」らしきものが描かれている。牛の上に描かれているのが「牛を焚く」「大きな人間」で、右側に描かれているのが「厳めしい審判官」

であろう。描かれている牛の大きさと比べると「大きな人間」が特別に大きく描かれているわけではないが、それでもこれが「大きな人間」ということになる。そして、「厳めしい審判官」はなぜそこにいるのか。「審判官」を「何らかの事件を審理して判断、判決を下す任務にあたる官吏」と考えるとすれば、二人の人間のうちの一人は「官吏」であることになる。筆者の勤務する大学は私立大学なので、そこに勤める人は「教員」であって「教官」ではない。「官」と呼ばれるのは、「官民」の「官」側の人だけであるが、そうした区別が現在では表現上曖昧になっていると感じることが少なくない。しかし、明治生まれの古賀春江はそうではないはずだ。「厳めしい」は「審判」を任務とする人の属性ではなく、「官」にかかわっての表現ではないだろうか。

「大きな人間」がなぜ「牛を焚く」のか、ということが最大の疑問ではあるが、その答えは容易にはでないだろう。それよりも筆者は（例えば「ヤク（焼）」という動詞ではなく）「タク（焚）」という動詞がなぜ使われているのだろうと思う。「タク（焚）」という動詞は、「オチバタキ（落ち葉焚き）」という表現においてもっとも使われるかもしれない。いずれにしても、牛には通常使わない動詞である。落ち葉を焚くように牛を焚いているということか。その焚かれている牛は「楽しさうに何か喰べてゐた」という。そしてそのあたりには「いろいろな動物や鳥等も楽しさうに飛び廻つてゐた」という。となれば、これは罰などではないことになる。描かれている牛に苦悶の様子は見えない。「黒焦げになつた」牛は「莞爾と笑つてゐた」とあるが、絵画作品はこうした時間経過を描きにくい。絵巻物のように、焚き始めの牛、焚かれている最中の牛、焚き終わりの牛を描くことはできなくはないであろうが、「牛を焚く」はそのようには描かれていない。したがって、このことについては、詩作品が、絵画作品に描かれていない「情報」を示していることになる。こうしたことは、絵画作品の作者以外の人物が解題詩を作る場合でも不可能ではない。それはその人物の「絵画作品解釈」ということになるが、解題詩を書いているのが絵画作品の作者であっても、結局は同じことで、古賀春江による古賀春江絵画作品の解釈である。第三者からすれば、絵画作品の描き手自身による解題詩だから、「そういうつもりで絵画を描いたのだろう」と思いやすいが、それはたとえば、絵画作品の描き手だから嘘はつかないだろう、あるいは見当違いの詩作品は作らないだろう、という前提に基づく判断であって、むしろ素朴なみかたといってよい。そもそも、絵画作品を描いて、ずいぶんと時間が経過してから、詩作品を作るということも考えられ、絵画作品を描いている時には考えていなかったことが詩作品に盛り込まれることがないとは誰にも断言できない。

「動き」と「時間」

もう一つ注目したいのは、「非常に凡てのものが動いてゐた」という表現で、しかもそれが「無音の運動であつた」と表現していることである。絵画作品からは「動き」はそれほど感じられないけれども、そこに描かれているのは「動き」で、しかも「無音」であるという。絵画作品からどのような音がきこえてくるか、は絵画作品の「観者」があまり考えないことであろう。この「動き」と「音」とは古賀春江の詩作品にしばしば表現されている。

たとえば、「花」（図10）には「ダリアを主に小花をあしらつて壺に挿した机上の静物。／花の茎や葉や壺や、机の上の影や背景などの組み立てる立体感と、／それ等のものの運動の形態」とあって、ここに「運動の形態」という表現がみられる。二次元展開をする絵画作品に「立体感」＝三次元的感覚を与えるために、「遠近法」をはじめとするさまざまな技法、工夫があったと思われるが、ここでは「音」と「運動」について注目したい。

図10　古賀春江「花」1926年、国立美術館蔵

「時間芸術」「空間芸術」というとらえかたがある。前者は、演劇のように、時間の中での継続的な動きを表現するもの、後者は、そうではなくていわば「決定的瞬間」を描く非時間的なもの、ととらえる。

ドイツの詩人、劇作家、思想家として知られているゴットホルト・エフライム・レッシング（Gotthold Ephraim Lessing, 一七二九〜一七八一）は文学を時間芸術に含めてとらえ、「視覚芸術（空間芸術）」「言語芸術（時間芸術）」とみている。(9)「空間芸術」はいずれにしても、非時間的な芸術とみるのが自然で、つまり「運動」を表現することは原則的にはできない。そして絵画や彫刻などの「空間芸術」は視覚でとらえるものとしてアウトプットされていることを考え併せれば、聴覚でとらえる音や、嗅覚でとらえる香り、触覚でとらえる手触りなどを表現することも（原則的には、あるいは直接的には）できない。絵画作品によって音を表現しようとする場合、香りを表現しようとする場合、それは視覚でとらえた形象を音や香りと結びつけるしかない。

次に「蝸牛のゐる田舎」（図11）を採りあげて、「運動」について考えることにする。

蝸牛のゐる田舎

竹林の風は美しく
陽が背中の方から竹林を温めてゐる
私は竹林の中で静かに眠る
竹林の緑は水のやうに冷たく私の肉体もその中で解ける
竹林の中には時間がないやうに陽と共に月も出てゐる
丸い樹木の葉―背中合せに立ちどまる葉
根ごろに咲く赤い花―静かに歩いてゆくやうな花
何にも聞えないが人形が歩いてゆく

あれは蝸牛を引いてゐるのか―いいや、さうでない
蝸牛の背に乗つてゐるのだらう
羊歯の下から出た人で
花を借りて行くのだらう

図11　古賀春江「蝸牛のゐる田舎」1928年、郡山市立美術館蔵

風のあかりで
すれ違ひすれ違ひ
藪の中は美しいよ

「時間がないやう」な「竹林の中」は時間と無縁の世界かというとそうではない。古賀春江は、「時間がないやう」な場所だからこそ、そこに流れるゆっくりとした時間を描こうとしたのではないだろうか。それが「蝸牛」で、「竹林の中」ではそこに「咲く赤い花」が「静かに歩いてゆくやう」にみえるし、「人形」も「歩いてゆく」。そこは「動と静とが交錯する場所」で、形あるはずの「私の肉体もその中で解け」てゆく。そしてその場所では「何も聞えない」。

「樹立」には「窓に過熱の風がある／深緑の森の樹木等／強力な速力を以て突き上げる樹木等／輝かしく烈しき力／中心は依然中心にあるべきであるか／彼等は上下前後に眼まぐるしく振動する／彼等は一瞬にして静止する」とあって、ここでは「眼まぐるしく振動する」「一瞬にして静止する」と「動き」が表現されている。詩作品にみられる、このような「動き」をあらわす言語表現は、古賀春江が絵画作品において描けなかったことなのか、それとも「観者」は気づかないだろうと古賀春江は思っているので詩作品において表明しているが絵画作品にすでに描かれていることなのか。実はそれも第三者にはわからないのではないか。「第三者にわからない」は言い換えれば、「他者と共有されていない」ということである。

次には「窓」という作品（口絵4）を採りあげることにする。

窓

沢山な窓のある家、
一つ一つの窓から顔が出てゐる。
顔には地図が描いてある。
みんなの地図が読める、
鳥籠も描いてある、花もあり、コップも、望遠鏡も、並ぶ顔、水筒、霧、黎明とパイプも確実につながつてお互の陰翳を持つてゐる。

痙攣する避雷針の窓からまた一つの顔を見ないか、
揺れる、揺れる、椅子が、星が、
黒い夜の絵具は沈黙して語らない━その後の顔等に就いては。
今はただ明るく揺れる顔がある。

詩作品「窓」の末尾には「黒い夜の絵具は沈黙して語らない━その後の顔等に就いては。／今ただ明るく揺れる顔がある。」とあって、古賀春江は絵画作品が「今」の「明るく揺れる顔」を描いたという、いわば「自覚」がある。そして「絵具は沈黙して語らない」と表現したことからすれば、「その後の顔等」が具体的に見えていたのではないにしても、「今」に対しての「その後」があることはわかっていることになる。

レッシングが文学を時間芸術とみなしたことについては先にふれた。言語は「線状性」（＝線のような性質）をもち、始まりがあって終わりがあることからすれば、言語を使った芸術が「時間芸術」であることに否やはない。言語によって「今」を表現し、「その後」を表現することはもちろんできる。しかし、現代は、そうした、言語による表現を単線化して、単線で追いたいという気持ちが強くないだろうか。新書などの原稿を書く時に、「起承転結」をはっきりさせてほしいと編集者から求められることが少なくない。それは、一本の道にのって、その道の上をずっとまっすぐ歩いていけば目的地＝終点に着きますよ、という書き方である。たしかにわかりやすいが、実際の日常生活と比べても、いわば異常なまでに単純化されているようにも思う。自宅から最寄り駅までの道が、ずっとまっすぐである人など、ほんとうに少数だろう。右に曲がったり左に曲がったりして最寄りの駅に着く人がほとんどのはずだ。最寄りの駅から一度も曲がらずに到着できます、ということを「売り」にする不動産はないと断言できそうだ。

一日二十四時間という「位置」から一日の時間経過をとらえれば、単線的に時間が進行していることになる。しかし、一日の時間経過を具体的な「ヒトの動き」と結びつければ、午前十時から十二時までは読書をして、十二時から一時まではお昼ご飯を食べていて、一時からは近所に買い物をしに出た、というように、単線的ではない。読書をしている間の二時間は「読書」というレッテルのもとに、時間が単線的に経過しているともいえるが、そこだけをとらえたとしても、読書の始まりと終わりとがあって、その中にも「動き」がある。そういう、局面局面での時間の幅の中での「動き」を言語で表現することはもちろんできる。しかし、それが案外と「読み手」には受け止めにくいのではないだろうか。あるいはそれを読み解くのが「読み手」には難しいということはないだろうか。局面局面での思考の「動き」が書き込まれている文章は、その局面局面での「書き手」の思考の「動き」をトレースすることができなければうまく読み解くことができない。そのように考えると、非時間芸術である絵画作品と時間芸術である詩作品などのいわゆる文学作品とは、ある程度の「ちかさ」をもっていることになる。絵画作品が内包できる時間は文学作品が内包できる時間よりもずっと短いことはいうまでもないが、単線的な文学作品であれば、一枚の画面に描くことができそうに思われる。

「窓外の化粧」・「海」

『古賀春江画集』（第一書房）[10]に「窓外の化粧」（一九三〇年）というタイトルの絵画作品（口絵5）が白黒で掲載されている。この画集では、絵画作品の後に、「古賀春江画集　解題古賀春江」とあって、いわゆる「解題詩」が置かれている。「窓外の化粧」の解題詩は次のようなものである。

窓外の化粧

晴天の爽快なる情感、蔭のない光。
過去の雲霧を切り破つて、
埃を払つた精神は活動する。
最高なるものへの最短距離。
潑溂として飛ぶ―急角度に一直線を。
計算機が手を挙げて合図をする。

気体の中に溶ける魚。

世界精神の糸目を縫ふ新しい神話がはじまる。

この「窓外の化粧」について、『古賀春江――創作のプロセス』において、松村恵理は「画面右にはビルディングがそびえ、その上にモダン・ガールが踊り、空には落下傘が浮かぶ。遙か下には船が海を滑走し、左下の区画には図案化した機械装置と右手を挙げた記号化されたマネキンのような人物が描かれ、そこからはみ出した鉄塔が空に向かってそびえ立つ。都市生活を象徴するようなモダニズムのモチーフに、機械や自然のモチーフがフォト・モンタージュ風に混然と描かれている」（八十頁）と述べ、先に引いた解題詩をあげた上で、「この詩からは、彼の未来への期待が、いささか楽観的とも思える昂揚した調子で伝わってくる」（同前）と述べている。

「窓外の化粧」について、古賀春江自身は『みづゑ』第三〇七号（一九三〇年九月）において次のように述べている。

ビルデイング、人物、手、海、機械の如きもの、パラシュート――一つの観念のためにこれ等を素材として描いたものであります。機械の如きものや人物があるとしてもそれ等は所謂機械的形態美とか人物の客観的運動美とか云はれるものでなく、それ等から独立した一つの存在であります。自然の感覚美でなく一つの観念の素材として使はれた形であるに過ぎません。即ち具体を抽象したものでなく抽象を具体化したものであります。

（『写実と空想』一九八四年、中央公論美術社）

古賀春江が「抽象を具体化した」と述べていることを受け入れれば、先の「図案化した機械装置」や「記号化されたマネキンのような人物」はいずれもとらえかたの方向が逆であることになる。エクフラシスはアウトプットされていく過程までを考慮する必要はなく、そこに描かれたもの、を説明すればいいのかもしれない。しかし、何らかの「思想のようなもの」を絵画作品として描くということになれば、当然抽象的な「思想のようなもの」に具体的、視覚的な形を与えることになるのであって、そうした過程もことさら意外なものではないはずだ。

さて、『みづゑ』第二五八号（一九二六年八月三日）に古賀春江は「短詩六つ」という小題の下に、六篇の詩を発表している。「港」というタイトルの作品をあげておく。

港

薄原のやうな水面が一杯に拡がつてゐた
風が吹くと波立つのであつた
薄のやうな波であつた
小さな蒸気船は
水面の波立つ度に

水の中に沈んだ
船の横腹に
数十の窓が二段に並んでゐた
窓の一つ一つに
一つづゝの顔が出てゐた
船が揺れると並んだ顔も揺れてゐた
船が水中に沈んでも顔は窓から出てゐた
その船は時が経つに随つて数を増して行つた
大きな帆前船が一艘あつた
人は誰もゐなかつた
そしてそれは水上にあつて波に動かなかつたが
それ自身上の方に少しづゝ昇つて行つた
上に昇る程速度を増し
形をふくらまして行つた
どんどんそれは膨らんで
終には空中一杯位になつた
それは月であつたかも知れない。

「窓の一つ一つに／一つづゝの顔が出てゐた」は古賀春江の絵画作品「窓」を思わせる。「港」では「水上にあ」る「大きな帆前船」が上昇し、膨張し空一杯になるが、それは「窓外の化粧」から感じられる垂直方向への動き、膨張と重なり合う。「七月」には「私は掌を見た」とある。そのことからすれば、「窓外の化粧」に画面左下に描かれているものは、もちろん「手」ではあるが、「掌」とみるべきかもしれない。「短詩六つ」には詩作品のみで発表されているが、絵画作品に繰り返しみられるモティーフは、詩作品の背後にも確実にあるように思われる。

図12　古賀春江「海」1930年、国立近代美術館蔵

「窓外の化粧」の前年一九二九年には「海」（図12）が描かれている。

右側の女性はハリウッド女優のグロリア・スワンソンの写真を下敷きにしていることなどが、すでに指摘されている。この「海」について、阿部良雄は「モダニズムとメタフィジック——古賀春江の魅力について」(『古賀春江——前衛画家の歩み』所収)において、この作品「こそは「モダニズム」を定義するものだ」と述べ、画面下部に描かれている潜水艦(と覚しきもの)について「科学技術の力に護られての安全で新鮮な世界所有(冒険)」を可能にしてくれる親しみ深い機械であり、その形態《フォルム》、特に曲線によって美的な快感をもたらすオブジェとして夢想された」と述べている。潜水艦が「親しみ深い」かどうかは措くとしても、「モダニズム」という表現で「海」をとらえることは穏当であろう。

古賀の感じた近代風景

北原白秋が芸術雑誌『近代風景』を創刊したのは、大正十五(一九二六)年で、古賀春江によって「海」が描かれるよりも、少し早いが、白秋が雑誌のタイトルとして選んだ「近代風景」はこの頃以降の白秋のキー・ワードであったと考える。「海」が描かれた昭和四(一九二九)年に北原白秋は詩集『海豹と雲』を出版する。その中に「鋼鉄風景」と題された次のような詩が収められている。

鋼鉄風景

神は在る、鉄塔の碍子に在る。
神は在る、起重機の斜線に在る。
神は在る、鉄柱の頂点に在る。
神は在る、鉄橋の弧線に在る。

神は在る、晴天と共に在る。
神は在る、鋼鉄の光に在る。

神は在る、近代の風景と在る。
神は在る、鉄板の響と在る。

神は在る、怪奇な汽罐に在る。
神は在る、モオタアと廻転する。
神は在る、装甲車《タンク》と駛《はし》る。

神は在る、砲弾と炸裂する。
神は在る、円形の利刃に在る。
截音は空をも削る。
神は在る、ダイナモの霊音に在る。
神は在る、一瞬に電光を放つ。
神は在る、鉄筋の劇場に在る。
神は在る、鉄工のメーデーに在る。
神は在る、車輪のわだちに在る。
轣音は野菜を啖《くら》ふ。
神は在る、はてしなき軌道に在る。
神は在る、雷雲に反響する。

神は在る、立体の。キュビズムに在る。
表現派は都市を彎曲する。

神は在る、颯爽と牽引する。
神は在る、鮮麗に磁気を生む。

神は在る、天体は鉄鉱である。
神は在る、炎炎と熾《おこ》つてゐる。

詩には「キュビズム」「表現派」といった語も使われており、この「鋼鉄風景」は白秋にとっての「近代風景」であったと思われる。そしてその「近代風景」は古賀春江が感じていた「近代風景」でもあったのではないか。留意しなければいけないのは、そしてよく観察しなければいけないのは、この「近代風景」がどのような「風景」に変わっていくかであるが、それは本書の扱う範囲をはるかに超える。しかし、こうしたいわば「手放しで喜んだ」「近代風景」がいったんはあった、ということを確認しておくことも重要であろう。

「素朴な月夜」

素朴な月夜

彼の話―私はどうしてさういふ妙な所へ行つたのだらうと思ふ。

水の中の底の方へだんだん落ちるやうに歩いて行くのでした。息苦しくもないのを不思議に思ひながらそれでも落ちて行くのでした。

をかしくてもうやり切れなかつた。

遠い所に白いまん丸い月が出てゐたり、何か地上にも動いてゐた。

一匹の海豚がゐたがそいつは鉄張りで出来てゐるやうだつた。口が大きく開いたと思つたら、私はその中へ辷り込むやうになつて大きく膨れた腹の中へ入つて行つた。とてもをかしかつたよ。

「海」「鳥籠」「題のない画」「漁夫」「素朴な月夜」（口絵6）の五作品は第十六回の二科展（一九二九年）に出品されているが、『古賀春江――創作のプロセス』において「この作品が最も好評を博した」（七十六頁）と述べられている。またそこには『みづゑ』第二九六号に載せられた東郷青児と荒城季夫の言説が引かれているが、短い引用であるので、やや長く両者の言説をあげておく。

古賀春江君の「素朴な月夜」を僕は愛唱するものだ。古賀君のメカニズムはどうも私に、はつきり響かない。区画的に集められた空間と空間に最も重要な必然性と融合性が缺けてゐる。結局こんな画風は感覚をそのまゝ唱ふ所に焼点が置かれるのだから、作者の生活がほとんど如実な画因となり、方法となり、強く流動しなければならない様に私は思ふ。この点で「海」又は「鳥籠」などは、古賀君自身の実生活から、どうも疎隔しすぎてゐる様な観が私には来るのである。これに反して「素朴な月夜」は何故か古賀君その者に接する嬉しさがたちまち私に響いて、限りない楽しさを感じさせられる。理窟なしで容易に感じあへる合法が、画因と画法の上に渾然たる音楽を奏してゐる。

（東郷青児「二科会の諸作」四三〇頁下段）

今年はとりわけ古賀氏がすぐれた作を見せて呉れた。「海」や「鳥籠」に描かれたやうに機械美に対する人間の感情を暗示したところは、少しく説明に過ぎて響いてくるものが尠いけれども、他の三作は此の人本来の純情を盛つたもので、微笑ましい限りである。中でも、「素朴な月夜」は童話味たつぷりな美くしい抒情詩である。海からほの〴〵とさし昇つた円い月、夜宴の卓上は新鮮な果物で飾られ、遠くの空では飛行機がトンボ返りをする。梟が訪れて来る……これはボードレールも謳はなかつた麗はしく楽しい夢の国である。古賀氏が描く時には、「漁夫」の解剖図も怪奇な感じを与へずに、血脈が暖い色の夢の糸となる。「題のない画」は野花や魚や風船や人間のよろこばしい感情で、問題のない詩をつくる。

（荒城季夫「二科に於ける近代性」四三三頁上段）

東郷青児は「限りない楽しさを感じさせせられる」と述べ、荒城季夫は「童話味たつぷりな美くしい抒情詩」「ボードレールも謳はなかつた麗はしく楽しい夢の国」と述べている。『現代日本美術全集』第六巻（一九五五年、角川書店）に、この作品についての川端康成の言説が載せられていることも『古賀春江――創作のプロセス』の引用でわかるが、これについても少し長く引いておきたい。川端康成は「末期の眼」（『文芸』一九三三年十二月号）にも似た趣旨のことを書いている。

私は古賀の晩年（と言つても、行年、数への三九歳だが）、上野公園裏と動坂といふ、住居の近さもあつて往来し、古賀の死にも遭遇した。古賀は高熱の危篤状態が二十日も続き、東郷青児、阿部金剛、髙田力蔵らの知友による輸血が五日に渡り、九月十日に死んだ。その時、二科展には一〇〇号三点、「文化は人間を妨害する」、「深海の情景」、「サアカスの景」が出品されてゐた。前年から病ひで衰へた身が、一〇〇号三点の制作は尋常でなかつた。「深海の情景」には妖気が漂つてゐる。油絵の絶筆「サアカスの景」は、ハアゲンベックの動物サアカスに想を得たといふが、画面に組み合はされた八頭の虎や、象やきりんは、一向に虎や象らしくなく、おもちやの童話のやうにおとなしいが、作者自らも「なんとなくしいんと静かでぼんやりした気分を描かうとした。」と言つてゐて、「しいんと静か」なさびしさが通つてゐる。この絵の時、古賀はもはや下塗りの体力がなく、掌で塗りたくり、署名は手がふるへて書けず、髙田力蔵に入れてもらつた。

「素朴な月夜」（五十号）は一九二九年（昭和四年）の二科出品、数へ三十五歳の作品で、シュウル・リアリズムの作風に移る直前、おそらくポウル・クレエ風の最後の大作である。クレエの影響を受けたころの絵は、童話的でもあり、牧歌的でもあり、幻想的でもあり、抒情的でもあり、古賀の本来が流露して、楽しい絵が多く、なかでも「素朴な月夜」は色彩も明鮮なのだが、私は先日床の間にこの絵をおいてながめると、奇異な形の犬やふくろよりも、むしろ三匹の蝶や黄色い子供などに気味悪く病的なものがこぼれて、蝕まれた魂がのぞいてゐるやうだ。水彩の「そこにある」（一九三三年、昭和八年）などは勿論病的である。一九二八年（昭和三年）の水彩「牛を焚く」なども異常な神経である。「牛を焚く」と同じ年の油絵「煙火」は夢幻的な諧調に、童話的なおどろきを点じて、私は毎日見ても不気味と思はないが、この絵をかけた部屋にたまたま泊まつてこはがつた女客は一人にとどまらなかつた。絵のどこかが目玉に見えて来るらしいのである。私はなにも古賀春江を妖異な画家とするわけではない。ただ、古賀が西洋の新風を追ひ、変貌を急ぎ、先発と実験だけの画家ではなかつたと言ひたいまでだ。模倣や探索ばかりではない、古賀の魂の風は初期の「埋葬」（一九二二年、大正十一年）、「肩掛の女」（一九二五年、大正十四年）、また好もしい水彩にも、すでに見られたのである。

私は古賀と少しおくれて文学的出発をしたので、古賀の新思潮巡歴に同情しやすい環境にゐた。のみならず、古賀は終生新文学に親しみ貪り、文学と呼応し交流し、共に新芸術を推進しようとした。古賀の主な絵には画想を歌つた詩が多くみられるが、それは今日も新鮮と思へる。（略）

古賀のやうな移植と変貌とは、西洋人が見た場合、その原流が思ひ浮かび、模倣を先きに感じるのは当然である。一九五四年（昭和二十九年）の正月、鎌倉の近代美術館に古賀春江遺作展を三人のアメリカ婦人が見て、その二人は古賀が外国の画論と画を追つて、天成の才と生とを徒労したと首を振つた。しかし、もう一人のエリイゼ・グリリイ夫人は日本の現代絵画の研究家であるので、異なる伝統の美術を明治以後急激に摂取しようとこころみた日本の知的探求者の一典型、時代精神に生きた人として、古賀に注目を向けた。また古賀を独創の才能のない、単なる模倣家、愚かな折衷派とはしなかつた。ことに古賀の水彩やスケッチに豊潤な天分を見た。

（十二〜十三頁）

川端康成は三匹の蝶や黄色い子供などに気味悪く病的なものを感じた。「まはりに小さく病的なものがこぼれて、蝕まれた魂がのぞいてゐるやうだ」と述べており、東郷青児や荒城季夫とは異なる印象をもっていることが窺われる。『古賀春江――創作のプロセス』には「二年後につけられた古賀自身による自作解題の詩はさらに不気味な様相を持つ内容となっている」（七十六頁）と述べられているが、それが先に引いた詩である。

「芸術作品」について

さて、古賀春江は「写実と空想（或は具象と抽象）」という文章を『ヒューザン』第十二号（一九三二年四月）に発表している。この文章は後に『写実と空想』（一九八四年、中央公論美術出版）に収められているので、引用はそれによった。

絵画に於ては如何なる対象—客観的現実的対象と主観的精神的対象—も、作品としての本質は作家の認識の象徴形態に外ならぬ。

その対象と象徴との関係は或る場合に於ては、例へば「愛」という抽象的対象の場合に於て、或る作者は平穏なる野原に乳児を抱く母親を描く場合もあれば、又或る作者は全然外界の現実に形象を借りぬ抽象的形式を採る場合もある。或はこの両者の中間に位置する形式もある。

然し如何なる現実の形態の写実と雖、純粋客観といふことは思惟の上の存在としてあるのみで絶対主観の摑んだる一つの現象である。人間の精神的活動は現実の客対を自己の中に把握するものであるとすれば、客観的対象がそのまゝ作品の具象にある事や、抽象を具象にする場合の問題は、それだけでは芸術作品としての価値は決定出来ない。

そこに作品の形式の問題があるが作品でさへあれば如何なる作品でも芸術作品とは言へない。我々の単なる感覚的表現がそのまゝ芸術とは言へない。例へば酷く擲られた場合に「痛いッ」といふ叫び声は詩ではない。また夢を見てその夢のまゝの表現も画として芸術にはならない。並木道を一人の女がこちら向きに歩いている。画題は「散歩」といふ。これは視覚を以つて経験したる風景で、成る程美しい画ではあるが色、調子、遠近、動静、量、質、それ等のものを如何に完全に表現してもそれは単なる現実的視覚的存在である。これ等の形式は現実の存在形式であつて我々の精神の希求する本質的なる芸術とは言へない。（略）

芸術の本然の姿は我々の現実の可見の世界にないものである。それは我々の当為の世界であり先験的存在である。それを現実の可見の世界に表現するに如何なる方法を採るか―その具体的技術的方法論が必要となる。前に例した如く夢が夢のまゝに表現されたもの―それは方法として無意志的であり無秩序であり無方向であり一個の自然現象としての模倣的存在である。

一個の作品は作者の認識を基礎として作られたる思惟の観念に於ける完全なる秩序ある意識的方法に俟たねばならない。

右の言説においては、どのような作品が「芸術作品」であるか、そもそも「芸術」とは何かということが述べられており、絵画作品ということについてのみ述べられているのではない。しかしそれでも、芸術作品としての絵画作品は「現実的視覚的存在」「現実の存在形式」そのままを描いているのではない、という古賀春江の認識ははっきりと表明されている。右で述べられている「精神の希求」は、「水絵の象徴性に就て」という文章中で国木田独歩の「所謂「ビツクリする」といふ意味である」という表現と通う。この「水絵の象徴性に就て」において、古賀春江は「芸術家としての目的は、ビツクリする事の多少に依つて達せられると否との差がある。ビツクリしたその次の瞬間は、既にその神秘を心感から体得した場合だ。そこに融合した場合である。そこに製作がある」（『写実と空想』十三頁）と述べている。国木田独歩「牛肉と馬鈴薯」には次のような行りがある（引用は『独歩集』第十二版、一九〇八年十一月十五日によった。振仮名を省き、漢字字体は保存していない。括弧の付し方の調整もした）。

『しかし最後に一言しますがね、僕は人間を二種に区別したい、曰く驚く人、曰く平気な人……。』

『僕は何方へ属するのだらう！』と松木は笑いながら問ふた。

『無論、平気な人に属します、こゝに居る七人は皆な平気の平三の種類に属します。イヤ世界十幾億万人の中、平気な人でないものが幾人ありましようか、詩人、哲学者、科学者、宗教家、学者でも、政治家でも、大概は皆な平気で理屈を言つたり、悟り顔をしたり、泣いたりして居るのです。僕は昨夜一の夢を見ました。死んだ夢を見ました。死んで暗い道を独りでとぼ〳〵辿つて行きながら思はず「マサカ死うとは思はなかつた！」と叫びました。全くです、全く僕は叫びました。そこで僕は思うんです、百人が百人、現在、人の葬式に列したり、親に死なれたり子に死なれたりしても、矢張り自分の死んだ後、地獄の門でマサカ自分が死うとは思はなかつたと叫むで鬼に笑はれる仲間でしよう。ハツヽヽヽハツヽヽヽ』

『人に驚かして貰へばしやつくりが止るさうだが、何も平気で居て牛肉が喰へるのに好んで喫驚したいといふのも物数奇だねハヽヽヽ』と綿貫は其太い腹をかゝへた。

『イヤ僕も喫驚したいと言ふけれど、矢張り単にさう言ふだけですよハヽヽヽ』

『唯だ言ふだけのことか、ヒヽヽヽ』

『さうか！唯だお願ひ申して見る位なんですねハツヽヽヽ』

『矢張り道楽でさアハツハツヽヽツ』と岡本は一所に笑つたが、近藤は岡本の顔に言ふ可からざる苦痛の色を見て取つた。


ここで「牛肉と馬鈴薯」は終わる。

古賀春江が国木田独歩の「牛肉と馬鈴薯」の「ビックリ」を引き合いに出したのは、やはりそこに、文学と絵画という違いはあっても、いささか大袈裟に表現すれば、共通する「苦悩」を見出したからではないだろうか。「牛肉と馬鈴薯」は明治三十四（一九〇一）年十一月に『小天地』に発表されている。古賀春江は同じ「水絵の象徴性に就て」という文章中で、「絵は或感慨を表す象徴だから説明や抒述の心を持たないものだ。説明や抒述を要するまでもなく、一挙に観者の心を捕へて終ふものだ。この力がないものは絵として完全ではない」（『写実と空想』十三頁）と述べている。この「感慨」が「ビックリ」であろうが、そうとらえた時、この「感慨」は絵画を描くという「契機」であるのか、「契機」であると同時にそれは描きたい「内容」であるのか。「内容」であったとしても、それが「説明」という形式、すなわち言語化という形式ではあらわすことができないからこそ、絵画というアウトプットが採られるというみかたがわかりやすい。そうだとすると、絵画作品の「内容」はついに説明できないことになる。同じ文章は「水彩は長編小説ではなくて詩歌だ。その心算《つもり》で見て欲しい。水彩はその稟性により、自由にして柔らかに而して淋しいセンチメンタルな情調の象徴詩だ。そのつもりで見て欲しい」と結ばれる。

古賀春江は昭和八（一九三三）年に三十八歳で他界するが、その四年前の昭和四年十二月に発行された『文藝春秋』に「とりとめもなく〈送年随筆〉」というタイトルで文章を載せている。やはり『写実と空想』によって引用する。

然し都会の雑閙と喧囂とは現在の私を一瞬間落ちつかせる時がある。私は其時その環境の中に入り込む事が出来る。街の舗道を歩きながらその中に溶け込む事が出来る。そんな時私は実に美しい光景を見る。小鳥を持つた肉の丸い白い腕、路上に樹てられた旗、素敵に早く駆る赤い空の自動車、青空に雨のやうに降る花片。真直ぐに昇つてゆく鋭い一本の針、私がそれを捕へやうとしてゐる――が、やがて私がその中の私を感ずる時が来る。それは早く来たり遅れたりするけれど私はもも早や面白くも美しくもない。唯莫々として靄のやうな頭で「生きてゐる自分」を意識する。

生きてゐる—生きてゐるといふ事はどんなことだらうか—それを考へる。

親とか兄弟とか愛人とかそれ等の他人に対してゐる時私は不思議に思ふ。君が僕でなく僕が君でないといふことはどういふことであらうか。私は手を伸して相手の頭を触つて見たい。変な顔をして笑つてゐる此人は私ではないだらうか。

人はまた同じやうな時間に同じやうな各自の家に帰つて行く。不思議に間違ひなく毎日〳〵を同じ方向を取り同じ道を行き同じ門口を入りさうして同じ家族の居る家に帰つて行く。さうして当然のやうな顔をして食事をしたり談笑したりしてゐる。不気味な光景である。そんな時はみんな恐ろしい妖気を持つた者に見える。或は妖気に憑かれた亡者のやうに見える。人との何でもない日常の対話の中に私は屢々それを感ずる。そんな場合は出来るだけそれを圧える習慣をつけてゐる。

私は何時も堪えられなくなると何処かへ行きたいと思ふ—どこかまるで違つた世界へ。然し現実の世界では何処へ行つて見ても同じやうなものである。私が拙い画を描くのは少年時代に押入の中に入つた気持と同じである。こゝだけは自由でせめて自分の思ひ通りに寝てゐたいのである。賞められても悪く言はれても仕方がないと諦めてゐる。

だから私のする事は全然無意味で恐らく現実の生きた社会に何の役にも立たないかも知れない。しかし私は私の住みよい世界を造るためには私としての勉強も努力もある。私は現実的な一切の欲望や感情や理性やを切断してその世界で無表情になりたいと思ふ。真空の世界を造りたいと思ふ。さうして人間的な一切を切り捨てたいと思ふ。さうしてさういふ方向に就いて私はもつと直接に純粋になりたいと思ふ。

「美しい光景」が雨上がりの空に懸かった虹でもなければ、河岸を走り回る鶺鴒でもないところが古賀春江らしいのかもしれない。そういう意味合いでいえば、「路上に樹てられた旗」は古賀春江らしいが、もうその次には「素敵に早く駆る赤い空の自動車」、「真直ぐに昇つてゆく鋭い一本の針」を古賀の視線はとらえている。古賀の「美しい光景」は「現実的視覚的存在」ではなかった。そうして、そこに「私」を感じる時、面白さも美しさも消えてしまう。古賀にとっては、日常生活で目にする「現実的視覚的存在」こそが「不気味な光景」であったのだろうか。そして自由で「自分の思ひ通りに寝てゐ」るような、「少年時代の押入の中」のような「世界」に行き、それを描いていたということなのだろうか。その「世界」は一見すれば「楽しい夢の国」にみえるかもしれないが、川端康成が感じたような、「蝕まれた魂」の住む苦しい「世界」であったか。

註

（1）「「草画」には、「素材・題材」を超えた作品名が付けられている場合が少なくない」と述べたが、それは「草画」であるから、ということではないと考える。夢二が明治四十一（一九〇八）年に、こわれた水車小屋を描いた水彩画作品があるが、これには「BROKEN MILL AND BROKEN HEART」というタイトルが附けられている。このタイトルは夢二自身が絵に直接かきこんでいる。ちなみにいえば、夢二はこの作品を以て、岡田三郎助を訪ね、助言を求めたことが知られている。

（2）筆者は、二〇一六年八月三十一日にこの夢二郷土美術館を訪れ、油絵作品の何点かを実見することができた。

（3）八十三ページにあたるはずの、絵が印刷されているページにはページ数が印刷されていないが、その裏側のページ（八十四ページ）は白紙で、八十五ページに詩はつながっていく。「天狗《てんぐ》の面《めん》のおそろしさ」以下「顔《かほ》もえあげずなきゐたり。」までが八十五ページに印刷されており、「天狗《てんぐ》の面《めん》のおそろしさ」の前に空白があるかどうかが判然としないので、ひとまず、冒頭一行が独立していて、「青《あを》き頭巾《づきん》をかぶりたる」か詩の終わりまではひとまとまりの連を構成しているとみなした。この作品のみではなく、『どんたく』全体のことであるが、句点は使用されているが、読点は使用されていない。

（4）二〇一六年八月四日に、石橋財団石橋美術館で開催されていた「石橋美術館物語 1956久留米からはじまる。」において、松田諦晶の作品、「コンポジション」を実見することができた。同展の図録には「松田諦晶は、古賀春江に絵の手ほどきをし、また来目会（当初は来目洋画会）の中心メンバーとして多くの洋画家を育てた重要な人物。一九二二年、古賀春江と共に筑前鐘崎に旅行したときの制作、同年の第七回来目会展に「海女の群」というタイトルで出品された。同展では裸体画のため、会場から撤去されたという記録が残る。のちに画家自身が「コンポジション」というタイトルに改めた」（一二五頁）と記されている。この時に、古賀春江の「柳川風景」「自画像」「二階より」「海水浴の女」「美しき博覧会」「円筒形の画像」「窓外風景」「鳥籠」「単純な哀話」「厳しき伝統」「《散歩》のためのスケッチ」「散歩」を実見することができた。

（5）**【竹久夢二と古賀春江】**その時のことが大正八年六月十八日付の松田実宛の手紙に次のように記されている。

ア、夢二の絵は気持ちがよかつた　掛軸や二枚折屏風や聯やその他額や二枚折の極小さいのや形は様々で中には細絵も二十点ばかり　ペンのスケツチが十点ばかりみんなよかつた　小さな恐らく子供の枕屏風だと思はれるもの、半面に枕に眠る子供をかいて他の半面に「寝たか　寝なんだか枕にとへば枕ものゆた　寝たとゆた」なんてある　矢張り同じ様な絵に「うちのこの子はいつ出来た　三月さくらの咲く頃に　道理でお顔がさくら色」などゝある　一寸甘くてもいゝ気持ちになる近頃の展覧会にざらにある「意味ある絵」よりもずつと気持ちがよい　近頃の展覧会の油絵はみんな観者にけんかを吹つかけてゐる様でいやになる　こつちだつて頬べたの一つ位張り飛ばしてやりたくなる　夢二のはニコ〱して見られる　肩がこわらない　夢二はえらい　美しい女が沢山見てゐる　中にはその見てゐる絵とそつくりなのがゐる　どつちがモデルなのか分らない　恐らく夢二は生きた女を　生きた女は夢二の絵を両方がお互にモデルにしたのだらう。

古賀春江が夢二をどうとらえていたかが窺われる。古川智次は「古賀春江――その多彩な表現」（『古賀春江――前衛画家の歩み』一九八六年、石橋美術館、ブリヂストン美術館）において、次のように述べている。

新出の古賀資料からも、夢二は画家・古賀春江の出発には忘れられない重要人物であったことが確認される。大正二年ごろのスケッチブックには、夢二風の人物スケッチが散見できるし、また「町をいで広野をよぎり山を越す路のゆくえのさみしくもあるかな」の書き出しで始まる、『夢二画集　旅の巻』（明治四十三年刊）の文章と挿絵を、古賀が墨筆で模写したと思われる一冊のノート（fig.10）も残っている。しかも同じ資料中の大正二年のスケッチブックに、「TABINOMAKI浅黄色の霞の底に眠りたる都よさらば　いざや別れん」で始まる房州行の詩風のメモがみられるので、この年十一月の古賀の房州布良への一人旅は、どうやら夢二画集に触発されたものと推察されるのである。郷里の先輩画家・青木繁と坂本繁二郎が青春を謳歌した布良、青木の代表作《海の幸》を生んだこの地を訪ねた古賀の心情は十分に想像できるが、その行動が夢二画集に発するとすれば、夢二の影響はやはり十分に考えておかねばならないだろう。詩人としての資質という点で夢二に共通するところがある古賀が、「私は文字の代わりに絵の形式で詩を画く」といった夢二に共感を抱いたのは自然であったろう。大正後期の前衛画家の一人であった渋谷修は、「日本の精神的美術―即ち前衛派の絵画は夢二の絵画を出発点として発生した」といったが、古賀の場合も、「デタラメの画」「ウソの画」「絵は遊戯だ」といった言葉の背後に、夢二画の自由な表現への憧れがあったのではないかと思われるのである。（十七頁）

大正十年一月十一日付の松田実あての手紙の末尾ちかくに「絵は善い　凡ての絵は善い　この近頃の心をカンバスの上に遊ばして見たい　絵は遊戯です　その故にこそ最も尊い　絵は遊戯だ　人間をなりつける所の」とあるが、「絵は遊戯だ」という表現はこの文脈で理解すべきであろう。また大正十年二月三日付の、やはり松田実あての手紙において「然し今は私は外に出たいとも思はない　風邪を引いた日　三井町へ行つた日だが風景はちつとも善くはない　家の中で空想してゐた方がはるかに奇麗だそして写生をしてゐると益々いけなくなる。からだも堪えられない　家の中に居て私は画を拵らへた方がいゝ様に思ふ　ウソの画が私は描きたい　出鱈目の画が　先人の摸倣でも何でもよいから、遊び半分の画がかきたい」と書いている。この言説も、こうした文脈において理解する必要がある。渋谷修の言説は『本の手帖』Ⅱ・1「特集竹久夢二」（一九六二年一月一日、昭森社）に「竹久夢二と私」というタイトルで載せられた文章中にある。『本の手帖』は竹久夢二の特集を三回（Ⅱ・6、一九六二年七月一日とⅦ・2、一九六七年四月一日）行なっているが、後に『竹久夢二』（一九七五年、昭森社）としてまとめられている。そこには次のように記され、夢二と、第四章で採りあげる恩地孝四郎とのかかわりについて述べられている（引用は『竹久夢二』による）。

日本の精神的美術—即ち前衛派の絵画は夢二の絵画を出発点として発生した、と私は自著「日本前衛派美術前史」に書いたが、それは今でも疑っていない、というのはその派の仕事と運動をした私自身がそうであるし、日本に一番最初にこの派の作品を発表した、恩地孝四郎も、夢二を師として（師弟関係は私同様一面友人としてではあったが）画家になったのである。油彩で初めて日本に未来派表現派傾向の作品を二科展に発表した東郷青児も、私より一年前の大正四年、夢二の画と人気に憧れて、自称ではあるが、弟子入りしていた事が偶然とはいえないのである。恩地は明治四十二年に独逸協会中学を卒業した。父は式部官という古い家柄で、家庭の事情からどこかの上級学校へ入学しなければならなかったのであるが、画かきになろうとは思っていなかった。それが、その年初めて出版された夢二の画集『春の巻』を見てからその画に魅せられ夢二の住所を探すと、自宅の元園町近くだったので、訪問してから一層夢二が好きになり、他の上級学校へ行くのをあきらめて、上野の美術学校（芸大）の予科の試験を受けて入学し、学校よりも夢二のアトリエへ入りびたっているうちに落第し、大正三年になって漸く画かきの仲間入りは出来たが、仕事の上に於ては夢二の精神的な方面を追っていたわけである。だから外見的には夢二のマネはしなかったが、その内容は常に夢二を追っていたわけである。だから彼が大正三年九月、詩と版画の雑誌「月映」（つくはえ）を出してその中に日本に初めての抽象派の作品を—版画ではあるが—発表する事が出来たのである。この「月映」の出版記念会は当時初めて開店した夢二の「港屋」の二階で行われたという事も偶然ではない筈である。

（六十二〜六十三頁）

『古賀春江——前衛画家の歩み』には古賀春江が一九一五〜一九一六年にかけて、岡吉枝あてに書いた絵はがきの図版（一三二、一三三、一三四、一三五、一三六、一三七）が載せられているが、いずれにも夢二風の女性が描かれている。竹久夢二と恩地孝四郎とのかかわりについては、版画家の小野忠重（一九〇九〜一九九〇）が「夢二と恩地孝四郎——本の美術家の系譜」（『本の手帖』Ⅶ・2所収、引用は『竹久夢二』による）において、次のように述べている。

大正二年、竹久夢二絵入小曲集『どんたく』（実業之日本社）が著者自装の慣例をやぶって、恩地の装幀で生れ、小鳥を主題に細線の文字をあしらった夢二調のなかにも、のちの恩地の好みをちらりみせる。いかに夢二に愛された恩地だろうか。献辞はまさにこれに根ざすのである。恩地を感激させた『夢二画集・春の巻』（一九〇九年十二月刊）が夢二最初の本であるのはいうまでもないが、それは平民新聞系出版物の印刷人だった河本亀之助の洛陽堂から出ている。大正三年（一九一四）頃まで夢二の主著がここから出るだけでなく、武者小路実篤、志賀直哉らの「白樺」誌の発行所でもあり、この三年に美校を中退する恩地が同窓の藤森静雄や田中恭吉と連刊版画集「月映」を出すのもここであった。そして、恩地の長い装本の生涯最初の主な作品もまたここの出版である。夢二の愛情の推挙にほかならない「（二九一頁）、「夢二にだいじな装本の生命をからだで教えられた恩地孝四郎は、カンジンスキーを中心とするドイツ表現派、ビアズレイからラファエロ前派のモリス装本の歩み、少年時の独逸協会中学の語学学習をかみしめながらドイツ造本のきまじめさからダダまたバウハウス運動のメカニズムをつかむ。その多方面な装本の探究は、夢二教訓をくりかえしながら、自前でおしとおした夢二装本とちがう場で近代の本の美術史に魅力ある歩みをのこす。

（二九四頁）

夢二から恩地へ、本の美術史の系譜は現に生きている。

（二九五頁）

小野忠重は近代の装幀についても次のように述べている。

近代の装本は、いわゆるボール表紙洋装本にはじまるとみてよいであろう。いうまでもなく、初期飜訳文学・政治小説の筆者が目にしていた十九世紀西欧本の石版画表紙が、出版者に提言された、それだ。そのばあいに例外なく迎えていたさしえが失われるところに自然主義文学精神がちらり顔を出し、島崎藤村が『破戒』を先頭に送り出す緑蔭叢書（明治三九年初刊）の簡素な四六判紙装が、なかみをしっくりと伝えてくれる。ロンドンからかえる夏目漱石がこの反語を提出し、中村不折や橋口五葉を大いに起用して、『吾輩ハ猫デアル』にはじまる美本をのこすのはだれも知るし、ここに恩地が「装本」の語を新造し、ふつうは「装幀」で親しまれる、その本の美術のいとなみは漱石本にはじまるとさえ、いわれている。明治二〇年代いらいの工場印刷の技術革命がようやくいたにつく頃だから、中西屋本とか金尾文渕堂本とかで知られる美本も続出する。が、すばらしい造本熱意をかたむける漱石先生も、自作の文学のキメのこまかさを加えるにしたがって、五葉装の冗舌がじゃまになるのである。けっきょくは、なかみのための装幀にきまっている。（二九二〜二九三頁）

（6）古賀春江は「現代絵画の動向に就いて」（『クロッキー』第六号、一九三〇年九月）という文章中で、「レジエーは「機械の美学」で産業と芸術との連関を論じて美しいといふものは凡て人間の日常生活及び科学的現実的芸術と一致しなければならないといふ理論のもとに芸術の功利的原則に依りその社会的役割を強調し従来の単なる装飾的絵画や彫塑を拒否しました。レジエーは映画の方面へ行つたそうですが機械の形態美よりその本質へと進んで行けばそれは当然な道だと言はねばなりません」（引用は『写実と空想』三十三〜三十四頁による）と述べている。

（7）シュルレアリスムを定義した上で、古賀春江の絵画作品をシュルレアリスムと呼ぶことができるかどうかという検証は、本書の範囲を超えることなので措く。阿部良雄は「未発表の古賀春江・青春のスケッチブック」（『芸術新潮』一九七七年六月。『ひとでなしの詩学』一九八二年、小沢書店に「人間主義は文化を妨害する」という題名で再収）において、「古賀のいわゆる「シュールレアリスム的傾向」と言われるものは、一九二九年の傑作《海》や、《鳥籠》に発するが、これはフォルマリスト的ないし主知主義的傾向と呼んだ方が正しいであろう」（引用は『ひとでなしの詩学』二〇八頁による）と述べている。

（8）［阿部金剛］阿部金剛（一九〇〇～一九六八）について紙幅の都合もあり十分に述べることができないが、『古賀春江画集』を出版した第一書房から同様の装幀の『阿部金剛画集』が出版されている。『古賀春江画集』同様、この『阿部金剛画集』にも出版年月日が記されていない。この画集も『古賀春江画集』と同じように、阿部金剛自身による「解題」が附録されている。興味深い言説が少なくないので、ここで紹介しておきたい。まず、画集に載せられている「6　Amazonne No1.」「7　ヴィナスの誕生」「8　叡智と肉体」「9　科学の風貌」「10　胡桃割り」「11　静物」「12　標的」「13　コルシカ島を見ない訳―或は病める新聞紙―」の八作品について、阿部金剛は次のように記している。

6より13に至る八葉を私は仮にジャンル・ブラン（白類）と名附けた。生地を漆喰の様に白く堅めて居るからである。これは、後に出て来るジャンル・ブルウ（青類）に対立すべき簡単なる分類上の標準に過ぎないので内容的意義を持つてはゐない。

このジャンル・ブランに属するものは、一九二九年一月先輩東郷青児と共に新宿紀伊國屋で展覧会をした時に発表したものである。

当時私はこの種の作品に就いて屢々説明を求められた。そして誠に意外に感じたことはその多くが美術家或は美術批評家として一家を成して居る人々からであつたことである。

由来絵画に限らず一般、芸術作品の鑑賞に際して作者の説明を求めなければ理解し得ないと言ふことは、直ちに批評家或ひは鑑賞家の感受性と理論の欠乏を意味するものだと思ふ。何故ならば、一つの作品に接して作家の意図を理解し得ない者が作者の説明を聞いたからとて理解し得やう筈がないからである。作品への理解は観者の教養と感受性との程度に依つて其の深さを決定する。

そこで私はこれ等の絵画に就いて一々説明する事を避けよう。避けるのではない不可能なのである。画家が自分の作品を言語に依つて説明しなければならないと言ふことは、美術批評家、美術史家、或は理論家に対して限りなき冒瀆であらねばならないからである。

また「16　記号と象徴」という作品については次のように記している。

芸術上二つの顕著なる概念が対立してゐる。象徴的基準と客観的基準がそれである。象徴は「しるし」を用ひて心に触れ、客観は知覚を以て心に触れる。象徴は最もよき捷径の如く見えるけれども、それは確実性が少くない。それは鍵（記号）の予備知識を必要とする上に、特に絵画に於ては鑑識する者の想像力に頼らねばならない。

珈琲の出し殻の中に、蠟燭の汚点に、雲に、在りとあらゆる確定的形態を有しない形象の中に、一つの影像を究めんとする時、人は思ふままのものを想起することが出来る。明らかに其処には各人固有の想像上の創造があるのみである。観察者の各々が同一の外状に対して相異る影像を有する所以なのである。

右の「確実性が少くない」は文意から判断すれば「確実性が少ない」とあるべきではないか。そうだとすれば、筆者の表現では「観者に共有されない」ということであろう。そして、観者が蓄積している「イメージ」に照らしながら絵画作品をみるしかなく、観者の蓄積している「イメージ」は観者それぞれの「経験」によって異なるから、「同一の外状」すなわち同一の絵画作品をみても、そこからうけとるものは異なる＝「相異る影像を有する」ことになる。

「19　暗に聞く」という作品についての言説も興味深い。

超現実派の人々は人間を屢々彼等自身の人間に作り上げる。不可思議な匍匐動物や寄生虫。モナコ公園の浅瀬の魚。魔の島。文芸復興期やデカルト時代の古き簡単な解剖図。珍しき花卉。等々がわれわれの論理過程に現はれたるものよりは更に非宇宙的な世界を作り上げるものである。

日本の古歌に

―暗ノ夜ニ鳴カヌ烏ノ声聞ケバ生レヌ先ノ親ゾ恋シキ。と云ふのがある。この歌のミステリアスな非論理的実在感は超現実派精神に他ならない。

（9）レッシングは『ラオコオン』の第四章において「詩人は、その叙述を唯一の瞬間に集中する必要もない。詩人は、その事件の一つ一つを、思うままにその事の起こりから書きはじめて、考えられるあらゆる変化を通して終局に導いてゆく。こうした変化の一つ一つは、造形芸術家にとっては、それだけでまとまった一つの作品になるほどのものであるが、詩人にとってはただのひと筆にすぎない。そしてこのひと筆は、それだけを切りはなして考えると読者の想像力を妨げるかもしれないけれども、それは、先行部分によって準備されたり、後続部分によって緩和または調整されて、その個々の印象を失うとともに、全体との結びつきにおいて世にもすばらしい効果を発揮するのである」（『ラオコオン』岩波文庫、五十一頁）と述べている。

（10）『古賀春江画集』には刊行年月日が記されていないものが少なくない。このことについて野田宇太郎は、古賀春江詩画集『牛を焚く』附録「解説」中で、「わたくしが集めてみた『古賀春江画集』の三冊共に日附がないので今となっては何年の刊行かはっきりとは云えない。しかし自作解題につけられた年号では一九三一年（昭和六年）が二つあって最も新らしいし、それをはじめて買ったわたくしの記憶では昭和七年という気がする」（一四五頁）と述べている。筆者所持の一冊にも発行年月日が記されていない。しかし、二〇一六年七月二十六日の時点で、インターネットのサイト「日本の古本屋」にアクセスして『古賀春江画集』を検索すると、昭和六（一九三一）年の奥付があることが明記された本がヒットするので、奥付を備えている本もあると思われる。

第四章　恩地孝四郎

——ブックデザイナーとしての生き方

恩地孝四郎の生い立ち

『恩地孝四郎展』（二〇一六年、東京国立近代美術館、和歌山県立近代美術館）に附載されている三木哲夫編「恩地孝四郎年譜」（以下「年譜」と略称する）は未刊行文献である恩地孝四郎の「愚人日記」「作品ノート」（ともに個人蔵）や田中恭吉の「日記」（和歌山県立近代美術館蔵）をも参照しながら編まれている詳細な年譜であるので、これを参照しながら、恩地孝四郎の生いたちを概観しておきたい。

恩地孝四郎は明治二十四（一八九一）年に六人兄弟の第五子四男として、東京府南豊島郡淀橋町元柏木村四〇四番地に生まれている。父、轍は一八八七年には司法部検事を務め、熊本地方裁判所検事を務めている頃に、北白川宮能久親王の知遇を得、一八九五年には北白川宮の台湾出征に随従する。北白川宮が台湾で逝去した後は宮内省式部官となり、一八九六年には明治天皇から後の朝香宮鳩彦王《あさかのみややすひこおう》（一八八七～一九八一、久邇宮朝彦親王の第八王子）、東久邇宮稔彦王《ひがしくにのみやなるひこおう》（一八八七～一九九〇）の教育を託されて、自宅に五年間預かるということもあった。さらに儒学者谷口藍田を自宅に招き、恩地塾を開く。この塾には山内英夫（後の里見弴）も通ったという。一九〇四年、十三歳の時に、医者になるために、独逸学協会学校中学の分校（神田区西小川町）に入学する。しかし、一九〇九年に第一高等学校受験に失敗する。この年の十二月十五日に洛陽堂から竹久夢二の最初の著作である『夢二画集　春の巻』が出版される。その読後感を自宅（麴町区山元町二丁目十三番地）に近い夢二の下宿先（麴町区四番町一番地　倉島ふじ方）に置いてくる。この読後感は、『夢二画集　夏の巻』（一九一〇年、洛陽堂）に掲載されている。このことをきっかけに夢二との交友が始まる。一九一〇年四月には東京美術学校予備科西洋画科に入学するが、結局本科には進めなかった。

「年譜」は一九一〇年九月一日発行の『創作』第一巻第七号の「創作詠草」に恩地孝四郎の「夢にみることゝ現にあることを相交りて分ち得ずなりぬ」など短歌五首が掲載され、十月一日発行の第一巻第八号に、北原白秋選の「街の朝角をまがればガスくさし何とも知れぬをそろしさあり」と前田夕暮選の「少女らも浜もみ空も大海もたゞひと色にあきの風ふく」の二首が掲載されたこと、一九一一年四月一日発行の第二巻第四号に短歌六首と「小さきいたみ」という題の詩が、同年十月一日発行の第二巻第十号に「断章」「秋のまひる」の詩作品二編が掲載されたことを記している。これによれば、この時点で恩地孝四郎は短歌、詩といった作品もつくっていたことがわかる。

この一九一〇年の秋頃に、白馬会原町洋画研究所に通うようになるが、そこには田中恭吉や藤森静雄、久本信男、大槻憲二らもいた。一九一一年六月には竹久夢二らと『都会スケッチ』（洛陽堂）を刊行する。タイトルページには右から宮武辰夫、田中順之輔、久本ＤＯＮ（信男）、恩地孝四郎、竹久夢二の名前が印刷されている。恩地孝四郎の作品としては「活動写真と唖の少年」「與兵衛の夢（自由劇場にて）」「緑の静寂」「赫暗い室―オペラ館下で」「まひるのさみしさ」「祭のあさ」「三月とうす紅色の鳥」「招魂社にて　お神楽の日」「祭の朝」「乳のにほひ」「深緑の憂愁」「帝国館にて」「春の日の冷い風」など十六図が載せられている。そして本の冒頭には序にあたるような恩地孝四郎の詩が載せられている。


どこまでも、どこまでもつゞいた街の白さ。

路のはてのさみしさ。

どこまでも、どこまでも、あはれな彷徨者はひかれてゆく。

わかき日のやるせなさに病犬が尾をたれてついてくる。

われらの泣きすゝる感覚のふるへは、うす曇りの古硝子屋の混雑した色ギヤマンの壜の痛い刺激に、赤い夕日にてりかへる土蔵の老いたシミに、あせた物干のフランネルに、はた雨の日の掘割のたゆき流れに。

われらのいらだてる神経のいたみは、暗きより放たれためまぐるしい街路の静寂に、午後の公園の吐息せる芝生の赤に、ふと落ちかかつたポプラの葉うらの戦慄に、更けてゆく夜の灯の沈んでゆく瞼に、はた、千切れさらむとする黄ばむだ皮膚に。

ああ、すべてのなやましさから免れやうと、わかき日のよろこびを、はなやかさを、知らない知らない空のあなたへ忘れて来て了つて、しかも、—どこへゆく—


をとなしい日本のむすめのつくるしなのたよりなさに心ひかるゝ如く、煙草屋の長提灯の丹色に、ちりめんの女のやさしさに、黒い髪のむせかへる日本の香油に。

稚い日のなつかしい思ひ出のうすあかるい小椽の障子にうつる日の温かさに。

すべて経て来りしわが墓場の匂に、白湯のやうな泪を落して、知らない空へひたすらにゆく。

路のはてのさみしさよ。

どこまでも、どこまでも。

路のはての空のうすあかるみ。

比喩的な表現を許していただくとすれば、ここには北原白秋がいて、萩原朔太郎がいる、とみえる一方で、やはり竹久夢二が「濃厚」にいる、と思わざるを得ない。例えば、「うす曇りの古硝子屋の混雑した色ギヤマンの壜の痛い刺激」や「午後の公園の吐息せる芝生の赤」、「掘割のたゆき流れ」は白秋を思わせ、「尾をたれてついてくる」「病犬」や「泣きすゝる感覚のふるへ」、「いらだてる神経のいたみ」は朔太郎を思わせる。その一方で、「をとなしい日本のむすめのつくるしなのたよりなさ」、「煙草屋の長提灯の丹色」、「ちりめんの女のやさしさ」、「黒い髪のむせかへる日本の香油」、「稚い日のなつかしい思ひ出のうすあかるい小椽の障子」は竹久夢二の「世界」を思わせるし、「路のはてのさみしさ」はことのほかその感を強くさせる。

この七月には「年譜」が「現在確認できる恩地の手掛けた最初の装幀本」である、西川光二郎『悪人研究』（洛陽堂）を装幀する。図1は清泉女子大学図書館蔵の第二版。この装幀について恩地孝四郎は『本の美術』（一九五二年、誠文堂新光社。引用は、一九七三年、出版ニュース社刊の復刻版による）において、「ただ一言かいておきたいのは、小生の最初の装本である西川光二郎の「悪人研究」を実は忘れてゐた程のものだが、尋ねられて思ひ出して答へておいたところ、それを入手し

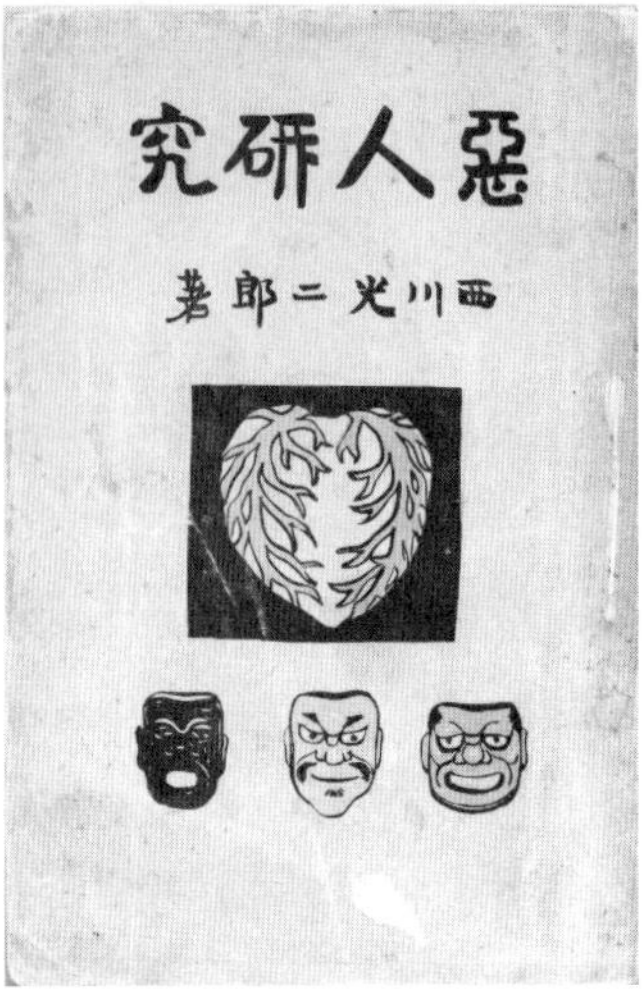

図1　『悪人研究』表紙、1911年、洛陽堂、清泉女子大学図書館蔵

て投与されたので自分の所にもなくなつてゐたものに久しぶりで対面した。古書通信の八木隆一郎氏の好意であつた。竹久夢二に奨められて、夢二本の出版所であつた洛陽堂が試みてくれたもので、明治四十四年刊である。僕の生れ月の七月であつたのも奇偶で、二十歳の勘定になる。字は下手な筆字で、中央に黒角のなかに青赤二色の脈絡をかいた心臓を描きこみ、下に能面の悪尉や武悪やなど三つ並べた稚拙なもの、明治末情緒は成程出てゐる。爾来本好きから続いた装本は業となり、おかげで三十年生計をどうやら立て、おかげで画の方は売らずに勝手な画がかける幸を得た次第である。但し良装は得がたく、悪業を重ね慚愧にたえない」（五十九〜六十頁）と述べている。

十月には竹久夢二の主宰雑誌『桜さく國　白風の巻』（洛陽堂）に詩や図版を発表。「年譜」は一九一二年三月頃までに「田中恭吉との交友が始まる」と記している。この年の十二月に、京都府立図書館で「第一回夢二作品展覧会」が行なわれ、田中恭吉とともにその応援に行く。大正二（一九一三）年十月には田中恭吉が編集を手伝っていた『少女界』の第十二巻第十号に文章と挿絵とを発表する。十一月には竹久夢二の『どんたく』（実業之日本社）の装幀（第三章図5）を担当する。十二月には大槻憲二、田中恭吉、田中二郎、藤森静雄らの回覧雑誌『密室』に参加する（以下の『密室』にかかわる記述の多くを「近代日本文学・美術研究資料回覧雑誌『密室』翻刻Ⅰ・Ⅱ・Ⅲ、解説」に依拠している）。『密室』第一号は一九一三年五月九日に発行され、以下同年同月十八日に第二号、同年六月十四日に第三号、同年十一月十一日に第五号、同年十二月二日に第六号、一九一四年一月十四日に第七号、同年二月上旬に第八号が発行され、同年三月十日発行の第十号をもって終刊する。第四号は現時点では所在不明。三木哲夫は『密室』にかかわっていた人々について次のように述べている。

> 『密室』に参加した同人は、故人であった香山を除き十二名。色分けをすれば、明治四十四年に創刊した『ホクト』同人の田中、藤森、大槻、田中二郎、久本の五名に、白馬会原町洋画研究所時代からの仲間の土岡、池内、三並の三名と河井、池上、恩地、清宮の四名が結び付いたもので、基本的には明治四十三年に白馬会原町洋画研究所で学んだ仲間たちの同窓会的結合の中から生まれた回覧雑誌であったと言えよう。
>
> （「『ホクト』・『密室』・『月映』の周辺」『竹久夢二とその周辺』一九八八年、和歌山県立近代美術館、宮城県美術館編、一三〇頁）

香山は香山小鳥（一八九二～一九一三）、土岡は土岡泉（一八九一～一九五八）、池内は池内三郎（生没年未詳）、三並は三並花弟《みなみかてい》（生没年未詳）、河井は河井清一（一八九一～一九七九）、池上は池上澪標《みおつくし》

（生没年、本名未詳）、清宮は清宮青鳥《せいみやあおとり》（清宮彬《ひとし》のことかと推測されている）のこと。各人については木股知史「回覧雑誌『密室』解説」に詳しく述べられている。

恩地孝四郎は十二月二日に発行された『密室』第六号に「LA DANCE」「DÔKÉMONO」「LA POT NOIR」というタイトルの絵画三作品と「かぎりなき　かんしやのこころ」というタイトルの詩作品、「自己について」というタイトルの文章を載せている。第七号、終刊となった第九号には作品が載せられておらず、第八号にタイトルのない絵画作品一点と、「そのこゝろ」というタイトルの詩作品、「感想」という（詩のようにもみえる）文章を載せている。「感想」には次のような行りがある。「感覚」と「知識」とを通して、「対象と心とが接する」というとらえかたをしていることがわかる。

> 文字は、正真の文字は、その瞬時にして消えねばならない。
> そのときにのみ唯一でなくてはならない。一個の文字、一個の成語
> それは、そのもの自体何らの意味もない。たゞ網膜神経が感ずる黒
> 條にすぎない。
> 各人は各人の文字を、而して各時の文字を持つ。
> ×
> 少くも、われわれは生体である。

眼と、耳と、鼻と、皮膚とを持つ、生体である。
吾人の感覚を通じて、されば知識を通じて、その対象と心とが接する。
その作品は、生命のメモランダムにすぎない。
第六感、それを霊の作動と云ひかへるのはいゝ。
併しわれわれは、感覚を持つ、生体である、
自らの死後は知るべくもない。
芸術は徹頭徹尾感覚のうちに延びる。

大正三（一九一四）年の三月下旬から七月にかけて、詩と木版画の同人誌『月映』Ⅰ～Ⅵ（自摺、私輯）六冊を制作する。この年の夏頃に藤森静雄と二人で北原白秋を訪ねたと推測されている。九月には機械刷、公刊の『月映』Ⅰが洛陽堂から刊行され、十一月にはⅡ、十二月にはⅢ、翌大正四年一月にはⅣ、三月にはⅤ、五月にはⅥが刊行される。この年の十月に田中恭吉が死去し、十一月に『月映』Ⅶを告別号として刊行し、これをもって『月映』は廃刊となる。

北原白秋は『地上巡礼』第一巻第二号（一九一四年十月一日、巡礼詩社）の「寄贈雑誌」欄で、『月映』の創刊号を採りあげ、「ここにもなつかしい人たちの集りがある。高貴な心を念々とする私はかういふ難有い心を持つた人たちを見ると涙がこぼれるほど感じ入る。私の友だちだ、この

人たちは、この雑誌は田中未知、藤森静、恩地孝三氏の自刻木版とその詩歌を輯めたものである。装幀も極めて渋い。心持のいいものである。木版のなかでは恩地氏の抒情Ⅲの眼玉にハツと驚いた。その他夏日小景の印象の鋭さが私の胸をうつた。他の二氏のも面白い、田中氏の歌には中々いいのがある。物静かなそれでゐて感覚的である」（引用は『白秋全集37』一九八八年、岩波書店による）と述べて、田中恭吉の短歌三首を引いている。

なまぐさくひとも笑へはかはゆかり竹のはなさくおそはるのよる
もものみのかゆきうぶげをかきむしりをとこひとりはわらひけらずや
掌のうちにたまむしのありいつしんにのがれむとしてひかるたまむし

恩地孝四郎と萩原朔太郎

恩地孝四郎は大正五（一九一六）年六月、室生犀星、萩原朔太郎らと詩誌『感情』を創刊し、装幀を担当する他、版画や詩を発表する。『感情』は一九一九年十一月に三十二冊を刊行して終刊する。

萩原朔太郎は「『感情』を出した頃」（『現代詩講座』第四巻、一九二九年。引用は『萩原朔太郎全集』第八巻、一九七六年、筑摩書房による）において次のように述べている。

僕等が詩壇に出た当時は、自然主義によつて文壇の風潮が支配されてゐた。ところでこの自然主義の文学論は、そのレアリズムと写実主義の立場からして、極度に詩を排斥し、且つ文学に於ける詩的精神そのものを賤辱した。おそらく日本の文壇で、詩がこれほどにひどく虐遇され、不遇に軽蔑された時代は無かつたらう。そして僕等は、丁度その「最悪の時」に出たのである。

僕等の出る少し前には、しかし文壇の風潮がちがつて居た。その頃には、丁度自然主義の新運動が、その若若しい機運によつて、始めて勃興した時代であった。その「新しき運動」としての自然主義は、すべてに於て後期の自然主義とちがつてゐた。むしろ初期の自然主義は、情熱と改革の精神に充ちたところの、高い詩的精神を高調したものであつた。したがつて当時の詩壇は、明治の新体詩時代と対立して、空前の花々しい繁盛を示した。即ち蒲原有明氏を初めとして、北原白秋、三木露風、石川啄木等の名詩人が、一時にその天才の花を競つて出現した。

僕等が詩壇に出た時代は、丁度この「自然主義初期の時代」が、正に情熱の残夢を涸らして、次期の老耄的自然主義に移つて行き、文壇には身辺記事的の写生文が、漸く一般化しようとする時期であつた。そして我々の文壇は、もはや初期の自然主義に特色してゐたすべてのエキゾチシズムの青春性や、先入見に対する叛逆の情熱や、新しき理想への勇躍心を失喪してゐた。文壇は完全に老耄して、すべての「詩」と「詩的精神」とが殺戮された。（略）

僕は特に室生犀星君の詩に共鳴し、芸術上の意気を投合する点が多かつたので、室生君と結んで雑誌『感情』を発行した。僕等の一派感情派の持色は、何よりも詩語の平明素樸を尊び、できるだけ通俗の日用語を使用して、感情を率直に打ちまけて出すことであつた。したがつてこの詩風は、当時の一般的詩壇を代表してゐた三木露風氏等の難解晦渋の古典詩風と対蹠し、互に両立できない反目の関係に導かれた。当時三木露風氏を中心とし、柳沢健、富田砕花、川路柳虹、西條八十等の詩人を総括していた雑誌があり、その一般の詩風を称して、詩壇は「象徴派」と名称してゐた。そこで我々の感情詩派は、当時の詩壇の専制的権威であつたこの所謂「象徴派」対手に廻して、革命の戦闘を開かねばならなかつた。僕と室生君とは結束して、象徴派を対手に戦争した。（略）

最後に尚、僕が始めて詩を印刷にして公表したのは、北原白秋氏の雑誌「ザムボア」だつた。その前にも一二度ほど、或る別の詩雑誌に投書したことがあるけれども、編輯者によつて認められず、すべて没書にされてしまつた。僕の詩を最初に認め、最初に公表してくれた恩人は、実に北原白秋氏であり、室生犀星君もまた同様に、北原氏によつて始めてその才能を認められた。
その古い関係からして、僕等は昔から白秋氏を先輩とし、ずつと今日に至るまで、この大詩人への、敬愛と礼節を尽くしてゐる。現詩壇に於て、僕等が真の意味で「先輩」と言ふべきものは、実に北原白秋氏の外にないのである。

右の言説には注目すべき点が二つある。一つは萩原朔太郎らの『感情』派詩人が「難解晦渋の古典詩風」に対して「詩語の平明素樸」を重視し、「できるだけ通俗の日用語を使用して、感情を率直に打ちまけて出す」ことをめざしていたということである。そしてもう一つは、その「感情を率直に打ちまけ」るというところから詩誌の名前が採られていると推測できることである。

北原白秋と萩原朔太郎、室生犀星の結びつきについては、改めていうまでもないであろうが、恩地孝四郎が北原白秋の『白秋小唄集』（一九一九年九月一日、アルス）、大正六（一九一七）年には萩原朔太郎の第一詩集である『月に吠える』の装幀等を担当し、翌大正七年には室生犀星の第一詩集『愛の詩集第一詩集』、第二詩集『抒情小曲集』の装幀を担当していることを考え併せると、ここに北原白秋を中心とした、萩原朔太郎、室生犀星、恩地孝四郎という新たな「円環」が形成されつつあることがわかる。『感情』グループの竹村俊郎、多田不二も加えて整理すると次のようになる。

萩原朔太郎『月に吠える』（大正六年二月）北原白秋序、室生犀星跋、恩地孝四郎装幀
室生犀星『愛の詩集』（大正七年一月）北原白秋序、萩原朔太郎跋、恩地孝四郎装幀
室生犀星『抒情小曲集』（大正七年九月）萩原朔太郎序言、恩地孝四郎、扉絵、挿画
竹村俊郎『葦茂る』（大正八年四月）萩原朔太郎序文、恩地孝四郎装幀
多田不二『悩める森林』（大正九年二月）室生犀星序詩、恩地孝四郎装幀

田中恭吉は「心原幽趣Ⅰ」というタイトルの作品（一九一五年二月二十六日）に添えた恩地孝四郎宛添書において、「第二輯は白秋氏に献げたいと思ってゐる、それは／すぐお送りするのも何だから孝が遊びにゆく時／持って行ってもらう筈、―つまり二人で遊びにゆくんだね／そのうちに白秋氏の詩歌を頂戴して「月映」の／花となること、期して待つべし　可祝／そこで／孝に無心だ。何かのついでに紙をおくってくれること、／第二輯のための。ケントみたいながいいね／（第一輯はお異母さんにねがって買ってきてもらったの、）／分量は第一輯くらいで澤山、第二輯はまたゆっくりやる、／いそがないんだ、白秋氏の口調をかりて言へば／「おそらくは陽春桐の花の咲く候ならむか／再拝」とあって、田中恭吉も北原白秋に傾倒していることがわかる。

大正五（一九一六）年の十月中旬頃に、萩原朔太郎は恩地孝四郎に詩集（『月に吠える』）の装幀依頼の手紙を書いている。その中に、「今度の詩集は故田中恭吉氏の追悼紀念の意をかねた出版で

すから、これは兄にも御承知を願ひます」、「今度の出版は私一人の詩集でなく、故田中氏と大兄と小生との三人の芸術的共同事業でありたい、少なくとも私はさう思つてゐる」と記されている。

実際に（複製版であっても）詩集『月に吠える』に接すれば、「挿画目次」によって「田中恭吉遺作十一種」、「恩地孝四郎版画三種及図一種」が使用されていることがわかる。また、室生犀星による跋文が終わった後に、「挿画附言　詩集附録」と題され、田中恭吉の文章、恩地孝四郎の「挿画附言」、朔太郎の「故田中恭吉氏の芸術に就いて」という文章が置かれていることもわかる。これらを読めば、朔太郎の述べるところの「三人の芸術的共同事業」ということがある程度は理解できる。例えば、『日本の詩歌　萩原朔太郎』（一九六八年、中央公論社）によって『月に吠える』に収められている詩作品にふれることはできる。しかし、そこには「挿画附言　詩集附録」があることについては述べられているが、それそのものは収められていない。萩原朔太郎の詩作品を詩作品としてよむことは当然のことであり、そのことについて否やはない。その一方で、「芸術的共同事業でありたい」と朔太郎が述べている、そのことに留意し、いわばそうした「動き」の中で、動態として『月に吠える』をとらえてみることも必要であろう。絵とことばとが隣接していたそういう時期であったともいえよう。

萩原朔太郎の第一詩集である『月に吠える』は大正六年の二月十五日に感情詩社・白日社出版部から刊行される。恩地孝四郎は装幀を担当し、田中恭吉の遺作「画稿より」（口絵・木版）、「夜の花」（包み紙として使用）、「室にさくエーテルの花」（中扉）、「こもるみのむし（仮りに題して）」「懈

図2　恩地孝四郎「われひらく」1917年、萩原朔太郎『月に吠える』（1917年、感情詩社）名著初版本復刻珠玉選（1985年、ほるぷ）より引用

怠」「死人とあとにのこれるもの」「悔恨」（以上挿画）など十一点と恩地自身の木版画「抒情（よろこびあふれ）」「抒情（よろこびすみ）」「抒情（ひとりすめば）」の三点及び表紙絵「われひらく」（図2）を挿画、装画として使う。

田中恭吉の文章と詩とを次に掲げておく。

朔太郎兄

私の肉体の分解が遠くないといふ予覚が私の手を着実に働かせて呉れました。兄の詩集の上梓されるころ私の影がどこにあるかと思ふさへ微笑されるのです。

私はまづ思つただけの仕事を仕上げました。この一年は貴重な附加でした。

いろんな人がいろんなことを言ふ。それが私に何になるでせう。心臓が右の胸でときめき。手が三本あり、指さきに透明絞がひかり、二つの生殖器を有する。それが私にとつてたつた一つの真実！

蒼白の芸術の微笑です。かの蒼空と合一するよろこびです。　恭吉

傷みて　なほも　ほほゑむ　芽なれば　いとど　かわゆし
こころよ　こころよ　しづまれ　しのびて　しのびて　しのべよ

■

むなしき　この日の　涯に　ゆふべを　迎へて　懼るる
ひと日に　ひと日を　かさねて　なに　まち侘ぶる　こころか

■

こよひも　いたく　さみしき　かなしみに　包まり　寝ねむ
さはあれ　まどの　かなたに　まどかに　薫《く》ゆる　ゆうづき
痴愚の　なみだを　ぬぐひて　わが　しかばねに　見入れよ
あふけば　青空《そら》を　ながるる　やはらかき　雲の　こころね

■

わかれし　ものの　かへりて　身につき　まつはる　うれしさ

すこやかよ　すこやかよ　疾く　かへりね　わがやに

月映　告別号より　　　　恭吉

恩地孝四郎は「挿画附言」において「萩原君の詩は凡そ独特なものだ。その独特さに共通した心緒を持つ故田中恭吉がその挿畫を完成しないで逝いたのは遺憾なことだ。ただその画稿が残つてゐたことがせめてもの幸でした」、「挿画については彼（引用者補：田中恭吉のこと）はかういつてゐる。「他人の詩集に挿画するのは重大だと思ふ。だから私がもしそれをやる場合にはむしろ原詩に執しないわがままな画を挿みたいと思ふ。」併し乍ら、他から、私が見るに彼に資性と萩原君の資性との類似といふことよりも、いみぢい交通からなる。それは不識の美しい人生の共歓だが、倍加された緊密な美がある。むろん恭吉自身のものであるが又同時に彼一個のものでもない。この病弱な、纎細な、又死に対しての生の執着の明るいそして暗い世界の存在に呼吸した生息がこれらの一線にも滲み出てゐる」、「包紙に用ひた「夜の花」は彼自身、もしも詩集でも出すことがあれば表紙にするのだといつたもので、いま、採りてこの詩集に用ひた。一九一五年一月、発病後小康を得て東京市外池袋に起臥した頃かいたもので、ワツトマン紙に丹念にかかれてある。印刷で止むなく画を損じたけれど彼の繊細な清麗な情趣が籠められてゐる。私の挿画についてはいふべくもない。すべてこの集について版を刻つたもの。最後に、この集が三者の心緒に快く交通して成つたことの記銘を残しておく」と述べている。「交通」は筆者のいうところの「動き」であり「動態」である。

『感情』の第一号、第二号の表紙には恩地孝四郎の名前は印刷されていない。第三号は室生犀星の「抒情小曲集第二」の特集号で、「終日」他すべてで二十一の詩作品が載せられている。そして、表紙に「つくよみの出生　版画　恩地孝四郎氏」と印刷されている。「つくよみの出生」は表紙見返しに印刷されている。第四号は「現代詩人号」で北原白秋の「鴉」を初めとして、十二人の詩作品が載せられ、表紙には「ALL：INNEN（版画）恩地孝」と印刷されている。作品としての「ALL：INNEN」は表紙に印刷されている。第七号では、表紙に「表紙画　恩地孝」と印刷されており、はっきりと「表紙画」と位置づけられていることがわかる。第十号は「詩集「月に吠える」合評号」を謳うが、この号において恩地孝四郎は「表紙画」として「ある詩人の肖像」を提供している他に、詩作品「すべりいづる」を載せている。詩作品を次に挙げておく。

すべりいづる

何を償するか。

私はいま自分で疑ふ。
私を裸で抛げ出し、
その触れるものに私を知れ
私が人人の生活に何を價するか
それこそ恐ろしい。
私は、それに、自信がないのだ。
さむいむきざらしの。

おお　お、私はそれを知らない。
私一個の存在が人人に何を價する。
それだ。

皮を剝ぎ、血みどろにし、
いとしい私はむきみだ。
私をそこに擲き据えた力。
押し出されていづる力。
それでゆけ、そこに立つ、

それがすべてだ。
私は然くするものに自分をゆだね。
この上にみづからをびゑふるへる私をこそ。
それが未来へかけての信のおきどころだ。

たて。おお、何に住するか。何のわれか。
いな　いな　それを疑ふな。
生きてゐて疑ふな。
押し出される、すべりでる、
世だ。世界だ。宇宙だ。
私がすべり出たことは。
押されて生れでたことが。
そのうしろの力を信じろ。
おお　息のつまる程逼迫した世だ。

それ程の弾力で、
またつきかへす、

私一個の、存生することは
みつちりと生きてもみかへされる。
それがすべてだ。
私の全存在は、わたしを擲きつける。
それがすべてだ。
むきみのおれだ。

疑はずにとび出せ。
すべりいだされたことにうそがあるか。
おお実際、何に價する。

ここには「自信がない」「むきざらしの」「私」、「私」が「人人の生活に」、あるいは「何に價する」かを「疑ふ」「私」が吐露されている。しかし「私」を「押し出」した「私」の「うしろの力を信じ」ようとする意志あるいは心持ちが表明されている。北原白秋が「ハツと驚いた」「抒情Ⅲ」や「夏日小景」から受ける印象が、いかに右の「すべりいづる」と異なっていたとしても、絵画作品「抒情Ⅲ」「夏日小景」も、詩作品「すべりいづる」もともに恩地孝四郎の作品であるということをまず認める必要がある。そう認めて、そのことについて考えることが恩地孝四郎について考えることであるはずだ。そして、萩原朔太郎、室生犀星、恩地孝四郎が雑誌『感情』を編集していたということを考えることが、それぞれについて考えることであるはずだ。

右の恩地孝四郎の「すべりいづる」が載せられている『感情』第十号は、先に述べたように「詩集「月に吠える」合評号」であるが、末尾に（目次には掲げられていない）「朔太郎の感想」という文章が置かれている。次にその冒頭の話柄を引用しておく。

> 白鳥省吾君の最近の詩の傾向は、山村暮鳥君のと共に、私が最も多くの興味を《ママ》期待とを以つて見て居るものであるが、それだけ同君の態度や言論には飽き足らないものが多い。白鳥君の詩の面白味は真正面から思ひきつて物を率直に見る所にあるのだが、同君の思想ときたら之と正反対で不純な概念だらけである。その上極めて幼稚で抽象的で光つた独創といふ者が少しもない、何より悪いことは煮えきらない神秘主義者めいたことを言つたり、「詩は禅学である」といふやうな観念風の態度をありがだ《ママ》がつて居ることである。かうした因襲的の思想が、どれだけ同君の詩の正当な発展を毒害しその至純な個性の発揮を障げて居るか分らない。切に白鳥君の自覚と徹底を望む。
>
> 福士幸次郎君が私を非象徴派の作家として見立てくれたのは擽つたい。
>
> 私は福士君の大きらひな貴族主義者であり、おまけに象徴主義の表現手段を信奉して居る作家の一人です。もちろん私の信奉して居る象徴主義は、今までマラルメやイエーツなどの

説いたものともちがふし、況んや三木露風君などの言つてる者とに全《ママ》つきり正反対の立場に立つた新らしい者であるが、とにかく私は福士君の所謂民衆本位の作家でもなければ人生派でもなく、もちろん非象徴派の作家でもないことを念のために断つておきます。

右においては、まず、白鳥省吾の詩作品に対するいわば「批判」が述べられている。その「批判」の「裏返し」は朔太郎の詩作品を理解するためには有効であろう。朔太郎が認めているのは「真正面から思ひきつて物を率直に見る」ということで、「批判」しているのは「不純な概念」「煮えきらない神秘主義」「観念風の態度」「因襲的の思想」である。そして福士幸次郎についての言説中には「貴族主義者」「象徴主義の表現手段を信奉して居る作家」とある。
『感情』第十号には多田不二の「詩集「月に吠える」及び萩原氏の芸術を論ず」が載せられているが、そこには次のように記されている。

詩と音楽との境をゆく感覚がだんすに依つて表現さるるものとすれば、萩原氏の芸術はその可型的なインプレツシヨンに関して若い女のしなに見る柔らかみとテクニツクとを有つてゐる。これが氏の芸術の香りである。故に氏の詩的装飾は修辞的な低級芸術でなくして真義の詩的感性より発したる情操の偶型である。されば氏の官能より生れ出でたる微妙な残忍性も詩人としてのみ許さるべき感覚的錯誤であつて純理主義者の実證的誘惑とは全く縁のない

ものである。（略）

萩原氏は感覚派の詩人であり仝時にその詩形から言つても内容から言つても室生氏等と共に最も真義の純日本主義の詩人である。氏の感情には平民的感情と貴族的感情とが疎雑に含まれてゐる。氏は貴族の傲慢を悪みながらも自ら貴族でなければならない人である。賤民を唾棄しながらも賤民を愛さずにはゐられない人である。故にある者は涙を流しある者は擯斥しようとする。例へば氏の芸術のあるものは玉を貫ねる貴族の遊戯心を以て作られあるものは自《おのづか》ら内心より発する貧民の唸きである、主観的に敬虔なる信徒であつて客観的にはヘドニスト（引用者補：快楽主義者）である。

萩原氏の芸術を流るる最も大なる感傷は病める魂の寂しいすすりなきである、それは蝕むものに求むる愛憐と抱いても抱いても充されない心のやるせなき慰めである。自分の足音を恐れ自分の足尖の大地に触るる刹那のショツクを恐れる神経病者の傷ましい心理である。時には踊り子の様に楽しさうに踊りまはる。而もいつのまにか寂しい孤独に脅かされてしくしく泣きながら木蔭に返つてくる。詩は寂しさから生れて更に寂しさを強いてくる。よれるやうな苦しみから生れて益益烈しい苦しみに氏を引き込んでゆく。氏の悩みは耐え難い執着を振り棄てようとする不断の努力とその切ないあきらめに対する懺悔との間にたつ感覚のもつれである。

萩原氏の詩は全体としてだんすのまるみをもつてゐるが部分部分に切り離して見れば針の

尖のやうな極めて細い直線である、絶えずその感覚は顫へながら美しい音楽的の曲線を画いてゐる、全体を貫くトーンはセンチメンタルであり部分としての感じは悉くデリケートである。そこに他人の忍び込めない氏の芸術境がある、重ねて言ふ氏の芸術にはテクニツクがある而も偽りがない正直で現実である。

右の「若い女のしなに見る柔かみ」という表現を、これだけで考えようとするとわかりにくいように思われる。すでに第二章註9でも述べたように、室生犀星は『我が愛する詩人の伝記』（一九五八年、中央公論社）において、北原白秋の『思ひ出』について、「『思ひ出』一巻にあふれた抒情詩はすべて女の子に、呼吸をひそめて物言うような世にもあえかな詩情からなり立っていて、島崎藤村、薄田泣菫、横瀬夜雨、伊良子清白、河井酔茗、与謝野晶子らの詩境から、ずっと抜け出した秀才の詩集であった」と述べている。これは室生犀星の、北原白秋『思ひ出』に対する言説であり、『思ひ出』に収められた詩作品が「女の子に、呼吸をひそめて物言うような」「あえかな詩情」から成り立っていると表現している。そして多田不二は、萩原朔太郎の『月に吠える』に収められている詩作品に「若い女のしなに見る柔かみ」を感じている。北原白秋、萩原朔太郎、室生犀星は、ある「心性」を共有し、その共有によって、おそらく今日からは想像できないような深く強い結びつきをもっていたと覚しい。朔太郎が「愛人」という表現を使ったことはよく知られているだろう。白秋はむしろ「円環」の別格とみるべきかもしれない。

室生犀星は『自叙伝全集』（一九四九年、文潮社）において、『卓上噴水』がつくられた頃のことを次のように記している。

或日、突然厚い手紙がとどいて名前を見ると萩原朔太郎と書いてあり、萩原朔太郎君なら私に一月遅れて「ザムボア」に詩をかいてゐた男であつた。いまの詩壇で君の詩くらゐ旨いものはない、君の詩を読んでその真実にうごかされたとか書いた非常に熱烈な、読んでゐて極りの悪い恋文のやうな手紙だつた。こんな突然な手紙を貰つたことが初めなので、私も輝くやうな好意で返事を書いて送つた。そして変な文学青年がいきり立つたやうな交際がはじまり、三日置きくらゐに青いハイカラな封筒の手紙がくれば、きつと萩原朔太郎の手紙だつた。そこで、私は詩の雑誌のやうなものを出さうではないかといひ、雑誌の名前は「卓上噴水」といふのに決め、萩原はギリシヤの壁画の写真版を送つて来てこれを表紙に入れるやうにと云つた。（二一四頁）

「卓上噴水」はアート紙の四六二倍判で十六頁、百部でたしか十二円くらゐで刷れ、萩原朔太郎は十円送つて来た。そして彼は六号雑記まで書いて当時はやつたゴヂツク活字をやたらに指定して、あれもこれもゴヂツクで刷れと云つて来た。（二一五頁）

そして突然第四高等学校の二年生である多田不二が私を訪れ、タゴールの訳詩を見せた。私はそれを『卓上噴水』に掲載した。また突然、山形にゐる竹村俊郎が手紙を寄越し詩を送って来た。そして不思議などこかゝんで集まったやうな四人は、お互に誰も会はないでゐるのに、『卓上噴水』に集った。「卓上噴水」は三号を出すとつぶれた。三号でつぶれたのを合図に第三号だけの印刷代が払へずに、私は慌しく故郷を逃亡した。（二一六頁）

また室生犀星は、『月に吠える』の「健康の都市」というタイトルの跋文において、「大正二年の春もおしまひのころ、私は未知の友から一通の手紙をもらつた。私が当時雑誌ザムボアに出した小景異情といふ小曲風な詩について、今の詩壇では見ることの出来ない純な真実なものである。これからも君はこの道を行かれるやうに祈ると書いてあつた。私は未見の友達から手紙をもらつたことが此れが生れて初めてであり又た此れほどまで鋭どく韻律の一端をも漏さぬ批評に接したことも之れまでには無かつたことである。私は直覚した。これは私とほぼ同じいやうな若い人であり境遇もほぼ似た人であると思つた。ちようど東京に一年ばかり漂泊して帰つてゐたころで親しい友達といふものも無かつたので、私は饑え渇いたやうにこの友達に感謝した。それからといふものは私だちは毎日のやうに手紙をやりとりして、ときには世に出さない作品をお互に批評し合つたりした」と記している。

萩原朔太郎、多田不二の言説から、萩原朔太郎をとらえるためのキー・ワードを抜き出すとすれば、「真正面」「率直」（萩原朔太郎）、「感覚派」「平民」「貴族」「敬虔なる信徒」「ヘドニスト（快楽主義者）」「魂の寂しいすすりなき」「センチメンタル」「デリケート」「正直」（多田不二）などがそれにあたるであろう。（あまりにも図式的になることを承知で）これらを整理すれば、萩原朔太郎の詩作品には、いろいろな意味合いにおいて（と言っておくが）、平民的な面と貴族的な面とがある。平民的な面は、作詩の態度とすれば、「真正面」「率直」や「正直」ということと呼応しているであろうし、場合によっては「敬虔なる信徒」ということともかかわるともいえよう。貴族的な面は「ヘドニスト」と呼応するであろう。そして、詩を彩っているのが「魂の寂しいすすりなき」であり「センチメンタル」「デリケート」であり、「感覚」ということになるだろう。このように整理をした上で、『月に吠える』の序を次に掲げておくことにする。

　詩の表現の目的は単に情調のための情調を表現することではない。幻覚のための幻覚を描くことでもない。同時にまたある種の思想を宣伝演釈することのためでもない。詩の本来の目的は寧ろそれらの者を通じて、人心の内部に顫動する所の感情そのものの本質を凝視し、かつ感情をさかんに流露させることである。

　詩とは感情の神経を摑んだものである。生きて働く心理学である。

　すべてのよい叙情詩には、理屈や言葉で説明することの出来ない一種の美感が伴ふ。これを詩のにほひといふ。（人によつては気韻とか気禀とかいふ）にほひは詩の主眼とする陶酔的気分の要素である。順つてこのにほひの稀薄な詩は韻文として価値のすくないものであつて、言はば香味を欠いた酒のやうなものである。かういふ酒を私は好まない。
　詩の表現は素樸なれ、詩のにほひは芳純でありたい。

　私の詩の読者にのぞむ所は、詩の表面に表はれた概念や「ことがら」ではなくして、内部の核心である感情そのものに感触してもらひたいことである。私の心の「かなしみ」「よろこび」「さびしみ」「おそれ」その他言葉や文章では言ひ現はしがたい複雑した特種の感情を、私は自分の詩のリズムによつて表現する。併しリズムは説明ではない。リズムは以心伝心である。そのリズムを無言で感知することの出来る人とのみ、私は手をとつて語り合ふことができる。（略）

　思ふに人間の感情といふものは、極めて単純であつて、同時に極めて復雑《ママ》したものである。極めて普遍性のものであつて、同時に極めて個性的な特異なものである。

　どんな場合にも、人が自己の感情を完全に表現しやうと思つたら、それは容易のわざではない。この場合には言葉は何の役にもたたない。そこには音楽と詩があるばかりである。（略）

　人は一人一人では、いつも永久に、永久に、恐ろしい孤独である。

　原始以来、神は幾億万人といふ人間を造つた。けれども全く同じ顔の人間を、決して二人とは造りはしなかつた。人はだれでも単位で生れて、永久に単位で死ななければならない。

　とはいへ、我々は決してぽつねんと切りはなされた宇宙の単位ではない。

我々の顔は、我々の皮膚は、一人一人にみんな異つて居る。けれども、実際は一人一人にみんな同一のところをもつて居るのである。この共通を人間同志の間に発見するとき、人類間の『道徳』と『愛』とが生れるのである。この共通を人類と植物との間に発見するとき、自然間の『道徳』と『愛』とが生れるのである。そして我々はもはや永久に孤独ではない。

私のこの肉体とこの感情とは、もちろん世界中で私一人しか所有して居ない。またそれを完全に理解してゐる人も私一人しかない。これは極めて極めて特異な性質をもつたものである。けれども、それはまた同時に、世界の何びとにも共通なものでなければならない。この特異にして共通なる個々の感情の焦点に、詩歌のほんとの『よろこび』と『秘密性』とが存在するのだ。この道理をはなれて、私は自ら詩を作る意義を知らない。（略）

私どもは時々、不具な子供のやうないぢらしい心で、部屋の暗い片隅にすすり泣きをする。さういふ時、ぴつたりと肩により添ひながら、ふるへる自分の心臓の上に、やさしい手をおいてくれる乙女がある。その看護婦の乙女が詩である。

私は詩を思ふと、烈しい人間のなやみとそのよろこびとをかんずる。

詩は神秘でも象徴でも鬼でもない。詩はただ、病める魂の所有者と孤独者との寂しいなぐさめである。

詩を思ふとき、私は人情のいぢらしさに自然と涙ぐましくなる。

過去は私にとつて苦しい思ひ出である。過去は焦躁と無為と悩める心肉との不吉な悪夢であつた。

月に吠える犬は、自分の影に怪しみ恐れて吠えるのである。疾患する犬の心に、月は青白い幽霊のやうな不吉の謎である。犬は遠吠えをする。

私は私自身の陰鬱な影を、月夜の地上に釘づけにしてしまひたい。影が、永久に私のあとを追つて来ないやうに。

右の言説には「道徳」「愛」という表現が使われている。そしてそれは「人類間」のみならず人類と植物との間のような「自然間」にも「共通」するものとして存在するという。それはまさしく「敬虔なる信徒」を思わせる。「人情のいぢらしさ」も同様であろう。そした点が、先に掲げた恩地孝四郎の「すべりいづる」にぴったりと重なり合うのではないだろうか。白秋が「ハッと驚いた」「抒情Ⅲ」が恩地孝四郎の貴族的な面であるとすれば、恩地孝四郎の詩作品には平民的な面が色濃くでているように思われる。ただし、萩原朔太郎にしても恩地孝四郎にしても、その「貴族的な面」「平民的な面」が分裂しているわけではなく、むしろ統合されているとみておくべきであろう。

白秋・朔太郎追慕

一九四二年五月十一日に萩原朔太郎が、同年十一月二日には北原白秋が逝去する。恩地孝四郎は、翌一九四三年の六月二十日から二十九日まで東京府美術館で行なわれた第十二回日版展に「二つの追想像（A）トンボの眼玉の著者」というタイトルの白秋壮年像と、「二つの追想像（B）『氷島』の著者」というタイトルの萩原朔太郎晩年像を出品する。『氷島』の著者」について、松本透は『恩地孝四郎展』において、「恩地自身が戦前に摺った朔太郎像は二点だけのようだが、戦後、W・ハーネットら収集家の要望に応えて、恩地自身が数部、また版画家・関野準一郎に依頼して二十部の摺り増しが行なわれ」「さらに恩地が没した一九五五年には頒布用の「メモリアル・エディション」として、伝統木版の摺り師・平井孝一の手で二十部が摺られている」「そのため、恩地の作品の中でも異例に多くの作品が、海外の美術館などに所蔵されることになった」（二五八頁）と指摘している。実際に、二〇一六年九月六日の時点で、インターネットのオークションに、この平井孝一の摺り作品が三十万を超える価格で出されているのが確認できる。そのように、この朔太郎像は、比較的よく目にするものといえよう。白秋像も朔太郎像と似たような印象の作品となっている。さらに、恩地は一九三八年四月には東京府美術館で開催された第十三回国画会展に「山田耕筰像」を出品している。

昭和六（一九三一）年の六月十一日から八月二十二日まで、『都新聞』に室生犀星の小説「青い猿」が連載されるが、恩地孝四郎はこの挿絵を担当することになる。また昭和十年七月から十一月まで一〇九回にわたって福岡日日新聞の夕刊に連載された室生犀星の『人間街』の、さらには同年八月から十二月まで七十八回にわたって東京朝日新聞の夕刊に連載された室生犀星の『聖処女』の挿絵も担当した。

恩地孝四郎と植物・動物

井上芳子は『恩地孝四郎展』(二〇一六年)において、「一九三五年に『季節標』(cat.no.B62)を発表して以来、恩地は自然の生き物を繰り返し取り上げている。それは幼い頃の思い出を幻像のように追い求め、幼児から変わらない好奇心のありかを確かめているようでもある」(一四一頁)と述べている。そうした面がないとはもちろんいえない。[1] しかし「幼児から変わらない好奇心」によって「自然の生き物を繰り返し取り上げている」だろうというのは、相当に一般的な推測で、「男の子は大きくなっても昆虫や動物が好き」という言説とちかいともいえよう。そう主張するためには、恩地孝四郎が「幼児から変わらない好奇心」を持ち続けていたことをなんらかのかたちで「証明」する必要があろう。

筆者は、やはり先に掲げたように、萩原朔太郎が「この共通を人間同志の間に発見するとき、人類間の『道徳』と『愛』とが生れるのである。この共通を人類と植物との間に発見するとき、自然間の『道徳』と『愛』とが生れるのである。そして我々はもはや永久に孤独ではない」と述べていることに注目しておきたい。ここでは「人類と植物との間」の「共通」、「道徳」「愛」が採りあげられているが、「自然間の『道徳』と『愛』」とも述べており、植物のみならず、動物まで含めて考えることはさほど無理がないと考える。

一九三四年七月二日に刊行した自身の著作『海の童話』(版画荘)には「爪は貝殻　体幹は珊瑚　唇はあかき生蟲」(3)や「女体は魚となり　水を切る」「女身は溶けて一片のくらげである」(6)などとある。表紙にはタイトルの下部に、小さめの活字で、「詩を伴ふ版画連作」「自刻による／六画十五版」とある。図3は「爪は貝殻　体幹は珊瑚　唇はあかき生蟲」と対になっている作品。「爪は貝殻」以下の言説には「女体」「女身」という語はみられないが、絵画作品中には、そうしたことを思わせる形象が描かれている。

また一九三七年には国画会展に三連の作品「海」を出品しているが、左側にはヒトデやタカラガイらしきものが描かれ、右側にはイカ、クラゲなど(のようなもの)が描かれている。

この『海の童話』について恩地自身が述べている文章がある。

「海の童話」の諸作は私としてはリアルと絶対絵画と中間的位置のものであって、ある程度まで観者に語りかけている種類のものだ。ただ普通の絵と話術がちがうだけで、ああいった言をかきつけたが、それは描写派に対する言い条であって、あの絵には甚だ描写的な部分

図3 「爪は貝殻」（恩地孝四郎『海の童話』1934年、版画荘）

が多い。僕の本心は惑氏の「みみずのような線のはっている絵」の様な部類の僕の所謂「抒情」の方が適《あてはま》るとしたい。実形を写さない標題のない絵画作品、そうしたものは、絵画として存在してはならないだろうか。音楽に於ける無標題作品、文字たるべき何物をも示していないような、しかも十分芸術陶酔を与える作品、そうしたものは絵画に免れないか。一九一〇年代に於いて盛んに現われた純粋絵画的な作品は、遂に世人の牢固たる「理解」の障壁のまえに棒立ちした。そしてそれ自身困難であるこの道をわけ入ることの難しさから、多くはこれを放棄した。そして一般の理解に堪える道へ帰り行《つ》いた。一般から理解されぬようなものを作る必要はないとは屡々僕に投げかけられる声である。しかし一般はいつだって芸術の指導者でもなければ発展者でもない。無責任な観者に過ぎないのだ。ただ作品が社会的に存在し、作家が生活してゆくためには一般の要求する作品を提供すべきだというだけのことだ。それが最良の絵画だというわけのものではない。精髄的な絵画、実存物を道具に使ったり、描写したりしたのでない絵画、画布上に色彩と形によって美の創出を遂げようとする絵画、そうしたものは何故拒否されねばならないか。不思議なことには、それは実用的な方面ではすでに為され、一般もその恩沢《おんたく》に浴している。即ち工芸の方面では、純粋な色形美から出発する美術が成されているのに、正美術品の方では何故描写でなくてはならないのか。形あるもののみを取扱わねばならないのか。心の姿を表出しようとしてはならないのか。（『浮世絵芸術』第三巻第九号、一九三四年。引用は『抽象の表情』三四六〜三四七頁による）

右の言説からすれば、『海の童話』の絵画作品は恩地孝四郎としては、「描写的」であったということになる。『海の童話』冒頭に置かれた「海と女體」という詩作品を掲げておく。

光は　激しく海をおしつけ
海は　いよいよ青く
ひとびとは　あけひろげられた遊びに
原始の魂を蘇生する
波をくぐり　波をくぐり
さらに熱砂に身を放つ
一群の生物

新らしい膚は烈しい太陽にをののく
皮を射る赤外線
足にまつはるは　さざなみ　ニードル　レース
爪は貝殻　軀幹は珊瑚　唇は朱きポリプ體
さては岩間のいそぎんちやく
波はひるがへる
ひるがへる青い翼
女體は魚となり　水を切る
雲は空にあり　魚は水をくぐる
海いよいよ青く

●

烈しい沈默　そこにうごく世界外の實在
擴げられた　キノ
夏の日の尨大な白日夢
あかるく　あかるく
空へつらぬく虛無

女身はつひに溶けて一片のくらげである

次に、『季節標』（一九三五年、アオイ書房）に連続して載せられている詩作品「植物」「容貌」「女体」をあげる。「植物」には「mai 1918」とあり、「容貌」にも「仝」とあるので、この二作品は一九一八年五月につくられていることがわかる。「女体」は掲げた作品に続いてタイトル位置に「仝」と記された作品が続いて置かれており、そこには「feb.1928」とあるので、おそらくは「女体」は一九二八年二月につくられていると思われる。『季節標』末尾には「一九二一年以前は棄て、以後現在までの作詩より五十篇散文九篇、日記若干を収めた。詩は内容に依つて六篇に分ち篇中に於ては成るべく年代順たらしめた。すべて切迫した感情に於て書かれたものは本書の性質上悉く之を省いた。本集の目的とする所が書冊として怡しみ見るの成形を念としてゐるためである。大部分公表したものであるが故に原形のままの収録を欲したが拙技見るに堪へぬ所は改めた。掲載誌は、感情、内在、帆船、極光、詩と版画、詩人倶楽部、東京朝日新聞、港、風、歌と評論、芸術と自由、鉄鎚、週刊朝日、政界往来、中央美術、学校美術などである。版画は本集のために新たに作つた」と記されている。「一九二一年以前は棄て」とあることからすれば、「植物」と「容貌」に「一九一八」とあることと矛盾するがそれについては措く。

右の言説によれば、この『季節標』を編むにあたって、恩地孝四郎が「植物」「容貌」「女体」をこの順に配置したことになる。次に詩を掲げる。

植物

ここに幸がある。
ここに柔順なものがある。
ここに押しも押されない生長がある。
緊密な存在、何といふ柔かで、しかも
強い生態。ましてここには友の親し
い好意がめぐつてゐるのだ

容貌

一つの人格に接することは、
生きてゐるもの同志の欣びである。
さまざまな生活、さまざまな情志。
すべての底にあるものの一つのものは
われわれが共存しうるの幸

女体

女体について言ふならば

遂に至高の讃辞を掲げるであらう。
ここに植物がある、虫がある。
象の如きさへもそのうちにある。
幸福の形体がある
正しく、明るく、自由に女体を讃めう
ることの何といふ幸、
まして母となるものについて

「容貌」の「一つの人格」はそのままうけとめれば、もちろん人間についての謂いということになる。しかしこの「容貌」の前に置かれた「植物」というタイトルの作品においては、「ここには友の親しい好意がめぐってゐる」とある。「ここ」は場所を表現する語であるので、「ここ」を「植物」と、ただちにはとらえにくいともいえようが、「押しも押されない生長」は「植物」を思わせもする。「ここ」を「植物」と（仮に）理解すれば、その植物に「友の親しい好意がめぐつてゐる」ことを感受していることになる。そうした理解を「容貌」に照射すれば、「一つの人格」は人間に限らなくてもよくなり、「生きてゐるもの」はまさしく生きているものということになる。そしてその「生きてゐるもの」には「さまざまな生活」があり、「さまざまな情志」があある。カタツムリにはカタツムリの生活があり、情志があることになる。「女体」は植物も虫も象も内包する、まったき「幸福の形体」ととらえられているのであろうか。さらに、詩作品「金魚」もあげておくことにする。

金魚
冨家のやうに貪慾で
貴族のやうに華美で
—但し少し無気味で
そして
魚属のことだから、しなやかな肉体を
女と等しくする

恩地孝四郎は一九四二年には動植物の写真と随筆とから成る『博物志』（玄光社）を出版し、一九四三年には『蟲・魚・介』（アオイ書房）を出版している。「シャコ貝」（図4）という詩作品をあげておく。

シャコ貝
秩序正しい隆起の列

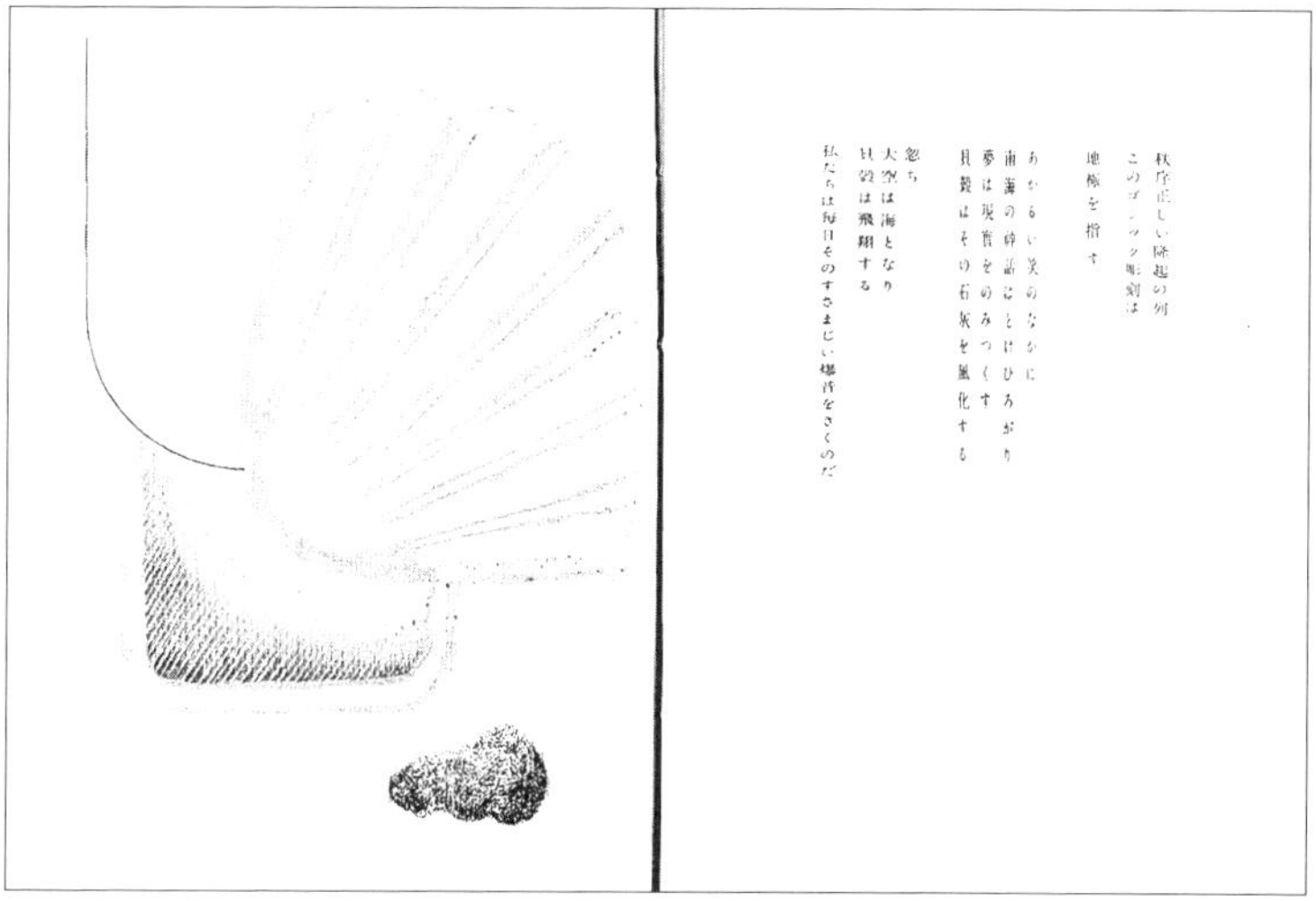

図4　恩地孝四郎「シャコ貝」(『蟲・魚・介』1943年、アオイ書房)

このゴシック彫刻は
地極を指す

あかるい笑のなかに
南海の神話はとけひろがり
夢は現実をのみつくす
貝殻はその石灰を風化する

忽ち
大空は海となり
貝殻は飛翔する

私たちは毎日そのすさまじい爆音をきく
のだ

恩地孝四郎と室生犀星

恩地孝四郎は、大正七年五月に刊行された『感情』の第十九号に、「ノオト」（表紙の目次では「ノオトより」）という詩作品を載せている。この詩作品の末尾には、「手記より室生におくる」と小さく印刷されており、いわば、恩地孝四郎から室生犀星へ送られたことばであったことがわかる。

ひらける、ひらける
その世界は何か、私のまへにはつきりと見えるその世界は何か
友よ、いまこそ語りうる、語つて語つて語り抜かふ。
友よ、きいてくれ、そして一所にあるいてゆくのだ。
地ひびきして歩いてゆける。
友よ、その世界が何であるか、君はがさつに尋ねないであらふ
そう私は私の生涯を以てそれに答へやふ。

どこまでいつても切りのない生涯だ
一日一日にぴつたりと句限りをつけるのだ、あすはそしてけふの分

を擔つて立つ。
一日と一日の重みだ。
重い一日を作り、その重さを眠りのうちにしかりと身にするのだ。
眠は深く、地底にまで達け、夜の底まで達け
そして俺はあすの日に新らしいものに出會ふのだ

自分の世界が漸く開けて来た。
この喜びを友らに頒たふ
よき友よ、私も又値するであらふ
いまここに私のまへの世界を見、
それが手に取る様に見え實に美しく、實に大きく、それがこの私の
世界かと思ふのが怖ろしい程立派に、
光に滿ちて啓けてゐることは、
友よ、友よ、うれしき友よ、
自分も亦、いまこそは値するであらふ、
よろこんでくれ、祝福してくれ、ああ思つても慄立つ

うれしい、たまらなくうれしい。この心をしつかりと抱き込んで、
けふは眠らふ。ぐつすりと眠らふ。

末尾に添えられている「手記より室生におくる」をそのまま受け止めれば、右で繰り返し呼びかけている「友」は室生犀星ということになる。そういう意味合いで恩地孝四郎がこの詩作品を書いていた場合、やはりそこには現代人の「心性」からはいささか想像しにくい緊密な人と人との結びつきがあったことになる。北原白秋、萩原朔太郎、室生犀星の間の、いわば「心情」も、「心情」というような語でとらえることができないような深さを感じさせるが、同じような「心情」をもって、恩地孝四郎も『感情』の同人として活動をしていたことがわかる。

一方、室生犀星の『第二愛の詩集』(一九一九年、文武堂書店)には「午後」というタイトルの次のような詩作品が収められている。

午後
友の恩地はその愛する妻と
子どもとをつれて
僕の家にたづねて来た
友の妻は美しかつた

友は
高高と子どもを胸に抱いてゐた
まるで勝利《か》つたもののやうに
自分らはみな椅子にもたれて話した
おたがひがよく生きなければならないこと
その一つ一つに深い呼吸をかんじた

恩地孝四郎は室生犀星の第一詩集である『愛の詩集』（一九一八年、感情詩社）を初めとして、『第二愛の詩集』（一九一九年、文武堂書店）、『性に眼覚める頃』（一九二〇年、新潮社）、『室生犀星詩選』（一九二二年、アルス）、『青き魚を釣る人』（一九二三年、アルス）など室生犀星の本の装幀を数多く担当している。

「装幀雑談」（『詩と音楽』第二巻第七号、一九二三年七月。引用は『抽象の表情』四九〇〜四九二頁による）には次のように記されている。

一番いい装幀は、書物の内容、即ち著者の現わしているものと、同じものを表紙とかその他の異なる材料で現わしているのが一番いい装幀であるに違いない。しかし、こんなことが出来るか。例えば北原白秋氏のような、自ら画もかき装幀材料方法について知識も愛着も持っていられる程な人ならば、そのことは苦もなく成立する。しかし著者が自らせずに他の人に任すとなると当然そこに同一人でない、そこから来る間隙のあるべきことは普通としなければならない。それが単に学術書とでもいうものならば装幀は装幀として単純に美を追ってもゆけるけれど、芸術的作品が内容である場合はその外容は、どうしてもその内容の延長でなくてはならない。そうしたことは同一者でなくては多くの場合完全に成立するわけにゆかぬ。僕は室生君の本を屢々装画した。室生君の本はいつも室生君がうまく自身の考を列挙して、僕がその形を与えるために代理する。だが正直の所いつもいい装幀とは云えない。それだから著者は画もかき装幀法にも通じていなければいい本は出来ないということに定れば、誠に本を作ることは大変なことになる。作曲者が必ず偉れた演奏者でなければならないとなる。なかなか一つの音楽作品を公演することが大変になる。（略）一個の本に於て著者が作曲者で装幀者が此の場合、単に表紙の図案者としただけではないが、指揮者で、その他の工人が各楽手に相当する。作者自身が優れた指揮者であることが最も望ましいことなのは云うまでもない。北原白秋氏の本の美しいのはそれに協《あ》っているからだ。「思ひ出」「桐の花」などはいつも忘れられないいい本だ。最近萩原君の「青猫」の如きもその欣びを怡《たの》しみうる。

恩地孝四郎が室生犀星の本の装幀に満足していないこと、北原白秋の『思ひ出』『桐の花』の装幀を認めていることが窺われる。

恩地孝四郎の「抒情」

大正七年六月に刊行された『感情』第二十号は、「恩地孝四郎抒情画集」を謳い、恩地孝四郎の絵画作品十二点と「抒情画について」という恩地孝四郎の文章及び「夜」という詩作品を載せている。「抒情」は北原白秋、萩原朔太郎、室生犀星に共通する「心性」であったはずで、ここでは恩地孝四郎が「抒情」をどのようにとらえていたかを考えてみたい。

十二点の絵画作品には次のような「画題」が附されている。番号は筆者が便宜上附した。それぞれの作品には文章が附されている。

1　テユウリプ開花態
2　壜について
3　葉緑の行進
4　アマリリス発芽態
5　幹太る
6　光と植物について
7　女体に関して
8　女体について

9　一つの貌に
10　愛の動勢
11　消される生体
12　幼児瞳眠

当該号の末尾に置かれた「雑記」には恩地孝四郎の文章が載せられている。恩地孝四郎が自らの絵画作品について述べている文章として注目したい。

収めた画を細説すると二つに小わけ出来る。一つは純粋な抒情であつて、感情若くは感動の形化であり、一つは物象予象についての感得に於ける感情若くは情念の形化であつて、云つて見れば心象とでもすべきものだ。私たちの感情や思念が元来感覚からの受得から醸されるが故に、両種について明確な差別を述べる事は不可能だが、多少とも物件に関連した発現をもち、作因から云へば物象や予象によつて生気と作欲を刺激せられたものを、後者としていい——アマリリス、チユリツプ、女体、消される生体の如き。之らは心のうちに形態を意識することが多分であるから。前者は作因を自身のうちに持ち、殊に引き出してくれる他因がなく、椅るべき形体がなく、自分の生力の充溢から発動するものであつて形態の上への意織《ママ》なき抒情である——葉緑の行進、愛の動勢、幹太るの如き。此の種のものでは画題を附することは恰ど困難である。生欲の充溢と附けても初まらない。併し、よきものでは、作因がどこにあるかは作品によつて明かに作時を経ても分る。私の画が出駄良目ではないからである。画題をつけることは対者の作の享受について拘束したり、柵を設けたりする様な憂がある。みる人はなるたけ画題の字義に拘柢しないでほしい。心象画では重として、作因をなすものについて、純抒情画では作因を暗示しさふな類感的な言を採り用ひた。なくてもいいものだが一種の便利のためだ。画と合刷した小文は説明ではなく作因についての記述であつて作のもつ感情に相似たものに運ぶべき類示である。

右の恩地孝四郎の言説を整理し、便宜的にA（傍線を施した）、B（破線を施した）と呼ぶことにする。

A純粋な抒情＝感情、感動の形化＝純抒情画：葉緑の行進、愛の動勢、幹太る女体、消されたる生体

B物象予象についての感得における感情、情念の形化＝心象画：アマリリス、チユリツプ、

Bは具体的な「形態を意識すること」ができるような対象から感得された「感情」「情念」を形化＝アウトプットしたものととらえることができよう。そうした対象によって「生気と作欲を刺激」されたことが作品の「作因」となる。Aは作者の外部に、そうした刺激を与えるような対

象がない＝「椅るべき形体がない」場合で、この場合「作因」は「自身のうちに」あると恩地孝四郎は説明している。そしてこの場合を「純粋な抒情」と呼んでいる。(2)

「作因」を何らかのものをアウトプットしようという心持ちととらえるならば、それはつねに作者自身のうちにあるはずで、その点においては、恩地孝四郎の言説は整斉としていないようにみえる。ある程度具体的な形態をもつ、自身の外部に存在する「対象」にふれることによって、その「作因」が起動する場合、起動の契機が形態を備え、かつ自身の外部に存在していることから、アウトプットは起動の契機となった具体的な形態を何らかのかたちで反映したものになりやすい、ということは容易に想像できる。それに対して、作者自身の内部にある何らかの「感情」をただそのままアウトプットすることは難しいと思われるが、絵画作品としてアウトプットするためには、形をもつ必要がある。これがAの場合の「形化」であろう。大きな方向としては、先に述べたように、作者の内なるものをアウトプットするということからすれば、「内から外」ということになるが、これは当然のこととして、Aは「外の形態に触発されて内を表現」、Bは「外を借りて内を表現」とでもいえようか。筆者は、やはりAとBとは「ちかい」と考えるし、恩地孝四郎も「両種について明確な差別を述べる事は不可能だ」と述べている。

図5の右側は「葉緑の行進」という、左側は「アマリリス発芽態」という「画題」が附された作品である。「葉緑の行進」には「あらゆるものが律動する。健康な肉体に正しい脈搏が打つ。そこにあるものは深いところから来る呼気である。実に明るい生気が感情のうちに漲るのだ」と

あり、「アマリリス発芽態」には「のびてゆくものの美しさを、それの感情に波動する美妙さを、それが力になること」とある。恩地孝四郎は「葉緑の行進」をA、すなわち「純粋な抒情」に、「アマリリス発芽態」をB、すなわち「物象予象についての感得における感情、情念の形化」とみている。図では必ずしもわかりやすくはないが、「アマリリス発芽態」はアマリリスの球根からの発芽を思わせる形象であり、アマリリスの発芽という、「物象予象」から何らかの「感情、情念」を感得し、それを「形化」したものということになる。恩地孝四郎の言説によれば、その「感情、情念」はアマリリスの発芽を眼にした時に初めて「感得」されたもの、ということになるのかもしれない。そういうこともあるだろうが、それでも自身内部の何らかの「感情、情念」がアマリリスの発芽を眼にしたことで「動き出す」ということもあろう。あるいは、アマリリスの発芽を眼にした時に初めて「感得」されたものと自身内部の何らかの「感情、情念」が呼応するということも考えられる。そうしたいろいろな場合を総合して、「作因」の契機が「物象予象」にある、とみているのであろうか。しかし自身内部の「純粋な抒情」も絵画作品としてアウトプットする以上、「形化」する必要はあり、アウトプットのための「形」が自身の意識をまったく離れて得られる、と考えない限りは、AとBとの「差別」はやはり「相対的」であり、「明確な差別を述べる事は不可能」であろう。そうであったとしても、恩地孝四郎が右のようなことについて、かなりな程度明確に言語化していることには注目しておきたい。

さて、「葉緑の行進」と「アマリリス発芽態」とは作品として「ちかい」ともいえるのではな

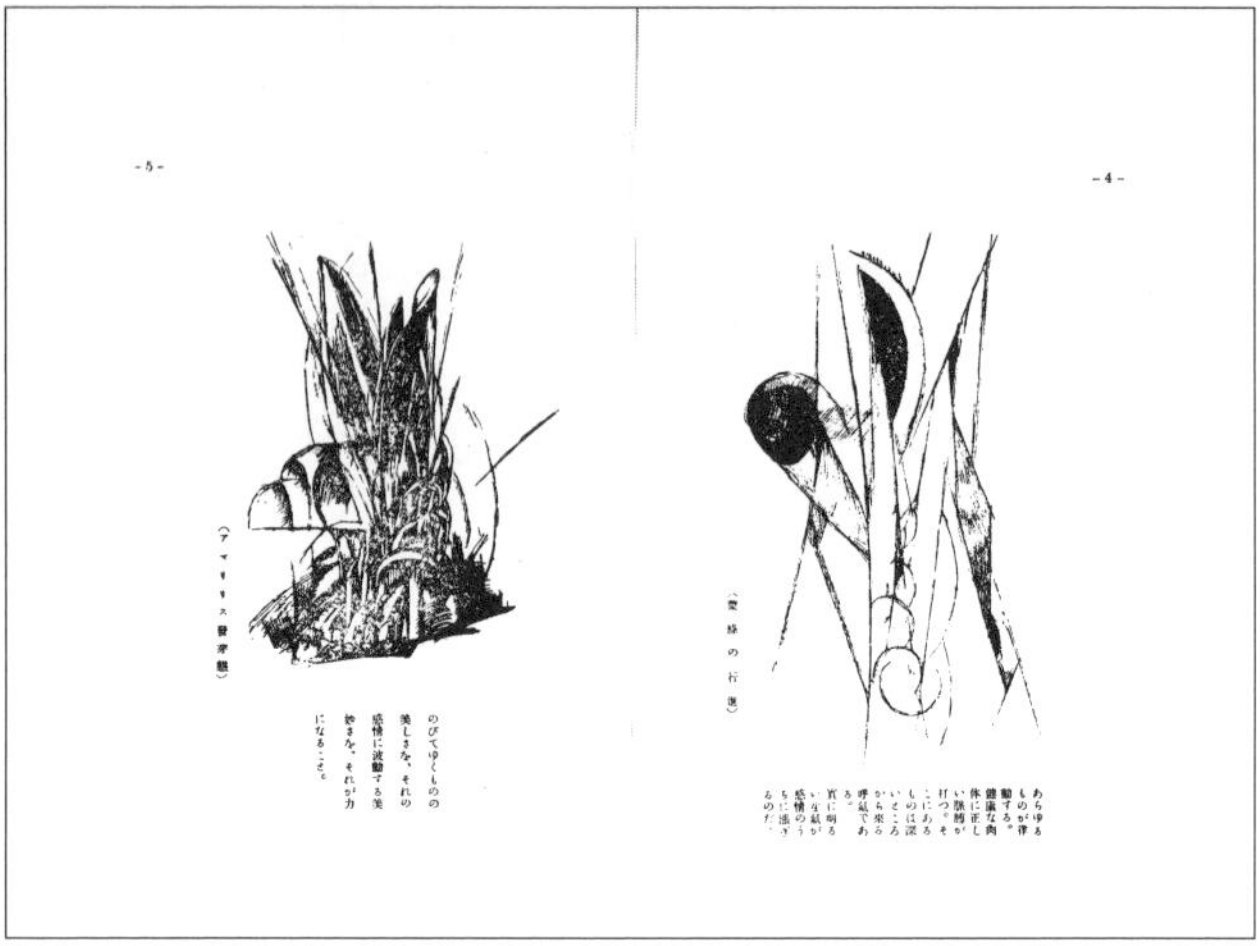

図5　恩地孝四郎「葉緑の行進」「アマリリス発芽態」（『感情』20号、1918年、感情詩社）近代文芸復刻叢刊『感情』（1979年、冬至書房新社）より引用

いか。「葉緑」は「ヨウリョク」と発音するとひとまず考えた場合、例えば現在刊行されている最大規模の国語辞書である『日本国語大辞典』第二版は「ヨウリョク（葉緑）」を見出し項目としていない。「ヨウリョクソ（葉緑素）」「ヨウリョクタイ（葉緑体）」は見出し項目となっている。「葉緑」を「ヨウリョクソ（葉緑素）」「ヨウリョクタイ（葉緑体）」と同様の語義をもつと仮に考えることにしても、あるいはまた「葉緑」は「緑の葉」のことであると考えることにしても、いいのかもしれない。「小文は説明ではなく作因についての記述」で、「作の持つ感情に相似たものに運ぶべき類示」であると恩地孝四郎は述べている。「葉緑の行進」の「小文」には「律動」「健康な肉体に正しい脈搏が打つ」「深いところから来る呼気」「明るい生気」とある。いずれにしても、そうした生物的な、生体的な律動を「形化」したものとみるのが自然であろう。作品に

植物の葉が描かれている、とみえなくもないが、仮に描かれていないとみることにする。そうすると、それが「物象予象」によらない「純粋抒情」ということになるのであろう。作品に植物の葉が描かれていないとしても、恩地孝四郎は「葉緑の行進」という「画題」を附した。それに拘泥する必要はないと述べてはいるが、それでも「葉緑」はこの作品＝アウトプットと無縁のものとはいえない。となれば、いずれの時かに恩地孝四郎が「感得」し脳内に蓄積していた、植物の葉の「律動」が（それを忘れた頃に）「形化」されたもの、とみることはできなくはない。やはりAとBとは「ちかい」といわざるをえない。

「幹太る」には「この肉体がはりさけるかと思ふ。併し健康体ではそんなことはない。すべてのものにひびく生動が、身のうちに溢つたときこそは、最も深い悦びに生られる」とある。また「光と植物について」には「ここに幸がある。ここに柔順なものがある。ここに押しも押されない生長がある。緊密した存在、何といふ柔かでしかも強い生態。ましてここには友の親しい好意がめぐつてゐるのだ」という「小文」が附されている。「葉緑の行進」「アマリリス発芽態」「幹太る」「光と植物について」においては、人間と植物との間に「回路」が形成されているように思われる。あるいは人間と植物との間の「交感」といってもよいかもしれない。これを恩地孝四郎の特徴とみるのがよいのか、あるいは『感情』グループの特徴とみるのがよいのかについては、今後慎重に考えていきたいが、そうした「交感」的な「心性」には注目しておきたい。「一つの貌に」には「生きてゐるもの同志の欣び」「さまざまな生活、さまざまな情志がある、すべて底にあるものの一つについてわれわれが共存しうることを心から謝すべき恵である」とある。「さまざまな生活」は人間の生活とみるのが自然であろう。しかし「生きてゐるもの同志」は人間を超えた「同志」ということを思わせもする。そうであるとすれば、「われわれ」は人間に限らないことになり、「共存」もひろい意味合いにおいての「共存」ということになる。

『感情』第二十号の「雑記」欄には、室生犀星が「本号は恩地の画集にした。萩原と二人で一度出さうと企てたのは去年の秋のことだ。恩地も忙しかつたりして、こんどは少しまとまつて大変うれしかつた。僕が見ても解らないのは判らないが、しかし何処かしらすきだ。すきなとこのあるものは微妙なちからで迫るからだ。「葉緑の行進」「アマリリス発芽態」「幹太る」「光と植物」などは、実に激しい新鮮な匂ひをもつて自分の心状にぴつたりと印せられる。「アマリリス発芽態」をじつと見てゐると、実に大きな宇宙のちから（その生育の波動）を肉感させられる。「幹太る」の生命は車輪のやうに廻転して僕の中のものに似てゐるやうに思ふ。「葉緑の行進」も郊外に住んでゐると毎日矢のやうな速さで射られるシーズンの働きを感じさせる」と述べている。

先にふれたように、萩原朔太郎の『月に吠える』の挿絵には「抒情　よろこびあふれ」「抒情　よろこびすみ」「抒情　ひとりすめば」と「抒情」を冠した作品が使われていた。公刊された『月映』の創刊号に載せられていた「抒情Ⅲ」に北原白秋が「ハツと驚いた」ことにはふれたが、私輯『月映』Ⅴ（一九一四年）には「抒情Ⅱ」、私輯『月映』Ⅵ（一九一四年）には「抒情Ⅶ」、公刊『月映』Ⅱ（一九一四年）には「抒情Ⅷ　われいかる」「抒情Ⅸ　のぞみすてず」、公刊『月映』Ⅴ

（一九一五年）には「抒情　太陽額に照る」「抒情　生はさみし夜半目ざめて泪ながれながる」「抒情　くるしみのうち懐に入るものあり」「抒情『あかるい時』」、公刊『月映』Ⅵ（一九一五年）には「抒情　いとなみ祝福せらる」「抒情　相信ずるこころ」「抒情　茲に泪す」「抒情　躍る」「抒情　真実ひとり輝きめぐる」、公刊『月映』Ⅶ（一九一五年）には「抒情五種――わかれとのぞみと（1）〜（5）」が発表されており、一九一四年頃から「抒情」をタイトルとする一連の作品が発表されている。さらに一九三〇年には「音楽作品による抒情　NO.1　諸井三郎「プレリュード」」という作品を制作している。一九三〇年に行なわれた作曲家諸井三郎（一九〇三〜一九七七）による演奏会（於日本青年会）を契機として作られたものであることが指摘されているが、この「音楽作品による抒情」が戦前に九点制作されている。「抒情」は恩地孝四郎にとってもキー・ワードとなると考える。

本の装幀

大正十（一九二一）年七月には、大槻憲二、藤森静雄らと総合芸術雑誌『内在』を創刊する。大正十一年九月には『詩と版画』（アルス）の編集を担当する。木版画「薄暮」、詩作品「友を偲ぶ」、評伝「エドヴルド・ムンク」などを発表する。

昭和三（一九二八）年七月には、大阪朝日新聞社が企画した「北原白秋の柳川への空の旅」に同行し、初めて飛行機に乗る。このことを契機として後に『飛行官能』（一九三四年、版画荘）を出版する。『飛行官能』は函に「詩・写真・版画による綜合作」と印刷されている。奥村一郎は、カタログ『恩地孝四郎展』（二〇一六年）において、恩地孝四郎が「自身の詩と木版画、そしてプロカメラマンによる写真を組み合わせて、離陸から飛行を経て着陸へと至る一連の物語を作品化している。一九三〇年代の新興写真において、写真は印刷と結びつき、断片的なショットをつなぎ合わせて連続するページで構成するグラフ・モンタージュが新しい視覚表現として登場していた。『海の童話』で恩地は、詩と木版画との有機的な融合を試み、さらに『飛行官能』では、このグラフ・モンタージュの手法を導入して新たな総合芸術を完成させた」（一三四頁）と述べている。

柳川で北原白秋と恩地孝四郎とが並んで写っている写真が残されている。この時のことが、『アトリエ』第五巻第九号（一九二八年九月）に「空中腑瞰風物」というタイトルで発表されている。次に一部をあげておく（引用は『抽象の表情』三七八〜三八〇頁による）。

地上の名所は概してつまらない。尾の道水道は誠に明媚できれいであった。港の鼻がそして愉快だ。もし飛行機が空中に固定しているものならここいらは写生しても面白いが、そんなことまでして画く程でもない。ただ見ている方がいい。港の感情がよく見える。やはりこれ写生ものでなし。神戸和田岬なんかなかなかいいし、淀川尻の大汽船なども趣が深い。これんな風にかくときりがない。要は空中腑瞰風物は勿論他に見られぬ特色がある。そしてそれが飛行機であることから、見る方に特殊の敏感さがある。そしてまた航空ということにまだ珍しさがある。好奇心が流れてる。間断ないプロペラの音が誠に乗るものの心を加速度に上昇させる。この気持の消えないうちに、誰でものることをお勧めする。但し画家諸君にはスケッチブック携行すべからずです。そんな間の抜けた制作法は、プロペラの最初の風で吹きとばされて了います。

空中腑瞰はその位にして、次にこの旅で充分愉快であったこと、即ち白秋郷土訪問飛行のことをかく。画を愛するほどの人、白秋氏を知らぬことなかるべく、又その作を愛さぬことなかるべく、さすればこの附加も贅物《ぜいぶつ》ではないでしょう。殊に本誌義雄氏その愛弟であるのだから。白秋郷土柳河は、あの名篇「思ひ出」に実に精確的に示されている。水郷、実に水郷です。到るところに掘割がある。橋がある。太鼓橋、土橋。それが安近代的なセメント橋にされた所は多々あるとはいえまだ、古い面影を止めたもの少くない。堀には、まこも、芦、そして浮いてる菱、ガメノシュブタケ、ヲータアヒヤシンス（巨大な）そして水辺大きな樟《くす》の下に、廃舟。到るところの四つ手網、河のなかのざるには太い鰻がぬめりぬめり。無数の蟹。そのお城下外れに開闢以来の騒ぎが起った。郷土が生んだ桂詩人の歓迎。歓迎門は年一度のお祭の門だ。旗。全町日の丸だ。その時私はいなかった。がその話をきいて全く喜んだ。小学生代議士、恐らく大臣だってこんな騒はあるまい。而もそれが衷心からの喜びなのだ。小学生は雨中二時間も待ったという。そうよ、童謡の王様をお迎えするんだからな。さて、その郷土飛行機の行手に、幾条もの掘割が光って見える。忽《たちま》ち柳河城下の低空をとぶ、忽ち白秋誕生地、城外沖の端に。見える見える、人がかけ出て来る。見ろ、屋根にはのぼりだ、吹き流しだ。そして母校矢留校の上、見ろ稚いものたちがつくるマッスゲーム。一つ一つの手さえ見える。小生頗《すこぶ》る感激した。若い飛行士また眼頭の熱くなるのを覚えたとあとからきいた。日本ももう面白くなろう。絵草紙の英雄はもうしっぽをまく頃だ。紅黄青色さまざまのチラシ、それには白秋作「鳩の浮巣」（鳩は鴉の誤植か）とあいさつが刷られる、そのチラシの花のなかをわが機がくぐり降りたことだ。私は、白秋万歳北原兄弟万歳をその郷土の空で、心のうちに叫んだことだ義雄さん、それはよかったのですよ。之を報告。

「港の感情」は恩地孝四郎らしい表現といえよう。重要なのは「感情」で、それは生物に限らない。後半は北原白秋がいかに郷土柳河で歓迎されたかを活写している。

恩地孝四郎は大正八（一九一九）年に『白秋小唄集』（アルス）の装幀を担当している。翌大正九年には『雀の生活』（新潮社）の装幀を担当する。さらに、同じ大正九年九月三日に同時刊行された『白秋詩集Ⅰ』『白秋詩集Ⅱ』（アルス）の装幀を担当する。

「飛行官能」は恩地孝四郎らしいタイトルに思われる。飛行機から港の「感情」を感受した恩地孝四郎にとって、飛行は官能的なものであったのだろう。この時のことが契機となっているかどうかは不分明ではあるが、恩地孝四郎は一九三八年に「空旅抒情」というタイトルの六枚の作品を制作している。「1離陸」「2低行」「3高度三千」「4空陥」「5旋回」「6着陸」は飛行機が離陸してから着陸するまでに対応したタイトルに思われる。「空陥」は「クウカン」という発音がもっとも自然であるが、『日本国語大辞典』第二版は「クウカン（空陥）」を見出し項目としていない。空の陥穽というような意味合いで、あるいはエアポケットのようなことを表現しようとしたのであろうか。これらの作品が「空旅抒情」というタイトルを与えられていることには着目しておきたい。先に述べたように、これらの作品が一九二八年に恩地孝四郎が初めて白秋と飛行機に乗った時のこととかかわるかどうかは不分明であるが、「空旅」とあることからすれば、少なくとも飛行機に乗ったこととはかかわるとみるのが自然である。それを「抒情」と呼んでいる。恩地孝四郎にとっては「官能」と「抒情」は重なり合いをもつものであったのではないか。

昭和三年の白秋の「郷土飛翔」の飛行機に恩地孝四郎は同乗する。この時に柳川で撮られた写真がある。白秋は、正面を向いて帽子をかぶったまま、あの顔で写っているが、恩地孝四郎は帽子をとって、少し斜に構えて写っているようにみえる。恩地孝四郎は明治二十四（一八九一）年に生まれ、北原白秋は明治十八（一八八五）年に生まれている。白秋は六歳年下の恩地孝四郎と飛行機の中でどんな話をしたのだろうと思う。夢二に憧れて画家としての活動を始めた恩地孝四郎は、昭和三十（一九五五）年に逝去するまで、創作版画、本の装幀など、多彩な活動を展開した。恩地孝四郎を「補助線」とすることでさらにさまざまなことをとらえる手がかりが得られるのではないだろうか。今回の分析で、そういう「感触」を得た。

恩地孝四郎の装幀

ここからは恩地孝四郎が装幀を担当した本を掲げていきたい。

三木露風『象徴詩集』（一九一五年、アルス）

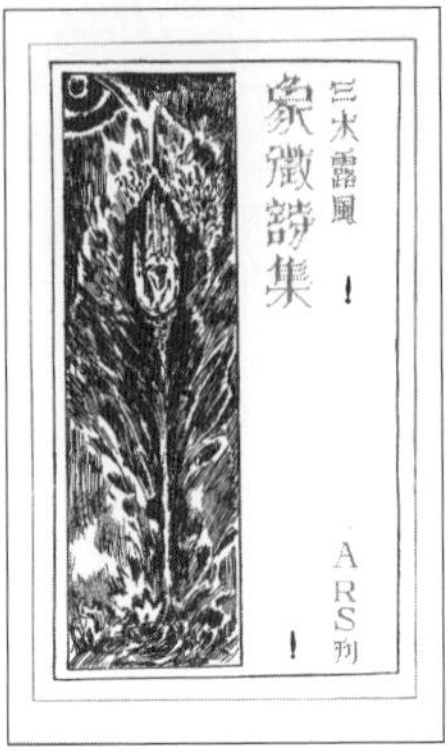

図6　『象徴詩集』表紙

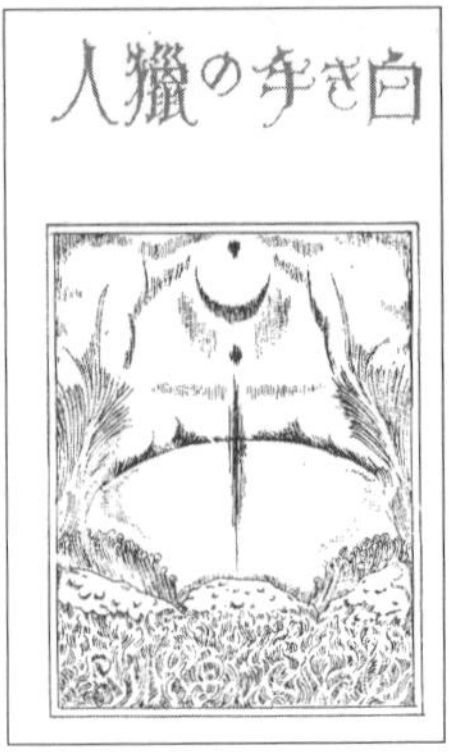

図7　『白き手の猟人』本扉

「装幀及扉畫　恩地孝四郎氏」とある。

三木露風『象徴詩集』は『寂しき曙』（一九一〇年、博報堂）、『白き手の猟人』（一九一三年、東雲堂）、『幻の田園』（一九一五年、東雲堂）に収められた作品に補訂を加えたもので、図7は「白き手の猟人」の扉画。この装幀について、恩地孝四郎は、「「象徴詩集」既刊の集成本だ。これにも集毎の扉が入る。それらは今でも愛情が持てる。全体を通じて白と黒と緑の交響。その緑は表紙のバクラム布の沈緑と合せた。表紙の草模様は黒刷、中央の花と背文字が白箔押」（『本の美術』八十九頁）と述べている。

前田夕暮『烟れる田園』（一九二六年、アルス）

図8　『烟れる田園』本扉

前田夕暮の詩文集『烟れる田園』。全体は文章を「春」「夏」「秋」「冬」「雑」と分けて収め、それらに続いて詩作品を「小詩篇」「詩二篇」に分けて収めてある。「巻末小記」には「餘白に私の二人の子供の透と妙子の俳句、歌、童謡などをのせた。これは父親としての我が子の少年の日を愛惜する感情からしたことを読者に諒として貰ひたい。著者としての私にとつては、本書は子供達との合著のやうな喜びをさへ感じるのである」「終りに、装幀者の恩地孝四郎君に御禮を申上げる」（二三一頁）と記されている。図8は「春」の扉ページであるが、これと同様の植物を思わせる意匠が表紙になっている。

「序」には「子供の心に映りくる草や木や鳥や旅人の姿。空のひろさ。山の線。太陽のいろ。雪、風、雨、土壌のにほひ。」「子供の心に眼ざめてくる原人の生活、樹におぼり、岡にのぼり、山に登ることのあの喜ばしさ。野に走り、川に釣り、土に浸り、大風を怖れ。焚火をなつかしみ、家畜をなつかしむ心。」とある。

こういう「気分」と恩地孝四郎の装幀は呼応しているように思われる。

薄田泣菫『太陽は草の香がする』（一九二六年、アルス）
北原白秋『フレップ・トリップ』（一九二八年、アルス）

図9 『太陽は草の香がする』表紙

図10 『フレップ・トリップ』本扉

ともにアルスからの出版。薄田泣菫の『太陽は草の香がする』（図9）について恩地孝四郎は『本の美術』において、「大正末のアルスの随筆集類はなかなかたのしかつた」「薄田集は、題名に釣られこんなのが出来たら、著者には嫌はれた由。随筆の大家が嫌つたのだからその方がほんとなんだらう」（九十六頁）と述べている。また『フレップ・トリップ』については、「白秋らしい感激ぶりが感じられて楽しい」（同前）と述べている。『フレップ・トリップ』の巻末には、白秋の著作の宣伝広告が掲げられているが、詩論集『藝術の圓光』、『洗心雑話』、『白秋詩集』全二巻、『白秋童謡集』第一巻、民謡集『日本の笛』、『白秋小唄集』、『日本の童謡』の装幀を恩地孝四郎が担当していることがわかる。一方、随筆集『季節の窗』には「著者自装自筆挿画数葉入」、随筆集『風景は動く』には「著者自畫自裝」とあって、アルスの出版物においては、装幀にも気配りがなされていることが窺われる。

『フレップ・トリップ』本扉（図10）は黄色を地色とし、「フレップ・トリップ」及び「アルス刊」の文字は白抜きとなっている。「北原白秋著」とその下の葡萄の房のようなところは赤で印刷されている。外箱はやはり黄色を地色としているが、少しデザインが異なる。また「ＡＲＳ」と印刷されている。表紙はまた異なるデザインになっている。

タイトルページの裏には「フレップの実は赤く、トリップの実は黒い。いづれも樺太のツンドラ地帯に生ずる小灌木の名である。採りて酒を製する。所謂樺太葡萄酒である」と記されており、フレップ、トリップはそうしたものであることがわかる。「巻末に」は次のように終わる。

今思うても実に愉快な旅行であつた。
若かれと私は叫ぶ。
若かれ、若かれ、若かれと。

『フレップ・トリップ』にはそうした白秋のエネルギーが横溢している。そしてその「気分」を装幀はよく表現していると思う。

大木篤夫『危険信号』（一九三〇年、アルス）

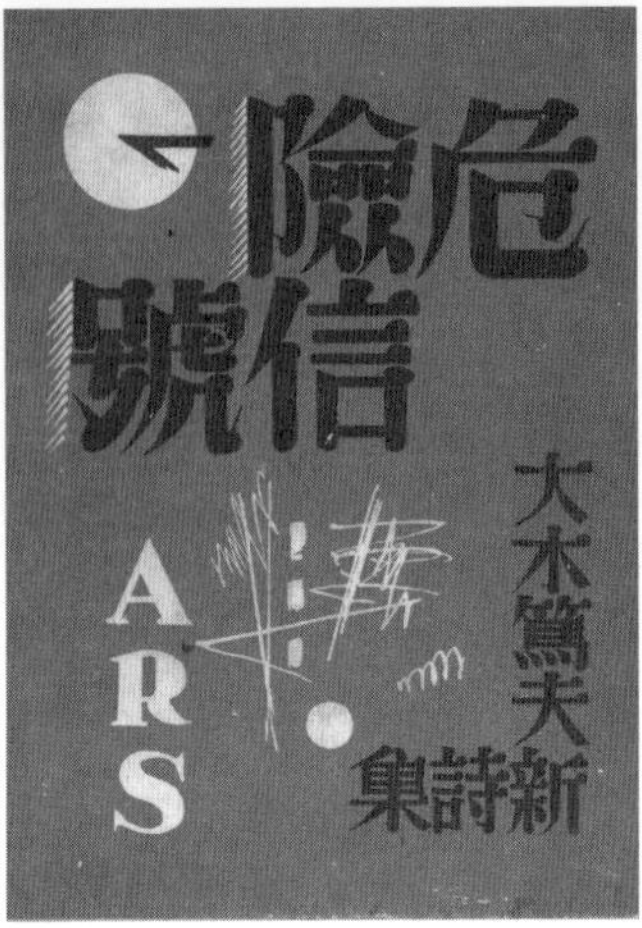

図11　『危険信号』表紙

目次の前のページに「装幀・恩地孝四郎／口絵・窪田栄」とある。恩地孝四郎は『本の美術』において、「大木篤夫の脱皮の詩集。但し再び廻れ右したが――」（九十頁）と述べている。

土岐善麿『やきりんご』（一九三一年、白帝書房）

土岐善麿は「はしがき」に「これに「やきりんご」とつけたのは、枝からもいえだばかりのリンゴの清新さ、みづ〳〵さ、この一冊に、さういふ内容と情趣のないことを自分でも知つてゐる多少の遠慮からだが、ベークしたからといつて、リンゴの栄養価が全然無くなつてしまつたとは思へない。身辺的にいへば、僕自身はなはだベークドアツプルがすきで、新聞社での食事はしばしば一杯のコーヒーとホツトケーキと、この焼林檎ぐらゐですますことが多いから僕にとつては、これが快適な食欲といつてゐゝのである」「装幀は、いつものやうに、恩地孝君をわづらはした。「朝の散歩」、「春帰る」、「外遊心境」、「柚子の種」など、僕がエツセイをまとめたときは、きつと恩地君に装幀をして貰つてゐる。それも、僕の楽しみの一つだ。本文より装幀ばかり感心する友達もある。そこで、装幀が推奨されると同格に、僕の本文が讀んでもらへるまで、僕は今後も恩地君に装幀を頼まうと思つてゐる」と記している。

恩地孝四郎は『本の美術』において、「土岐さんは亡兄の中学友達で、一緒に狂言を習いに通はれた由などで、また親しさを覚える先輩だ」「『やきりんご』は字のうまい土岐さんに字をほめられ照れた」（九十四頁）と述べている。

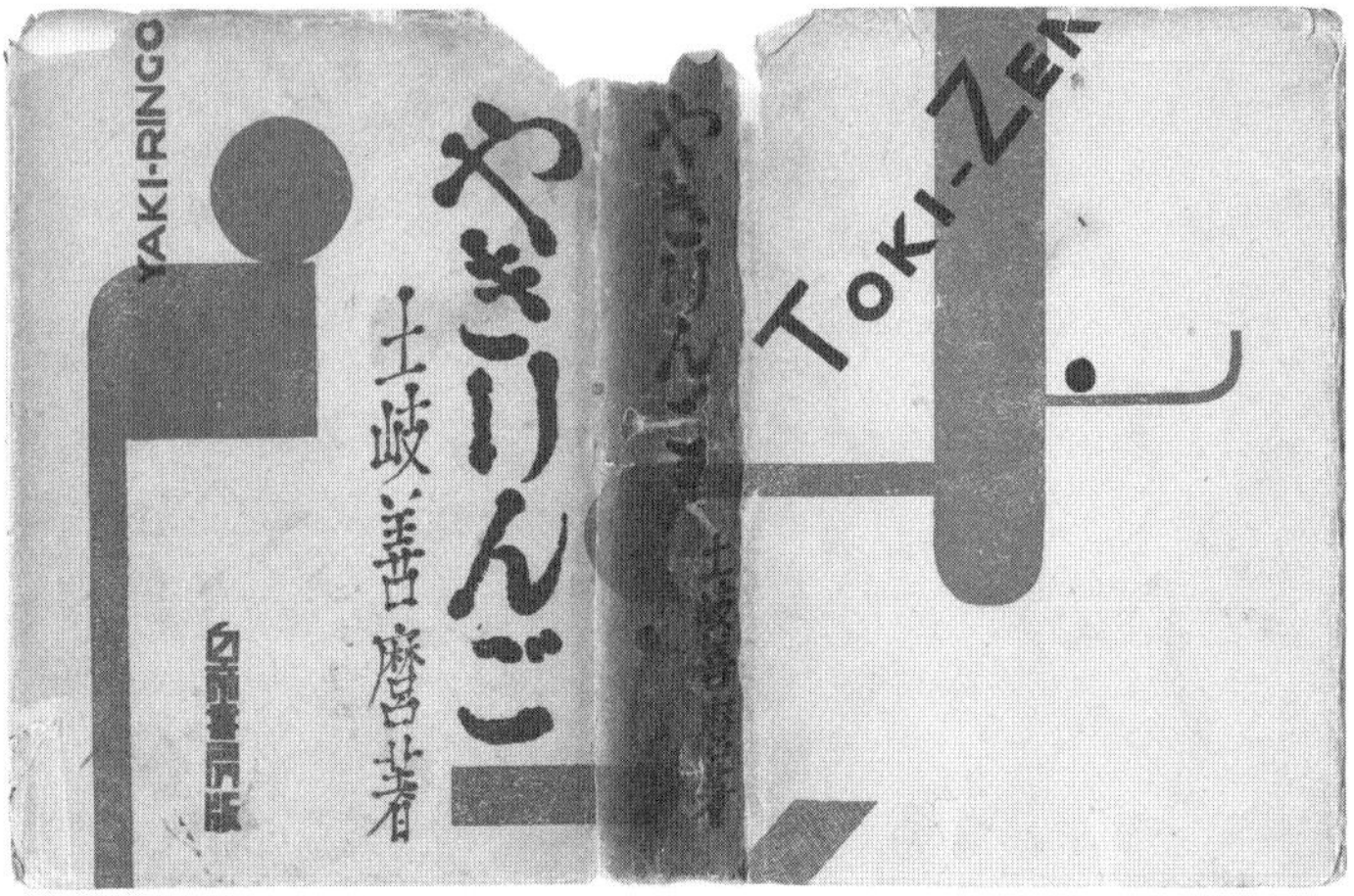

図12　『やきりんご』表紙

註

（1）**【絵画作品と文学】**恩地孝四郎は『海の童話』について、次のように述べている。

> これはたあいもないメルヘンである。しかし、このたあいもないメルヘンを取上げたということは私としては必ずしも無理ではない。この童話は、いつも私を少年時代にひきもどしてくれる。海、夏の烈日の下の極めてあっさりした嬉戯《きぎ》、しかもそこに味われる人間の原始と、又文化の最端との姿。むき出された体の喜びと、それを見る快さと、流行を競ったもののぐと、子供にかえった功利を忘れたあっけもない遊び、広漠の海と、茫久の空と。そして海棲の小さい生物、人のもつ行事として一番私にとって愉快な海水浴なのである。作るところ版画六枚詩一篇、夏の遊びに是非一本を手にとって頂きたい。（一九三五年、版画荘リーフレット。引用は『抽象の表情』三四二頁による）

この言説は井上芳子の「幼い頃の思い出を幻像のように追い求め、幼児から変わらない好奇心のありかを確かめている」という言説と重なり合う面をもつ。しかしここで述べられているのは（『海の童話』についての言説であるので、その意味合いでは当然ではあるが）「愉快な海水浴」であり、「海棲の小さい生物」であり、植物や動物について述べられているわけではない。また恩地孝四郎は「交流芸術」（『日本詩』第一巻第二号、一九三四年十月。引用は『抽象の表情』三三二〜三三三頁による）において、次のように述べている。

> 「海の童話」は海水浴状景の、詩と画との二種の表現を一本にまとめただけのものだが僕の画に対しては、描写万能画見からは画として扱われかねた。頃日、日本版画協会で巴里に日本現代版画展を開いた際、僕の画の如きは余りに文学的たらんとして絵画としては失敗だとの批評を蒙ったらしい。思い出すのはかつて僕の詩は余り視覚的であるという叱言だ。絵をかけば文学、詩をかけば

絵画ということになると、一寸シャッポである。各種の表現の純粋性を崇《とおと》ぶためには音楽は音楽だけ、詩は詩だけ絵は絵だけを感じさせるものが一番いいわけだ。だが、そんなことは人間の脳髄で出来るかどうか疑わしい。五官が頭で綜合され、知識として保存されるものであるうちは、自然に五官も連撃し、交流する。この交流のあるあって、われわれの表現も感覚も、豊富となり実体的でありうるのであろう。意識的にそこを目ざして進むことに一つの制作分野が存在すべきだ。僕の制作中の木版画集、「音楽作品による抒情」の如きはその一分野に向って微力をふっているわけだが、いつも叱られがちである。というわけは、音楽は耳のもの、時間をもつもの、それを眼のもの、時間性の絵画でかくなんて大間違いだというわけなのである。（引用者補：「時間性の絵画」は「非時間性の絵画」とでもあるべきか）

（2）恩地孝四郎は「写実・象徴・抽象・表出」（『浮世絵芸術』第三巻第九号、一九三四年。引用は『抽象の表情』三四三〜三四四頁による）という文章において、「象徴派は、形をかりて心内の無形物を表現した。超現実派は現実の形象をつき崩して心の生活を表出した。之らは実存物を駆使して無形物の表出を企てた。感受を画面に翻訳するのでなくして、物象によって、心の状態に形を与えた。――そしてこまでを絵画と呼ぶこと一般と異議を掲げない。潔く、用い古した絵画という字を捨ててしまえば異議はない。がそれ以後の平面造形自由美術を、絵画と呼んでも習慣上さし支えはないかと思う。で「絵画はいつまで描写に虐げられるのか」である。（略）絵画は文学でない。何を語っているかをきくことは絵画の正しい観賞でない。――むろん語っている絵画は別としてだ。語る絵画は絵画の一分子であっても本流ではない。見て感ずるのが絵画の観賞である。音楽の感賞は耳でする。しばしば眼ですべきものもあるが、それも同じく支流である。音楽は文字を持たない。歌の類は別として、音楽には理解の手形たる文字が無い。絵画もその点同じだ。が、絵画には普通には実存物がある。これが文字の代用をする。一体われわれの理解ということは一々文字に翻訳して、分ったとする。文字に翻訳出来ないものは分った部類に入れないのが常態である。有文の恵であり、同時に束縛である。（略）絵画の観賞に於いて、あそこに松があり、ここは汀であり、これは白砂であり、げに白砂青松涼風颯々《さつさつ》青海波満々たりという感慨に導かれるのが普通絵画の普通観賞法である。ならば実物を見て楽しもうよ」と述べている。

終章　アンティーム（親密）な時代

明治四十二（一九〇九）年十二月十五日に洛陽堂から刊行された『夢二画集　春の巻』は、おもに博文館から発行された雑誌のコマ絵の版木を譲り受けて編集したもので、初版には一七九図が収められている。訂正三版では大きな改訂を行ない、続編ともいえる「夏の巻」と本の体裁を揃え、さらに五版を加える。「夏の巻」も明治四十三年四月から四十五年までに八版に至る。『夢二画集』はいずれも版を重ねていく。

恩地孝四郎が、この『夢二画集　春の巻』を手にした「感想」を竹久夢二に伝え、それが「夏の巻」に紹介されていることについては第三章、四章でふれた。

酒井哲朗は「もうひとつの芸術」（『竹久夢二とその周辺』一九八八年、和歌山県立近代美術館、宮城県美術館）において、夢二の「作品が喚起する「懐かしさ」という感情、それこそが多くの人々の心情に訴え、共感を呼んだものである。夢二の芸術は、我々が日常生活の中で経験する喜怒哀楽の感情、このきわめて親しい人間的感情に抒情的形式を与えた」、「夢二は、人々の生の営為の中に明滅するささやかな感情、人々の胸の中に秘かに芽生え、いとおしまれつつ消え去ってしまう喜びや悲しみの感情を表わすアンティームな形式を創出した」（七頁下段）と述べている。

「アンティーム」はフランス語の形容詞「intime」であるが、小型の辞書でこの語を調べると、〈親密な、気のおけない〉〈くつろいだ、暖かい〉〈秘めた、私的な〉〈心の奥深く秘められた、本質的な〉などという日本語に置き換えられていることがわかる。「アンティミテ（intimite）」であれば「親密感」ということになる。美術史においては、室内のようすや、日常の家庭生活などに材をとり、そこに個人の内的な感覚、感情を反映させて親密な情感を表現するような作風の画家を「アンティミスト（親密派）」と呼ぶことがある。

さらに酒井哲朗は「画集というコミュニケーションの形式も重要な意味をもっている。『夢二画集』の成功は、ひとりひとりの読者の心に直接通うプライベートなコミュニケーションが、マス・メディアにのったという現象であった。そのコミュニケーションのあり方は、基本的に私性が特徴である。恩地と夢二の手紙からはじまった交流などは、そのひとつの理想型だったといえるであろう。恩地と夢二の出会いは、恩地が秘かに抱いていた夢を夢二の芸術の中に発見したためであった。それは詩と画が相互に響き合って成立する抒情の世界であった」（七頁下段）と指摘する。

萩原朔太郎は北原白秋主宰の『朱欒』を熱心に講読しており、そこに掲載されていた室生犀星の詩に感激して犀星に手紙を送り、親しくなっていく。その朔太郎は、『朱欒』に自身の短歌を送り、掲載されている。それを「私性」ととらえることはもちろんできるので、そうしたとらえかたをすることに否やはないが、それを「同人誌的」と呼ぶこともできるのではないだろうか。

萩原朔太郎に関していえば、朔太郎は、大正四年三月に人魚詩社同人と『卓上噴水』を創刊する。この雑誌は同年五月に三号で終刊となる。そして大正五年六月には室生犀星と『感情』を創刊する。この雑誌は大正八年十一月に三十二号で終刊する。朔太郎の『月に吠える』の装幀を担当した恩地孝四郎、装幀を依頼されながら逝去した田中恭吉二人に関していえば、回覧雑誌『ホクト』（同人は田中恭吉、藤森静雄、大槻憲二、田中二郎、久本信男。一九一一年十月、十一月に二冊制作）、回覧雑誌『密室』（一九一三年五月九日から一九一四年三月十日まで九号）、『月映』（一九一四年から一九一五年十一月、七輯まで）の制作にかかわっている。

回覧雑誌、同人誌においては、それぞれの作品について意見を述べ合う「合評会」がいろいろなかたちで行なわれることが多い。「合評会」は、自身の作品が「受け手」にどのように「うけとめられるか」を自身が知るためのものであろうが、その「受け手」が一般的な「受け手」でなくて、親密な仲間であった場合は、そうしたことを重ねていくことによって、そこに、より「親密な（濃縮された）空間」が形成されていくことが推測される。

『夢二画集　夏の巻』の末尾に置かれた「『夏の巻』の終りに」において、夢二は「日本の挿絵」について述べ、その中で「挿絵は内より画くものと、外より描くものと二種に分ちたい。内より画く絵といふのは、自己内部生活の報告だ。感傷の記憶だ。外より描くといふのは小説や詩歌の補助としての、或は絵画専門の雑誌へスタデーとしてのスケツチだ」、「僕は、その内部よりの挿絵を選びたい」と述べている。「自己内部生活の報告だ。感傷の記憶だ」という表現を整理すれば、「自己内部生活の報告」＝「感傷」ということになる。あるいは「感傷の記憶」＝「感傷の記憶の報告」と考えるならば、「自己内部生活の報告」＝「感傷の記憶の報告」で、「自己内部生活」＝「感傷の記憶」ということになる。いずれの理解がよいか、判断することは難しいが、いずれにしても、ここでの「感傷」は「自己内部生活」ということとちかいことになる。それは酒井哲朗のいうところの「アンティーム」なものということになる。

「親密な空間」は「密室」ということにもつながる。田中恭吉が藤森静雄、大槻憲二らとともにつくった回覧雑誌は『密室』というタイトルであった。「感傷」は後に述べる「ノスタルジー」や「抒情」と重なり合いをもつ、いささか限定的な感情であると考えるが、一般化すれば、それは「感情」ということになる。そして、萩原朔太郎が室生犀星とつくった雑誌のタイトルは『感情』であった。(1)

酒井哲朗は「アンティーム」を「私性」と結びつけた。『夢二画集』が版を重ねていったのは、いうまでもなく、それが多くの人に受け入れられたからであるが、「受け手」側からいえば、『夢二画集』が発信していた「心性」に共感した人が多かったということになる。「共感した」を「反応した」と言い換えてもよい。あるいはそういう「心性」がしらずしらずのうちに多くの人に求められていたとみてもよいだろう。

『夢二画集　春の巻』は明治四十二年十二月十五日に出版されているが、この年の三月十五日には北原白秋『邪宗門』が出版されている。『思ひ出』はその二年後の明治四十四年六月五日に出版されているが、白秋自身が、『思ひ出』冒頭に置いた「わが生ひたち」の中で次のように述べている。

「断章」の六十一篇は「邪宗門」と同時代の小曲であつてその以後の新風ではない。それは恰度強い印象派の色彩のかげに微かなテレビン油の潤りのさまよふてゐるやうに彼の集のかげに今なほ見出されずして顫へてゐたものである。私はかの私の抒情の「歌」とゝもにこの「断章」のやうな仄かな芸術品が「邪宗門」や「東京景物詩」やその他の異なつた象徴詩の間にも、なほ純なるわかき日の悲しみを頼りなく伴奏しつゝあつた事をせめては首肯して欲しいのである。

私は兎に角、可憐なさうして手ごろの小さい抒情小曲集を、私のなつかしい人々の手に献げたいと思つて、なるべく自分に親しみの深い、穉い時代の「思ひ出」を茲に集めた。

『思ひ出』には「抒情小曲集」と印刷されている。この「抒情」は夢二の「感傷の記憶」と重なると考える。そしてこの時期に生きた多くの人がもっていた＝共有していたものであり、多くの人が反応した＝共感したものであったと考える。そうした意味合いにおいて、この時期にひろがりをもった。「この時期」と表現したが、やはりまずはどのような「時期」であったかを考えておく必要があろう。

ごく粗くいえば、明治四十二（一九〇九）年とは、日清戦争、日露戦争という二つの戦争を経て、日本が「近代」を拡大していった時期といえよう。北原白秋が「鋼鉄風景」で描き、古賀春江が「窓外の風景」で描いた「近代」はさらなる（新たな）「近代」へと変化し始めていた。明治四十三年六月一日に刊行された『三田文学』第一巻第二号に、森鷗外の「普請中」が載せられている。そこには次のような行りがある。

果して精養軒ホテルと横に書いた、割に小さい看板が見附つた。

河岸通りに向いた方は板圍ひになつてゐて、横町に向いた寂しい側面に、左右から横に登るやうに出来てゐる階段がある。（略）

あたりはひつそりとして人氣がない。唯少し隔たつた處から騒がしい物音がするばかりである。大工が這入つてゐるらしい物音である。外に板圍ひのしてあるのを思ひ合せて、普請最中だなと思ふ。

そして「渡邊参事官」は「待つてゐた」「ブリユネツトの女」と会う。女は「アメリカへ行くの。日本は駄目だつて、ウラヂオで聞いて来たのだから、當にはしなくつてよ」と言い、「渡邊参事官」は「それが好い。ロシアの次はアメリカが好からう。日本はまだそんなに進んでゐないからなあ。日本はまだ普請中だ」と言う。東京府築地に「西洋館ホテル」がつくられたのは明治五（一八七二）年のことで、翌年に「西洋館ホテル」は「精養軒ホテル」と改称する。「普請中」の「精養軒ホテル」が実際に存在した築地精養軒ホテルとは限らないけれども、そうとらえた場合、築地精養軒ホテルは明治四十二年に三階建て三十二室の新館をオープンしたことがわかっており、「普請中」が書かれたのが明治四十三年であることを考え併せれば、この明治四十二年の改修工事のことを考えるのが自然であろう。つまり「日本はまだ普請中だ」というのは、明治初期に西洋文明を受け入れ始めた時期のこと、精養軒ホテルでいえば、明治五年のことととらえやすいが、そうではなくて、日清、日露の両戦争を経た時期の「普請中」とみることもできることになる。

永井荷風の「日和下駄」が『三田文学』に載せられるのは大正三（一九一四）年の八月のことであるが、それは東京市小石川区金富町（現在の文京区春日二丁目）、すなわち「東京」に生まれた永井荷風が、変わりゆく「故郷（東京）」を日々実感したその記録といってもよい。荷風は「今日東京市中の散歩は私の身に取つては生れてから今日に至る過去の生涯に対する追憶の道を辿るに外ならない。之に加ふるに昔ながらの名所古蹟を日毎年毎に破却して行く時勢の変遷は、更に市中の散歩をして悲哀無情の寂しい詩趣を帯びさせる。およそ近世の文学に現はれた荒廃の詩情を味はうと欲すれば埃及伊太利に赴かずとも手近の東京を歩むほど、無惨にも痛ましい思をさせる処はあるまい。今日見て過ぎる寺の門、昨日休んだ路傍の大木も此次来るまでには必貸家か製造場になつて居るに違ひないと思へば、それほど由緒のない建築も又はそれほど年経ぬ樹木とても限り知れず尊く奥床しく打仰がれるのである」（単行本五〜六頁）と述べている。

また、田山花袋の『東京の三十年』は大正六（一九一七）年六月十五日、博文館から（ほぼ書き下ろしのかたちで）刊行されている。アルフォンス・ドーデ（一八四〇〜一八九七）の『パリの三十年』（一八八八年）に倣ったということはあるにしても、そして田山花袋の個人的な事情があるにしても、やはり振り返るには振り返るだけの「時期」があると考える。振り返る、振り返って言語化するとは「反省的にとらえる／観察する」ということでもある。(2)『東京の三十年』は田山花袋が十一歳で丁稚奉公をした明治十四年を回想する「その時分」から始まる。「その時分」は「東京は泥濘の都会、土蔵造りの家並の都会、参議の箱馬車の都会、橋の袂に露店の多く出る都会であった。考えて見ても夢のような気がする。京橋日本橋の大通の中で、銀座通を除いて、西洋造りの大きな家屋は、今の須田町の二六新聞社のところにあったケレー商会という家一軒であった」「三越はまだ越後屋と言って、大きな折れ曲った店に黒い中に白く抜いた字の暖簾が長くかかっていて、中から、番頭や小僧の「おー、おー」と言うような一種諧調のある呼声が聞えた」と始まる。これが明治十一年の東京であった。「明治天皇の崩御」には「御維新から今日までのことを考えると、いろいろなシーンが私の眼の前にちらつくような気がした。維新の変乱、官軍の東征、江戸城の明渡し、つづいて東京遷幸、私の初めて東京に来た時分には、維新の功臣もまだ年若く、江戸城の面影も処々に残っていて、いわゆる当年の参議連が箱馬車を駛らせて、丸の内を通って行くのをよく見送った。伊藤公もまだ壮年なれば、大隈侯もまだ爆弾の変に逢わなかった」「その明治の功臣も老いかつ凋落した。中でも伊藤公のハルピンの死などは、陛下に取っても大きな事実であらせられたに相違なかった」とある。伊藤博文がハルビンで暗殺されるのは一九〇九年のことである。

そうして振り返った時に、江戸／東京生まれの人が思ったことは、「変わりゆく東京」であったはずで、それは木下杢太郎の表現でいえば失われつつある「江戸情調」への気持ちであっただろう。江戸／東京生まれでない人々は、自身の「故郷」と「東京」とを対照し、そこに「郷愁」を感じることになろうが、東京が「近代」から「さらなる近代」へと変貌していけばいくほど、「故郷」との「距離」が生じていく。

「郷愁」を小型の国語辞書で調べると「ふるさとをはなれて、ふるさとをなつかしむ心。ノスタルジー」（『三省堂国語辞典』第七版、二〇一四年）のように説明されることが多い。しかし、英語「nostalgia」、フランス語「nostalgie」は時間的にある時期を〈懐かしむ気持ち〉も空間的にある場所を〈懐かしむ気持ち〉もどちらも表現する語であり、後者は「郷愁」と置き換えることができるが、前者は「懐かしさ」あるいは「懐古」ということになるだろう。そうであれば、本書が注目した時期を表現する語としては「ノスタルジー」がふさわしいともいえよう。東京から故郷を懐かしむ気持ち、明治初期であれば、失われゆく「江戸情調」を懐かしむ気持ち、明治四十二年頃であれば、まだ「江戸情調」を残していた明治初期の東京を懐かしむ気持ち、それらすべてを「ノスタルジー」としてくくれば、それが一つのキー・ワードということになる。ただし、「ノスタルジー」は場所や時期に対しての「懐かしさ」であって、人間に向けられた感情ではないということには留意しておく必要がある。

そしてもう一つ注目しておきたいのは、本書第二章、四章中でふれたが、室生犀星が北原白秋の『思ひ出』に関して「『思ひ出』一巻にあふれた抒情詩はすべて女の子に、呼吸をひそめて物言うような世にもあえかな詩情からなり立ってい」(『我が愛する詩人の伝記』六頁)ると述べていることである。この「女の子に、呼吸をひそめて物言うような世にもあえかな詩情」こそが「抒情」であると考える。ここでは「女の子」すなわち人間が「物言う」対象となっている。したがって「抒情」は(おもに)人間に向けられた感情ととらえておきたい。「抒情」の延長線上に回覧雑誌、同人雑誌における「同人」があるのではないだろうか。本書において採りあげた、木下杢太郎、青木繁、竹久夢二、古賀春江、北原白秋、萩原朔太郎、室生犀星、恩地孝四郎はいずれも男性である。そのことはこれまでに充分に吟味されてきたのだろうか。先の「女の子に」という表現を(「女性」ではなく)「女性性」と置き換えることはできないだろうか。男性的な性質という意味合いで「男性性」、女性的な性質という意味合いで「女性性」という表現を考えることにする。これは生物的な観点ではないので、ヒトの女性に「男性性」を見出すこともできるし、ヒトの男性に「女性性」を見出すこともできる。「性質」をヒトに限らず、あらゆる生物に設定できると考えれば、ある植物に「女性性」を見出すこともできる。

萩原朔太郎が『月に吠える』の「序」において「この共通を人間と植物との間に発見するとき、自然間の『道徳』と『愛』とが生れるのである。そして我々はもはや永久に孤独ではない」と述べていることについては、第四章でふれた。ここでは「人間と植物の間」に「道徳」と「愛」とが生まれると述べられている。こうした「心性」をどのように表現するのがふさわしいかについ

ては慎重に検討する必要があると考える。(3)

共時的視点と通時的視点

言語の研究においては分析対象としている言語あるいは言語現象を「共時的に」とらえるか、「通時的に」とらえるか、ということをまず考える必要がある。終章のタイトルを「アンティームな時代」としたが、本書は明治四十二（一九一〇）年からの十年間をおもに観察している。これは「共時的」なとらえかたといってよい。その期間は「アンティーム」・「抒情」をキーとして芸術的な活動が展開していたということを、木下杢太郎、青木繁、竹久夢二、古賀春江、北原白秋、萩原朔太郎、室生犀星、恩地孝四郎などに着目しながら具体的に確認し、その確認をとおして、「絵とことば」とのかかわりについて考えてきた。

言語の研究において対象を「通時的」にとらえるといった場合は、例えば一つの語が時間の経過とともに、どのように語形を変化させていくか、あるいはどのように語義を変化させていくか、「係り結び」と呼ばれる文法形式がどのように変化していくか、ということを観察する。これは確実に同一であると思われる対象についての「通時的」観察といえよう。そのことからすれば、言語研究の「通時的」な観察と同じように、とはいえないであろうが、時間軸に沿った観察もできなくはない。

例えば、細野正信は『竹久夢二と抒情画家たち』（一九八七年、講談社）において、北原白秋が、『地上巡礼』第一巻第二号（一九一四年十月一日、巡礼詩社）の「寄贈雑誌」欄で、『月映』の創刊号を採りあげ、「木版のなかでは恩地氏の抒情Ⅲの眼玉にハツと驚いた」と述べた、恩地孝四郎の「抒情Ⅲ」（一九一四年）の「眼玉」はセノオ楽譜の「草の夢」（一九二四年七月二十九日）、セノオ・ヤマダ楽譜の「城ヶ島の雨」（一九二六年二月二十八日）や「開け汝が窓」（一九二七年七月十日）に重なり、「これらの眼は」、竹久夢二『山へよする』（一九一九年、新潮社）「のそれであり」「その先はルドンであろう」（一六七頁）と述べている。例えばオディロン・ルドン（一八四〇～一九一六）の「眼＝気球」は一八七八年のものであるので、粗く並べれば、ルドン↓竹久夢二↓恩地孝四郎という「並び順」になる。しかし、竹久夢二は竹久夢二で、恩地孝四郎は恩地孝四郎で、それぞれにルドンの眼に感応するということも考えられなくはないので、厳密な意味合いにおける「通時的」観察は難しいことが推測される。またこの場合は、「受け継がれているもの」が「眼」という、ヒトに共通して備わっているものであり、ルドンを通してのみ眼を知ることができるというわけではないということもある。それはそれとして、このような「通時的」な観察も可能になる。ちなみにいえば、私輯『月映』Ⅲに載せられている「泪」や公刊『月映』Ⅱに載せられている「抒情Ⅷ　われいかる」、「抒情Ⅸ　のぞみすてず」や「死によりてあげらるる生」（一九一五年）にも眼が描かれている。しかしこうした観点も、絵画作品の場合、結局は「描かれているもの」を手がかりにした観察ということになる。

詩的言語と絵画作品とのちかさ

序章で述べたように、本書においては「伝えたい内容＝情報」を広義の「イメージ」ととらえ、その「伝えたい内容＝情報」のうち、言語によってかたちを与えにくい（ことが予想される）「感覚／感情」を狭義の「イメージ」と呼ぶということを提示した。それに対して、例えば「真実」を絵画作品で表現するというような場合は、すでに「シンジツ（真実）」という日本語がもっている語義がある。小型の国語辞書、例えば、『集英社国語辞典』第三版（二〇一二年）は見出し項目「しんじつ」に「①うそ偽りでないこと。本当。まこと」「②仮でないこと。絶対の真理」という語釈を置いている。「シンジツ（真実）」という語の語義は、言語使用者によって、少しずつは異なるかもしれないが、共有されている語義が必ずある。「真実」を絵画作品で表現するといった場合、絵画作品としてアウトプットしようとしているものは、すでに言語化されていることになる。そのような「語義」を絵画化しようとしているのではなく、「真実」の「イメージ」を絵画化しようとしているのだという反論があるかもしれない。しかし、もうその時に「シンジツ（真実）」という語すなわち語義がそこにかかわっている。「シンジツ（真実）」という語から醸成された「イメージ」を絵画化したと考えたとしても、「イメージ」が起点にあるのではない。

それに対して、なんらかの感覚によって醸成された「気持ち／感情」などにはあらかじめ言語によってかたちが与えられているわけではない。それを言語によって、丁寧にかつ説明的にかたちを与える＝言語化することはできるかもしれない。そのような「説明的にかたちを与える」の非説明的な言語化のしかたが、「詩的言語による言語化」と考えたい。それは「イメージ」の非説明的な言語化ということになる。この場合、作り手が「アウトプット」しようとしていた「イメージ」と、言語化された詩作品をよんで、読み手が受け止めた「イメージ」とが重なり合い、響き合うものであった時には、詩的言語による伝達ができたことになる。これが「詩がわかった」という状態ではないだろうか。一つの詩作品を滞りなく受け止めることができる、というのはこういう場合ではないだろうか。そうだとすると、作り手が「アウトプット」しようとしていた「イメージ」と重なり合うような「イメージ」を受け手が脳内に蓄積していることが必要になる。こうしたことについては、今後さらに考えを整理していきたい。

ここで述べたかったのは、絵画作品と言語とのかかわりを考えることは、そのまま詩的言語を考えることにつながっていくだろうということだ。序章で述べたように、筆者は日本語を分析してきた。これからもそうであり、そうした日本語の分析、言語の分析の中に、詩的言語についての分析を定位することが筆者の今後の課題の一つである。

註

（1）ここでいうところの「感情」はさまざまな語で表現されている。例えば室生犀星の『愛の詩集』に収められた「結婚時代」というタイトルの詩作品には、次のような行りがある。冒頭から十三行を掲げる。

自分はやはり女性のことを考へる
自分にとつては幸福であり
救儕の全てである女性を考へる
その美しさを考へる
その美しさの中の神に近いものを考へる
自分はある女性を恋した
いまそれを考へえると
その女性の中に自分の内映を見いだし
その自分の力を恋したのであつた
自分はこのごろ初めて女性を見ることが出来
女性を恋してもよい年齢とに逢ひ
女性に対して立派な肉体をもち
低級な情感をふりおとすことが出来るやうに
なつた

右では「内映」という語が使われている。『日本国語大辞典』第二版は見出し「ナイエイ（内映）」において、右の『愛の詩集』の例のみを掲げている。そのことからすると、この「ナイエイ」は室生犀星の造語である可能性をもつ。この語なども「感情」と重なり合うと考える。それを詩作品としてアウトプットする場合もあれば、それを女性に見出すこともあることになる。

（2）**【夏目漱石と絵画】**二〇一六年九月九日の『朝日新聞』（朝刊）の「折々のことば」（五一四）において、鷲田清一は夏目漱石の『草枕』中の「涙を十七字に纏《まと》めた時には、苦しみの涙は自分から遊離して、おれは泣くことのできる男だという嬉《うれ》しさだけの自分になる」（三）という、作中では三十歳に設定されている「余」（洋画家）のことばを掲げている。『草枕』は雑誌『新小説』（春陽堂）第十一年第九巻（一九〇六年九月一日発行）に発表されている。漱石の書簡から明治三十九年の七月二十六日に着手し、八月九日に脱稿したことがわかっている。作品中に「いえ、戦争が始まりましてから、頓と参るものは御座いません。」（二）、「所へ今度の戦争で、旦那様の勤めて御出の銀行がつぶれました」（二）という行りがあり、この「戦争」が日露戦争（明治三十七（一九〇四）年二月八日～明治三十八（一九〇五）年九月五日）のことをいっているのであれば、作品が描いているのも、明治三十七～三十八年頃の日本ということになる。鷲田清一は、「どんな苦境も、その景色を「一幅の画《え》」として見たり「一巻の詩」として詠めれば抜け出せると、語り手の画家は言う。ありもしない不幸を描きだしそれに悶《もだ》える自己を歎くのではなく、「自分の屍骸《しがい》を、自分で解剖」するかのようにまずは情感を定型に象《かたど》るべしと。そんな境地があるならいつか立ってみたいものだが」と述べている。鷲田清一が右の『草枕』の行りを掲げて自身が述べたいことは当然あろうが、それはそれとして、『草枕』で描かれている時期、そして漱石が『草枕』を執筆した時期は、本書がおもな分析対象とした「黄金時代」（一九一〇年代）の五年ほど前ということになる。作品中には「ミレーのオフェリヤも、かう観察すると大分美しくなる。何であんな不愉快な所を択んだものかと今迄不審に思つて居たが、あれは矢張り画になるのだ」（七）という行りがあり、ラファエル前派のジョン・エヴァレット・ミレイの絵画作品「オフィーリア」（一八五一～一八五二年、ロンドン、テイト・ブリテン美術館蔵）に言及している。

芳賀徹は「漱石のなかの絵——王若水の「懸物」をめぐって」（『夏目漱石の美術世界』二〇一三年、東京新聞・ＮＨＫプロモーション所収）において、次のように述べている。

> 『草枕』（明治三十九年）は、ほとんどそのまま作家漱石による空想の東西美術館と呼んでいいような一篇ではなかろうか。非人情の画想を求めて旅する一画工の脳裡に、陶淵明や王維やシェリーの詩が浮かぶのは当然としても、同じように長沢蘆雪とジョン・エヴァレット・ミレイが、円山応

> 挙とサルヴァトール・ローザが、大雅、蕪村とレッシングが、それぞれいくつかの連想のもとに、あるいは対比のもとに、語られてゆく。その合間には伊藤若冲も北斎も白隠禅師も、さらに岩佐又兵衛もスターンもスゥィンバーンも、当たり前のごとく引き合いに出され論じられる。二十世紀初頭のヨーロッパにもアメリカにも、また中国にも、このように中国古典詩から日本の近世絵画そしてラファエル前派までを美晴るかして、自由自在に詩画を論じてゆく画論小説は、ほかにまだとうていありえなかったろう。それは、夏目漱石という十九世紀後半の極東日本の知識文人によってのみ可能となった離れ業であった。　（八頁）

漱石のみに可能であった「離れ業」かどうかは措くとして、そして『草枕』を「画論小説」と呼ぶことがふさわしいかどうかは措くとして、とにもかくにも『草枕』にはそうした固有名詞が書き込まれている。

泰井良は「夏目漱石『文展と芸術』——漱石の「自己の表現」と黒田清輝、高村光太郎」（『夏目漱石の美術世界』所収）において、

> 漱石は、自らが評価し理想とする作品に「画の仕上げ」を要求される「構想画」を求めてはいない。むしろ、黒田の言うところの「スケッチ」、「心持の現れ」た作品、漱石の言葉で言うと「一種の気分」を伴った作品を求めていたことがわかる。だからこそ、漱石は『文展と芸術』で、黒田の《習作》について、「若し日本の女を品位のある画らしいものに仕上げ得たものがあるとするなら、此習作は其一つに違ないと思つたのである。けれども夫《それ》以上自分は此絵に対して感ずる事は出来なかつた」と述べて、黒田の作品には作家の「感性」「個性」が表れていないとして評価していない。もちろん、この作品も、「構想画」ではないが、漱石は、黒田の習作にさえも、「構想画」につながる作品の「仕上げ」や完成度への執着、そして、そのことによる「スケッチ」のみに現れる「一種

の気分」の欠如を読み取っている。このように漱石にとって、完成され構築された作品、すなわち、その究極の在り様である黒田の「構想画」は理想ではなかった。むしろ荒削りな「スケッチ」でもよいから、画家自らの感性や個性が画面に表出している作品が好ましいものであった。それが、漱石の意味する「自己の表現」であったのである。

（三十六頁）

この言説においては、「仕上げ」や「完成度への執着」が話題となっているが、重点は「自己（の気分）を表現すること」であったのではないだろうか。表現するものは、「自己の気分」で、とにかくそれを表現することによって、他とは異なる「自己を表現する」ということであったのではないか。本書は黒田清輝の絵画作品について述べる場ではないが、本書の行論とかかわりがあるので、一言付け加えておく。

黒田清輝の「昼寝」（一八九四年）、「大磯鴫立庵」（一八九六年、筆者は二〇一六年四月六日、「黒田清輝」展において実見）は「読書」（一八九一年）や「湖畔」（一八九七年）を一方に置くと、かなり変わった作品にみえる。この「昼寝」について、北澤憲昭は次のように述べる。

> 代表作と見なされる《湖畔》（明治三〇年）の俗っぽいすがすがしさや、《鉄砲百合》（明治四二年）のノンシャランな爽やかさとはかなり異なる作風で、留学帰りの青年画家らしい覇気の感じられる小品である。草上の敷物に腕枕で側臥する白衣の女性の頬、首、肩口、袖、それから周辺の草の上にも木漏れ日らしい光が、どぎつく強調されており、そのため、この絵は「印象派的」と称されもするのだけれど、しかし、それでは、この絵がin-の絵画であるかといえば、そういいきるのはむつかしい。この絵はex-の動勢をはらんでもいるのだ。
>
> （『境界の美術史』二〇〇〇年、ブリュッケ、三一一頁）

「in- の絵画」「ex- の動勢」は右に先立って「「印象」に対応する欧語の impression は、「内へ」を意味する接頭辞 im-（in-）と、圧することを意味する pression から成っており、「印象」のほかに「感銘」「感想」「印刷」「出版」「痕跡」「印影」などの意味をもつ。この pression に「外へ」の意味をもつ接頭辞 ex- がつくと「表現」の意味になるのだが、impression と expression というこの一対の概念にはたんにベクトルを逆にするという以上の関係が見出される」（三〇六〜三〇七頁）と述べていることを受けている。北澤憲昭は先の引用に続いて、次のように述べる。

黒田のタッチは、印象主義とのズレも感じさせずにはおかない。それらは、必ずしも光の現象を捉えるべく供されているわけではない。むしろ、黒田はタッチの自発性を楽しんでいるようにさえみえる。そのことは、画面のいたるところに跳ね躍る朱のタッチにおいて著しい。ちょっとモネを連想させるこれらの朱には、たんに印象の再現といってすますことのできないものが、たしかに認められるのである」（三一二頁）、「とはいえ、《昼寝》の黒田が再現性を捨て去っているわけでは、もちろんない。皮膚を描き忘れたのではないかという揶揄は、この絵に筋肉の存在を認めているということ、つまり、黒田が実在に沿ったモデリングを捨て去ってはいないということをも示しているのだ」（同前）、「黒田が、この絵画に、実在のたんなる再現とも、光の現象の絵画的記述とも異なる次元をもたらしていることは否定できない」（同前）「黒田のタッチは、画面上に分散しつつ、画面を、いわばゲリラ的に制圧しているのだ。これらの朱が仮に映発を示しているのだとしても、たとえば坂本繁二郎の《張り物》（明治四三年）の朱に示されるような光への現象学的接近は、ここにはみとめがたい。ここには再現を超えたものがある。黒田清輝における朱色は、代赭となって《智・感・情》（明治三二年）の人体の形を縁取ることで、やがてその観念性をあきらかにするだろう。

（三一二〜三一三頁）

北澤憲昭は「昼寝」の「朱のタッチ」と「智・感・情」の代赭の縁取りとをつなげてとらえていると覚しい。しかし、「智・感・情」というタイトルは黒田清輝が与えたものであり、そこに描き手と「智・感・情」という言語あるいはこれらの語で表わされる「思想」との何らかのかかわりがあると推測される点において、昼寝をしている女性を描いている絵画作品に「昼寝」というタイトルが与えられていることとは異なる。「昼寝」は描かれているいわば「実在」を説明しているのに対して、「智・感・情」はそうではない。これは黒田清輝の師であるコランが「人の体を以て何にか一の考を示」したことと通うのではないだろうか。筆者の表現を使えば、「智・感・情」というタイトルを描き手によって与えられている絵画作品は、言語化されている概念を何らかの手がかりにして制作されたものであるとみたい。それに対して、絵画作品「昼寝」は「ヒルネ（昼寝）」という概念を絵画化したものではなく、昼寝をしている女性から描き手である黒田清輝がうけとった何らかの「情調」あるいは「イメージ」（それは夏の強烈な光線かもしれないが）を絵画化したもので、その点が異なるとみることはできないだろうか。

宮崎克己は『西洋絵画の到来』（二〇〇七年、日本経済新聞出版社）において、黒田清輝の「昼寝」「大磯鴫立庵」「夏木立」などについて「あきらかに印象主義を試みたと考えられる」（一六二頁）と述べている。また、「西洋では十九世紀の後半にいたってなお「歴史画」、すなわち「偉大なる物語」を描いた堂々たる大画面絵画が、あらゆる絵画の中でもっとも格の高いものとして位置づけられていた。そして「歴史画」において、しばしば「ヌード」は不可欠の構成要素だった。そもそもギリシア・ローマ神話の男女の神々や、旧約聖書のアダムとエヴァ、入浴するバテシバなど、主人公がヌードとして登場する「偉大な物語」は少なくない。のみならず山、泉、樹など自然の要素はしばしばニンフ（精）として描かれ、また正義、平和、嫉妬などという抽象概念も擬人化されてアレゴリー（寓意像）として描かれるのだが、それらはしばしばヌードである。逆に言うと、西洋の古典的絵画に描かれたヌードで、このような物語の文脈の中での意味をもたないものは、きわめて稀だったのである。歴史画ではなく風俗画のヌードも、十八世紀のロココ絵画以後しばしば描かれるようになる。十九世紀の前半にはアングルやドラクロワが、オリエントの風俗という設定で、ハーレムの女性をヌードで描いた。そしてクールベ、マネ、ドガらは現実生活に情景を設定して、徹底してリアルなヌードを描いた。ルノワールが印象派時代の一八七〇年代に描いたヌードは、かなり現実感の強いものだった。ところで黒田清輝の《朝妝》は、まさに十九世紀の徹底したレアリスムの系譜に連なるものであり、一方、《智・感・情》は、歴史画の系譜、つまりアレゴリーとしてのヌードの系譜に属しているものだったのである」（二二八〜二二九頁）と述べている。

（3）**［朔太郎は幻覚を言語化したか？］**　例えば木股知史は『画文共鳴』（二〇〇八年、岩波書店）において、次のように述べている。

『月に吠える』の包紙画「夜の花」は、仙人掌《サボテン》の花を念頭に置いて描かれていると思われるが、エロスや女性のシンボルとしての花、そして人工庭園・温室・植物園にまつわる幻想、また、神経のそよぎと植物との交感は、当時共通の発想基盤として存在していたように思われる　（二九二頁）

植物にエロスを見出すような着想は、恭吉にもあって、一九一三［大正二］年三月の回覧雑誌「密室」第一号に寄せられた小品「夜の緋罌粟」は、性の不安にさいなまれる室内の少年と、屋外の植物の受粉の様子を対比するように描き出している　（同前）

筆者は、「人工庭園・温室・植物園」は「植物」という要素だけではなく、「都市」という要素をも備えていると思われるし、「植物との交感」すべてを「エロス」と呼ぶのが適切かどうかと考える。木股知史は萩原朔太郎が大正四（一九一五）年五月に発行された『詩歌』第五巻第五号に載せた「言はなければならない事」という文章を朔太郎の実際の「幻覚体験についての克明な報告」ととらえ、末尾の「私は私の驚くべき神経のTremoloから色々な奇蹟を見る。その奇蹟が私を悲しませる。私の詩はすべて私の実感から発した『肉体の現状』に関する報告である。私が言はなければならないことを言つたのは此の事である」（「言はなければならないことを」は「言はなければならないこと」の雑誌発表時の誤植であろう。『萩原朔太郎全集』第三巻（一九七七年、筑摩書房）には「言はなければならないこと」とある）を引いた上で、「朔太郎はここである秘密を告白している。彼の詩の幻想性は、意図的に知的に構成されたものではなく、『肉体の現状』に関する報告」、すなわち、病的な幻覚体験に関する記述だというのである。朔太郎にとっての課題は、幻覚体験の記述という受動的な姿勢にどのような思想性を付け加えることができるかということであった。幻覚の記述だけなら、一冊の詩集は明確なテーマをもつことができないからである」（二九九頁）と述べる。さらにここに記されている言説を実際の「幻覚体験」ととらえた上で、詩作品「竹」をよみ、「竹のイメージは、あとから詩を構成するために、意図的に持ち込まれた要素である可能性があることがわかる。つまり、幻覚体験を思想に昇華するために、朔太郎は、竹というイメージを選んだのかもしれないのである」「受け身でいるしかなかった病的な幻覚体験を、朔太郎がどのように思想としてとらえ直したかについての道筋をたどっておくことにしよう」（同前）と述べている。

　右の言説に関して、筆者が理解しにくいのは、朔太郎が『月に吠える』の冒頭に置いた「序」が「詩の表現の目的は単に情調のための情調を表現することではない。幻覚のための幻覚を描くことでもない。同時にまたある種の思想を宣伝演繹することのためでもない。詩の本来の目的は寧ろそれらの者を通じて、人心の内部に顫動する所の感情そのものの本質を凝視し、かつ感情をさかんに流露させることである」と始まるにもかかわらず、朔太郎が「思想性を付け加える」ことを考え、「幻覚体験を思想に昇華するために」いわば努力していたとみている点である。わざわざ「思想を宣伝演繹することのためでもない」と言挙げしているにもかかわらず、それは虚言で、実際は「思想性」を付加しようとしていた、となぜとらえることができるのだろうか。そして、この「序」が虚言で、「言はなければならないこと」が「秘密」の「告白」であるという判断はどのようなことを根拠にしているのであろうか。朔太郎はたしかに「詩の表現」は「幻覚のための幻覚を描くことでもない」と述べており、そのことからすれば、「幻覚の記述」で「一冊の詩集」は成り立たない。しかし、「幻覚体験を思想に昇華」させるということはまったく述べておらず、「感情をさかんに流露させる」ことを重視している。「感情」を詩作品という言語から成る「器」に盛るためには、何らかの「かたち」が必要であって、それが「病者の感覚」（福永武彦「詩人の肖像」日本の詩人『萩原朔太郎』中央公論社、一九六八年所収、三九二頁上段）であったのではないか。萩原朔太郎が病弱であったとしても、「彼が実際に「病人」であったか否かは問うところではない」（同前）し、まして詩作品が朔太郎が実際に経験した「幻覚」をそのまま言語化しているかしていないかは問うことができないはずだ。何をもって、実際に経験した「幻覚」と認定するのだろうか。「言はなければならないこと」は『詩歌』という詩歌を載せる雑誌に載せられているのであって、そうした雑誌になぜ「告白」を載せるかということも理解しにくい。また、言語化された詩作品は「時間芸術」であるが、実際に経験した「幻覚」には時間軸に添った展開があるのだろうか。あるいは、北原白秋や室生犀星が『月に吠える』に共感したのは、そこに「共有できるもの」があったからではないか。「共有」したのは「感情」であって、生のままの「幻覚体験」であるはずがないのではないだろうか。

あとがき

本書では絵画作品をめぐる言語表現を注視することによって、絵画作品と言語とがどのように結びついているかについて考えることを目的とした。このことは結局は言語について考えることにつながる。つながるというと少しのんびりした感じがしてしまうが、そうした「方法」によって言語について考えようとしたといったほうがよいかもしれない。

対照言語学（contrastive linguistics）はある言語を別の言語と対照して分析することによって、ある言語＝目標言語（target language）についての知見を得る。知見を得るために対照しているのであって、漫然と対照して「ずいぶん違いますね」という確認をしているわけではない。これは言語同士の対照であるが、言語と絵画作品とを対照したのが本書である。絵画作品と対照することによって、言語のもつ機能について考えようと試みた。そうしたテーマあるいは「方法」が突然思い浮かんだわけではない。

筆者は詩的言語の分析にずっと関心をもってきた。それは大学で、川本茂雄先生の授業においてロマン・ヤコブソンのことを知ってからといってもよいかもしれない。筆者が大学生の頃は日本語学ではなく、国語学と呼ばれていた、その学では、日本語の歴史的な観点からの研究がごく自然に行なわれていた。今と違って（といっておくが）、現代日本語を分析する人は必ずしも多くはなかった。国語学の分析対象が絞られていたといえばよいだろうか。そうした枠組みの中で詩的言語の分析を行なうことはなかなか難しい。国語学が日本語学と呼び換えられてから時間が経過した。現代日本語の分析は盛んに行なわれるようになり、現在では歴史的な視点からの研究がむしろ少なくなってきている。それは日本語学会の研究発表者数などにも端的にあらわれているように思う。それはそれとして、総合的にみれば、日本語学の分析対象は、国語学よりも少しひろい、といえようか。しかしそれでもなお、詩的言語の分析は日本語学の枠組みには入っていないようにみえる。この先もそれはあるいはあまり変わらないかもしれない。そうであれば、筆者は筆者にできる範囲で、詩的言語の分析を行なっていくしかない。

そう思って、北原白秋の詩作品を大学の授業で積極的に採りあげ、それを（文学的にではなく）言語面から「よむ」ことを試みた。試行的に幾つかの論文を書いてみた。ちょうどそんな折に、縁があってまとめたものが『北原白秋——言葉の魔術師』（二〇一七年、岩波新書）である。新書という器によっての公表であるので、詩の分析一辺倒というわけにはいかなかったが、幾つかの試みを示すことができたと思っている。

絵画作品の言語化ということにも少し前から興味をもっていた。きっかけは、本書でもふれたように、文化史学科の教員とともにシンポジウムを行なったことだった。その後もなんとか一冊の書物にまとめられないかと思って、折にふれて新書等の編集者に話をしてみたが、新書では難しいという答えが返ってくるばかりだった。縁あって、勉誠出版が出版を引き受けてくださることになり、このような一冊にまとめられたことについてはふかく感謝している。

北原白秋の詩作品についての試行的な論文を読んで、シンポジウムでご一緒した文化史学科の教員高野禎子教授が、「イメージ」という語の定義をしっかりとしたほうがいいのではないか、というアドバイスをくださった。なるほどと思った一方で、いやいや美術史学においても、「イメージ」という語はずいぶん幅広く使われているのではないですか、という気持ちもあった。そんなことがあったので、「イメージ」についてしばらく考え続け、「情報」が言語化される前の段階に「イメージ」を設定したらどうかと思うようになった。「情報↓イメージ↓言語化された情報」というように図式化できそうだ。「イメージ」はつねにあると考えなくてもよいし、「情報」に随伴しているとみてもよい。そうした点については今後慎重に考えていきたい。このモデルをもとにして『北原白秋――言葉の魔術師』をまとめた。その後に書いたのが本書である。そして、本書に続けて、短歌作品における「私性」を考える、というテーマでさらに一書をまとめた。この本のタイトルはまだ決まっていないが、出版される運びになっている。したがって、筆者の中では、『北原白秋――言葉の魔術師』と本書と、短歌についての一書とは（濃密に）連続しており、白秋の分析があったから、本書があり、本書があったから短歌の分析が可能だった、と思っている。「三部作」と呼ぶのはいかにも大袈裟であるが、そんなとらえかたもあるかもしれない。そしてつらぬくテーマは「詩的言語の分析」である。

詩的言語の分析には幾つかの方向が考えられる。その一つが統語的（文法的）な面からのアプローチである。これには先蹤がある。山田孝雄『俳諧文法概論』（一九五六年、角川書店）は俳諧を対象として、その文法について整理したものであるが、詩的言語にはたらく特有の「文法」を明らかにするという観点が積極的に採られているとまではいえないであろう。どちらかといえば、すでに形成されている（散文の）「文法」をスケールとして俳諧にあてた、といった趣がある。それは起点としては、当然のことで、次には、右に述べたように、詩的言語特有の「文法」に歩を進める必要がある。山田孝雄は「俳諧の文法といふ、この特別の研究がわが学問界に存在すべきであり、而して俳諧といふものが学問の研究対象となる時にその一分科として、それらの文法の闡明といふことが頗る重要な地位を占むるものであるといはねばならぬ」（三頁）と述べている。

筆者が『大山祇神社連歌の国語学的研究』（二〇〇九年、清文堂出版）をまとめた時に、序章の第三節として「「連歌の文法」について」という節を設け、「文法面からの検討を章としてたてていない」（十八頁）のは、「「連歌の文法」という表現はやはり連歌を「詩的言語」という枠組みの中に置いた時に使われるべき表現であ」り、「そうした充分な準備がまだ稿者にはできていない故、本書には「連歌の文法」という章を置くことができなかったことをここに記し、正面から「連歌の文法」に取り組むことは今後の課題にしたい」（三十六頁）と考えたからであった。「連歌の文法」と括弧付きで示したのも、真の意味合いでの連歌の文法を記述するには至っていないという認識からのことだった。しかし、右のように、いわば丁寧に筆者の考えを説明してもなお、『日本語の研究』第七巻第二号（二〇一一年）に掲載された遠藤邦基による書評において「納得しがたいことである」と批判されることになった。遠藤邦基は「国語学的研究の一つの柱である文法が章立てされていないのに不審を感じるのは評者だけであろうか」とも述べている。筆者が右の書のタイトルに「国語学的研究」という表現を含めた理由については、序章において述べているが、今思えば、国語学（あるいは日本語学）が正面からは採りあげていない詩的言語の分析を「国語学的研究」というタイトルの書物に織り込むこと自体が無理なことであったということかもしれない。

右では「散文の文法」、「詩的言語の文法」という表現を使った。それはあたかも両者が排他的に存在しているかのような表現になっているが、筆者がそのように考えているわけではない。そもそも、本居宣長『詞の玉緒』も、本居春庭『詞の八衢』も、和歌に沈潜することを「方法」としているのではないだろうか。詩的言語を形成する語彙、文法、表現を総合的かつ精密にとらえることによって、「詩的言語の表現」をとらえることができるのではないか、というのが現時点での筆者の見通しである。そうした意味合いにおいて、本居宣長『古今集遠鏡』を精読するということが次の目標のように感じられている。

筆者が通っていた大学には、（現在でもあるが）教員の指導のもとに、大学院生、学部学生で勉強をする「研究班」というシステムがあった。筆者は学部三年生の時に国語学研究班に入ったが、あまり熱心な班員とはいえず、展覧会に行ったり、映画を見たりしていることが少なくなかった。他の真面目な班員からそんなことは国語学と関係ないのではないかと言われたことがあり、その時にふざけた気持ちで「すべての道は国語学に通じるんだ」と言い返した。すごいことを言ってしまったな、という気持ちはあったが、時々そのことを思い出すことがあった。

最近『ヤコブソン・セレクション』（二〇一五年、平凡社）を読んでいて、有名な「六機能図式」について述べている「言語学と詩学」の末尾ちかくで、ヤコブソンが「われは言語学者なり、こと言語に関するものにしてわれに無縁のものなしとす」という自身のことばをあげながら、「詩人ランサムの「詩とは一種の言語なのである」との言葉が正しいならば（そして実際正しいのだが）、あらゆる種類の言語をフィールドとする言語学者は、詩を自分の研究に含めることができるし、またそうすべきである。ポール・ヴァレリーの聡明な教え――「〈文学〉とは、〈言葉〉のあるいくつかの特性の拡張、応用の一種であってそれ以外にはありえない」を忘れないようにしよう」（二三五頁）と述べていることに気づき、少し驚いたとともに少し安心した。「言語学と詩学」は学部の頃に読んだ『一般言語学』（一九七三年、みすず書房）に収められているが、すっかり忘れてしまっていた。このヤコブソンのことばが頭にあって、さきのようなことを言ったのかもしれない。

木下杢太郎は『食後の唄』の「序」の中で、「千九百十年は我々の最も得意の時代であつた。「パンの会」は毎週開かれた。我々はRodinの銅像の首の脣に寄せた皺の粘《ねばこ》さが何《ど》う云ふ情《なさけ》を蔵くしてゐるかが分るほどになつた」（五頁）と述べている。それはその時期が「抒情の時代」であったことの表明のように思われる。本書はその一九一〇年前後に注目し、その時期の絵画作品と言語との結びつきを分析した。青木繁が自身の内にある「何か」を絵画作品としてアウトプットしたものが「海の幸」「わだつみのいろこの宮」であるとすれば、それに触発されて蒲原有明は詩作品をつくった。「海の幸」について述べられた言説も多い。これを「作り手のイメージ→絵画作品→観者のイメージ→言語化」と図式化すると、ずいぶんと「舌足らずな」図式になってしまうが、このように「作り手のイメージ」と「観者（受け手）のイメージ」とが反照するというみかたが本書のとらえ方である。

本書の終章は「アンティーム（親密）な時代」と題した。二〇一七年二月四日から五月二十一日まで、三菱一号館美術館で開かれている「オルセーのナビ派展」に行った。「ナビ」はヘブライ語で「預言者」を意味する語だそうだが、ナビ派は十九世紀末のパリで結成された前衛的な芸術家グループのことだ。

「テラス（La Terrasse）」という題を付されたケル＝グザヴィエ・ルーセルの作品は柱と樹木との間に書物を手にした女性が寝そべっているさまが描かれている。作品の解説には「左右に配された柱と樹木は、彼女を周囲から切り離してしまっているかのようだ」と記されている。つまりそこは周囲から切り離された「親密な空間」になっているということだ。「親密な空間」はこのように構図上形成されている場合もあるが、そこに描かれている「家族」が具体的にどういう家族かわかっている場合、描かれている部屋が、背景に書き込まれている絵画によって誰の部屋かわかっている場合は、その「限定」が「親密な空間」をつくりだしている、とみることもできる。署名された空間といってもよいかもしれない。しばらくは「親密な空間」が気になりそうだ。

本書が階段の一段目になっていることを願い、さらに二段目、三段目と歩を進めていきたい。

索　引

【あ行】

【か行】

【さ行】

【た行】

【な行】

【は行】

【ま行】

【や行】

【ら行】

【わ行】

【著者略歴】

今野真二（こんの・しんじ）

1958年生まれ。清泉女子大学（日本語日本文学科）教授。専門は日本語学。主な書籍に、『仮名表記論攷』（清文堂出版、2001年、第30回金田一京助博士記念賞受賞）、『百年前の日本語―書きことばが揺れた時代』（岩波新書、2006年）、『文献日本語学』（港の人、2009年）、『図説　日本語の歴史』（河出書房新社、2015年）、『北原白秋―言葉の魔術師』（岩波新書、2017年）などがある。

詩的言語《してきげんご》と絵画《かいが》――ことばはイメージを表現《ひょうげん》できるか

2017年5月8日　初版発行

著　者　今野真二

発行者　池嶋洋次

発行所　勉誠出版株式会社

〒101-0051　東京都千代田区神田神保町3-10-2

TEL：(03)5215-9021(代)　FAX：(03)5215-9025

〈出版詳細情報〉http://bensei.jp/

印刷　太平印刷社

製本　大口製本

装丁　宗利淳一

組版　トム・プライズ

ISBN 978-4-585-28034-7　C0081